손에 잡히는 실전 비즈니스 인텔리전스

손에 잡히는 실전 비즈니스 인텔리전스

Power BI, 엑셀, D3.js, R, 파이썬, Qlik, Tableau, Microsoft SQL Server 툴을 활용한 비즈니스 데이터 활용법

아메드 셰리프 지음 | 오지혜, 이현진, 허혜정 옮김

이 책을 나의 어머니, 아자 샴셀딘^{Azza Shamseldin}에게 바친다. 2011년 어머니는 이 세상을 떠났지만, 당신께서 알려주신 직업 윤리가 내 안에 있기에 내 마음속에 언제나 함께하실 것이다. 또한 그 직업 윤리는 이 책을 쓰며 그리고 살아가며 부딪치는 걸림돌과 장애물을 헤쳐나갈 수 있는 큰 힘이 됐다. 어머니가 늘 생각나며 한없이 그립다!

지은이 소개

아메드 셰리프 Ahmed Sherif

비즈니스 인텔리전스 분야에서 10년 이상 일해왔다. 엔지니어링과 비즈니스 관련 백그라운드가 첫 직장에서 데이터 분석가로 일하는 데 큰 도움이 됐으며, 그 덕분에 비즈니스적 요구 사항을 이해하고 이를 기술적 요구 사항으로 변환하는 것이 제2의 천성으로 자리매김했다. SAP BusinessObjects와 같은 비즈니스 인텔리전스 툴의 백엔드 SQL을 연구했으며, 이 연구를 통해 비즈니스 레이아웃 뒤에 숨겨진 데이터 모델을 이해할 수 있었다. 또한 자신의 이해를 바탕으로 단순 스프레드 이상을 필요로 하는 고객의 컨설턴트로 활동하며 대시보드와 데이터 시각화 애플리케이션을 만들었다.

비즈니스 인텔리전스 컨설턴트로서 모든 백엔드 데이터 유형의 고객과 협업한 경험이 있으며, 그들의 요구 사항으로부터 공통된 주제를 발견했다. 그것은 백엔드에서 데이터 웨어하우스의 모델이 제대로 설계되지 않을 경우, 생산적인 비즈니스 인텔리전스 애플리케이션 구축을 위해 프론트엔드에서 얼마나 많은 기술을 사용했는지는 전혀 중요하지 않게 된다는 것이다. 이에 따라 백엔드를 제대로 설계하는 데 초점을 맞춰 고객이 그들의 데이터로부터 유용한 시각화를 개발할 수 있도록 돕는다.

2016년 노스웨스턴 대학Northwestern University에서 SAS, R, 파이썬Python을 사용한 머신러닝 및 예측 모델링 기술을 바탕으로 예측 분석Predictive Analytics 분야 석사 학위를 받았다. 현재 데이터 과학자로서 특정 집단이 그들의 데이터를 활용해 과거와 미래를 이해할 수 있도록 비즈니스 인텔리전스 솔루션에 예측 기능을 통합하고자 최선을 다하고 있다. 데이터 시각화에 관련된 모든 것에 사로잡혀 있는데, 특히 정치와 스포츠 관련 분야에 관심이 많다.

@TheAhmedSherif 트위터를 통해 팔로우할 수 있다.

이 책이 훌륭하게 편집돼 출판될 수 있도록 피드백을 준 카잘[Kajal], 비벡[Vivek], 아이슈와라[Aishwarya], 다비드[Davide]에게 감사의 말을 전한다. 또한 이 흥미로운 주제의 저자가 될 수 있도록 추천해준 동료인 댈러스 마크[Dallas Mark]에게도 감사하고 싶다. 11학년 때 물리학 숙제를 도와주신 아버지, SA 셰리프 박사[Dr. SA Sherif]께도 감사드린다. 〈판타지 풋볼[Fantasy Football]〉 게임을 알려준 동생, 모하마드 셰리프[Mohammad Sherif] 덕분에 스포츠 분석의 즐거움을 깨달을 수 있었다. 매우 쿨한 사에드 박사[Dr. Saeed]와 패트리샤 칸[Patricia Khan]에게도 감사한다. 마지막으로 아름다운 아내, 아메나 칸 박사[Dr. Ameena Khan]와 사랑스러운 두 아이, 사피아[Safiya]와 함자[Hamza]에게도 고마운 마음을 전한다. 여러분이 없었다면 이런 일을 해낼 수 없었을 것이다!

기술 감수자 소개

다비드 모라스치^{Davide Moraschi}

컨설턴트이자 작가, 트레이너다. MicroStrategy, SQL Server, Oracle 등을 사용한 비즈니스 인텔리전스 프로젝트를 15년 이상 수행해왔다.

헬스케어, 보험, 소비재를 포함한 다양한 분야에서 경력을 쌓았으며, 다국적 기업(마이크로소프트^{Microsoft}, 노바르티스^{Novartis}, COTY), 국제기구(유럽위원회, CNR), 비영리 단체(RES, SevillaUP)에서 데이터 분석 프로젝트를 진행한 경험이 있다.

현재 웹사이트(http://moraschi.com/)를 운영 중이며 davidem@eurostrategy.net을 통해 연락할 수 있다.

2012년부터 유럽 및 미국의 고객을 대상으로 프리랜서 활동을 해왔다. 자신의 화려한 이력을 소개할 때 10년 전부터 가족의 CED^{Chief Executive Dishwasher}(최고 설거지 책임자)라는 직책도 맡고 있다는 우스개를 덧붙인다.

또한 팩트출판사에서 출간한 『Business Intelligence with MicroStrategy Cookbook』의 저자이기도 하다.

> 레고^{LEGO} 마스터이자 능숙한 마인크래프터^{Minecrafter}인 아들 안젤로^{Angelo}에게 감사의 말을 전한다. 너의 부모라는 직업은 계속 바쁘기는 하지만 세상에서 가장 멋진 직업이야.

옮긴이 소개

오지혜(jihye1016.oh@gmail.com)

이화여자대학교 과학교육과를 졸업하고 KAIST에서 컴퓨터 그래픽스를 전공해 석사 학위를 취득했다. 현재 LG전자 R&D 센터에 소프트웨어 엔지니어로 재직 중이며, 관심 분야는 프로그래밍 언어, 가상 현실, 그래픽스 등이다. 한적한 카페에서 책을 읽는 것과 음악을 들으면서 산책하는 것을 좋아한다.

이현진(hyunjinlee001@gmail.com)

성균관대학교 컴퓨터공학과를 졸업하고 컴퓨터 그래픽스 분야에서 석사 학위를 받았다. LG전자 R&D센터의 소프트웨어 엔지니어며, 관심 분야는 그래픽스, 가상 현실 등이지만 '3D 울렁증'을 갖고 있다.

허혜정(hj.anne.hur@gmail.com)

컴퓨터과학으로 학사, 석사, 박사 학위를 받았다. 주요 연구 분야는 가상 현실, 과학적 시각화, HCI 분야다. 현재 전자 회사에서 그래픽스 선행 연구를 하고 있다. 새로운 것을 배우길 좋아하며, 자연을 좋아해 캠핑과 여행을 즐긴다.

옮긴이의 말

우리는 디지털 시대에 살고 있다. 디지털 시대에는 고객의 특성이 끊임없이 변한다. 그들은 항상 인터넷과 가까이 생활하며 데이터를 생성하기도 하고 데이터를 소비하기도 한다. 또한 고객의 요구 사항은 점점 늘어나지만 브랜드에 대한 충성도는 점점 낮아진다. 2016년 오라클^{Oracle} 보고서에 따르면 고객의 94%는 더 좋은 경험을 제공한 브랜드에 더 많은 돈을 지불하는 것을 아까워하지 않으며 고객의 84%는 브랜드가 나쁜 경험을 제공할 경우 경쟁 회사로 이동한다고 한다.

따라서 급변하는 비즈니스에 대응하고 경쟁력을 확보할 수 있는 고객 중심 비즈니스로의 전환이 요구되고 있다. 이것이 바로 데이터(빅데이터/스몰데이터) 기반 비즈니스 혁신 전략이다.

이 책은 데이터를 비즈니스 혁신으로 연결시키기 위해 필요한 데이터를 모으고, 분석하고, 시각화하고, 예측하며, 공유하는 모든 방법을 다룬다. 실용적인 예제를 바탕으로 각 용도에 맞는 툴을 사용해 문제에 쉽게 접근하고 해결하는 과정을 중심으로 작성돼 있다. 저자의 10여 년간 쌓은 노하우가 담긴 이 책이 실전 아이디어를 얻는 데 큰 도움이 되길 바란다.

차례

지은이 소개 7

기술 감수자 소개 9

옮긴이 소개 10

옮긴이의 말 11

들어가며 19

1장   실용적인 비즈니스 인텔리전스 소개   25

킴볼 메소드 이해하기 28

비즈니스 인텔리전스 아키텍처 이해하기 30

이 책이 도움이 되는 사람은? 32

　　관리자 33

　　데이터 과학자 33

　　데이터 분석가 34

　　시각화 개발자 34

데이터와 SQL로 작업하기 35

비즈니스 인텔리전스 툴로 작업하기 36

　　Power BI와 엑셀 36

　　D3.js 37

　　R 38

　　파이썬 38

　　Qlik 39

　　Tableau 39

　　Microsoft SQL Server 40

Microsoft SQL Server 2014의 다운로드 및 설치 40

AdventureWorks의 다운로드 및 설치 45

요약 50

2장 웹 스크래핑   51

R 시작하기 53
    R 다운로드 및 설치 53
    RStudio 다운로드 및 설치 57

R로 웹 스크래핑하기 58

파이썬 시작하기 66
    파이썬 다운로드 및 설치 66
    PyCharm 다운로드 및 설치 68

파이썬으로 웹 스크래핑하기 74

Microsoft SQL Server에 데이터프레임 업로드 78
    DiscountCodebyWeek 임포트 78
    CountryRegionBikes 임포트 82

요약 83

3장 엑셀로 분석하고 Power BI로 인터랙티브 맵과 차트 만들기   85

SQL Server에서 데이터 확인하기 86

SQL Server Table에 엑셀 연결하기 88
    엑셀로 PivotTable 탐색하기 91

SQL문에 엑셀 연결하기 93
    엑셀에서 PivotChart 탐색하기 96

Microsoft Power BI 시작하기 101
    Microsoft Power BI 다운로드 및 설치 101

Power BI로 시각화 만들기 106
    Microsoft BI 게시 및 공유 110

요약 114

4장 D3.js로 막대 차트 만들기   115

D3 아키텍처에 대한 배경 지식 117
    HTML 탐색하기 118
    CSS 이해하기 118
    자바스크립트 배우기 119
    SVG로 들어가기 119
    소스 코드 편집기로 작업하기 119

개발용 D3 템플릿 로드 120

JS Bin 이해하기 120

D3js.org에서 다운로드하기 123

기존의 HTML 구성 요소 설정 124

새 단락을 기존 방식으로 추가하기 124

새로운 단락을 D3 방식으로 추가하기 125

SVG 모양을 기존 방식으로 추가하기 128

SVG 모양을 D3 방식으로 추가하기 129

D3와 데이터의 블렌딩 132

하드코딩된 데이터를 시각화하기 133

D3 및 자바스크립트 함수 135

y축 반전시키기 136

색상 추가하기 138

레이블링하기 139

D3와 CSV 융합하기 141

CSV 파일 준비하기 142

웹 서버 설정하기 142

웹 서버 테스트하기 145

CSV 데이터로 막대 차트 만들기 147

요약 154

5장   R로 예측하기 157

ODBC 연결 구성하기 158

R을 SQL 쿼리에 연결하기 165

R의 데이터프레임 프로파일링하기 166

R로 그래프 그리기 168

R의 plot()으로 단순한 차트 그리기 168

R의 ggplot()으로 고급 차트 그리기 170

plot_ly()로 인터랙티브 차트 만들기 172

R에서 시계열로 예측하기 176

예측 101 177

스무딩 101 177

Holt-Winters로 예측하기 177

R Markdown을 사용해 코드 서식을 지정하고 게시하기 181

R Markdown 시작하기 181

R Markdown 기능 및 구성 요소 183

R Markdown 내부에서 R 코드 실행하기 184

R Markdown에 대한 팁 내보내기 185

최종 출력 187

R을 Microsoft Power BI로 내보내기 189

R의 데이터프레임에 새 열 병합하기 189

R을 Microsoft Power BI와 통합하기 191

요약 194

6장   파이썬으로 히스토그램과 정규분포도 만들기   195

인적 자원 데이터에 대한 SQL Server 쿼리 준비하기 197

파이썬과 Microsoft SQL Server 연결하기 198

PyCharm에서 새 프로젝트 시작하기 198

수동으로 파이썬 라이브러리 설치하기 202

PyPyODBC 라이브러리와 연결 설정하기 205

파이썬 안에서 SQL 쿼리 만들기 208

파이썬으로 데이터프레임 만들기 209

파이썬에서 히스토그램 시각화하기 210

파이썬에서 정규분포 플롯 시각화하기 214

히스토그램을 정규분포도와 결합하기 216

파이썬에 주석 달기 217

결과 분석하기 219

파이썬의 대체 플롯팅 라이브러리 221

Jupyter Notebook 게시하기 226

요약 228

7장   Tableau로 세일즈 대시보드 만들기   231

Microsoft SQL Server에서 세일즈 쿼리 작성하기 234

Tableau 다운로드 238

Tableau 설치 238

Tableau로 데이터 임포트하기 240

텍스트 파일로 저장하기 240

Tableau로 세일즈 대시보드 만들기 242

Crosstab 만들기 242

커스텀 계산 필드 생성하기 247

블렛 그래프 그리기 248

KPI 지표 선택기 만들기 254

Tableau에서 세일즈 대시보드 만들기 258

대시보드 꾸미기 258

대시보드에 워크시트 연결하기 260

Tableau Public으로 대시보드 게시하기 261

요약 264

8장   QlikSense로 인벤토리 대시보드 만들기   265

QlikSense Desktop 시작하기 266

QlikSense 다운로드 266

QlikSense 설치 267

SQL Server로 인벤토리 데이터 집합 개발하기 268

QlikSense Desktop에 SQL Server 쿼리 연결하기 270

QlikSense Desktop으로 인터랙티브한 비주얼 컴포넌트 개발하기 274

시트 만들기 275

필터 창 컴포넌트 만들기 277

커스텀 계산 및 KPI 만들기 281

여러 측정 값으로 막대 차트 만들기 285

두 가지 방법으로 분산형 플롯 만들기 290

인벤토리 대시보드 게시하기 293

PDF로 내보내기 293

Qlik Cloud로 내보내기 295

요약 300

9장   Microsoft SQL Server로 데이터 분석하기   301

일대일로 툴 비교하기 303

데이터 검색을 위한 데스크톱 애플리케이션 비교 303

데이터 연결성 303

BI 성숙도 304

기존 프로그래밍 언어 비교 305

    데이터 연결성 305

    생산 속도 305

SQL Server에서 뷰 개발하기 306

SQL Server에서 윈도우 함수 수행 311

    SQL Server의 Rank 함수 사용 312

    SQL Server의 Sum 함수 318

    SQL Server의 Average 함수 320

    사례 로직으로 Crosstab 작성하기 322

    SQL Server에서 pivot을 사용해 Crosstab 만들기 326

SQL Server에서 저장 절차 수행하기 330

요약 338

찾아보기 339

들어가며

비즈니스 인텔리전스[BI, Business Intelligence]는 데이터에 대한 분석적 조작과 표현을 통해 제한적인 비즈니스 환경에서 실용적인 비즈니스 의사 결정을 도와주는 프로세스다. 비즈니스 인텔리전스는 여러 가지 툴을 사용해 획득할 수 있다. 그중에는 원래 BI용으로 사용되지 않던 툴도 포함된다. 이 책은 각 장마다 다른 툴을 사용해 개별 BI 애플리케이션을 만드는 데 초점을 맞춘다. 사용하는 툴 중 일부는 D3.js, R, 파이썬과 같은 오픈소스 소프트웨어를 사용해야 한다. 그 외에는 Microsoft Power BI, Tableau, QlikSense와 같은 툴의 사용을 요구한다.

이 책에서 다루는 내용

1장. 실용 비즈니스 인텔리전스 소개 책의 전반적인 내용과 비즈니스 인텔리전스의 개념을 소개한다. 이 책의 대상 독자와 책에서 사용될 다양한 기술을 요약해 설명한다.

2장. 웹 스크래핑 R과 파이썬에서 제공되는 웹 스크래핑 라이브러리를 사용해 웹에서 데이터를 추출하는 데 초점을 맞춘다. 또한 데이터를 우리의 SQL Server 데이터로 임포팅하는 데 중점을 둔다.

3장. 엑셀로 분석하고 Power BI로 인터랙티브 맵과 차트 만들기 데이터 분석에 유용할 마이크로소프트 엑셀에서의 피벗 테이블 및 차트 사용법에 초점을 맞춘다. 또한 Microsoft Power BI에서 지도와 그래프를 사용해 첫 번째 BI 애플리케이션을 만든다.

4장. D3.js로 막대 차트 만들기 D3.js를 소개하고 이 자바스크립트 라이브러리가 CSV 파일에서 SVG 요소와 더불어 시각화 개발에 어떻게 활용될 수 있는지 설명한다. 궁극적으로 두 가지 방법을 모두 사용해서 CSV 파일의 데이터에 연결된 SVG 요소가 있는 막대 차트를 개발한다.

5장. R로 예측하기 R로 선형 차트와 시계열을 만드는 방법을 소개한다. 우리는 예측 라이브러리를 R에 통합해 기존의 시계열로 시각화한다. RStudio는 비즈니스 사용자에게 R 코드를 전달하는 데 사용된다.

6장. 파이썬으로 히스토그램과 정규분포도 만들기 matplotlib, seaborn과 같은 인기 있는 파이썬 라이브러리로 개발되는 데이터 시각화를 다룬다. 6장의 주요 목표는 Jupyter Notebook과 파이썬으로 히스토그램과 정규분포도를 작성하는 것이다.

7장. Tableau로 세일즈 대시보드 만들기 SQL Server에서 생성된 세일즈 및 마케팅 데이터 집합에 대해 Tableau Public을 사용해서 대시보드를 구축하는 데 초점을 맞춘다.

8장. QlikSense로 인벤토리 대시보드 만들기 SQL Server에서 생성된 인벤토리 데이터 집합에 대해 QlikSense를 사용해서 대시보드를 구축하는 데 중점을 둔다.

9장. Microsoft SQL Server로 데이터 분석하기 SQL Server에서 활용되는 고급 쿼리 기술에 초점을 맞추고, 이 기술들을 요약한다.

준비 사항

2GB 이상의 RAM과 100GB 이상의 하드 드라이브 공간을 갖춘 윈도우 7/8/10 운영체제 환경이 필요하다. 또한 다음 소프트웨어를 설치해야 한다.

- Microsoft SQL Server Express 2014
- 파이썬 3와 PyCharm
- R과 RStudio
- Microsoft Power BI와 마이크로소프트 엑셀
- Tableau Public
- QlikSense
- D3.js

이 책의 대상 독자

이 책은 광범위한 독자를 대상으로 한다. BI 개발자, 데이터 과학자, 데이터 분석가 등의 기술 전문가라면 누구나 오픈소스 기술을 사용해 BI 애플리케이션을 구축하는 데 크게 의존하고 있으므로 D3.js, 파이썬, R을 기반으로 하는 장이 매우 익숙할 것이다. 비즈니스계에서는 코드에 크게 의존하지 않는 Tableau, Power BI, QlikSense와 같은 데이터 검색 데스크톱 툴에 더 많은 관심을 가질 것이다. 비즈니스 인텔리전스 관리자로서 다양한 툴을 활용해 요구 사항을 충족시키는 부서를 설립하고자 한다면, 이 책은 미자격 후보자를 추려내는 인터뷰 질문을 위한 좋은 원천이 될 수 있다.

편집 규약

이 책에서는 독자의 이해를 돕고자 다루는 정보에 따라 글꼴 스타일을 다르게 적용했다. 이러한 스타일의 예와 의미는 다음과 같다.

텍스트에서 코드 단어는 다음과 같이 표기한다. "다음 줄의 코드는 링크를 읽고 BeautifulSoup 함수에 그것을 할당하는 것이다."

코드 블록은 다음과 같이 표기한다.

```python
# 프로젝트로 패키지 임포트하기
from bs4 import BeautifulSoup
from urllib.request import urlopen
import pandas as pd
```

코드 블록에서 유의해야 할 부분이 있다면 다음과 같이 굵은 글꼴로 표기한다.

```html
<head>
<script src="d3.js" charset="utf-8"></script>
  <meta charset="utf-8">
  <meta name="viewport" content="width=device-width">
  <title>JS Bin</title>
</head>
```

명령행 입력이나 출력은 다음과 같이 표기한다.

```
C:\Python34\Scripts> pip install -upgrade pip
C:\Python34\Scripts> pip install pandas
```

화면상에 표시되는 메뉴나 버튼은 다음과 같이 표기한다. "새로운 모듈을 다운로드하기 위해 Files ➤ Settings ➤ Project Name ➤ Project Interpreter로 이동한다."

 경고나 중요한 노트는 이와 같이 나타낸다.

 팁과 요령은 이와 같이 나타낸다.

독자 의견

독자로부터의 피드백은 항상 환영이다. 이 책에 대해 무엇이 좋았는지 또는 좋지 않았는지 소감을 알려주길 바란다. 독자 피드백은 독자에게 필요한 주제를 개발하는 데 매우 중요하다. 일반적인 피드백을 우리에게 보낼 때는 간단하게 feedback@packtpub.com으로 이메일을 보내면 되고, 메시지의 제목에 책 이름을 적으면 된다.

여러분이 전문 지식을 가진 주제가 있고, 책을 내거나 책을 만드는 데 기여하고 싶다면 www.packtpub.com/authors에서 저자 가이드를 참조하길 바란다.

고객 지원

팩트출판사의 구매자가 된 독자에게 도움이 되는 몇 가지를 제공하고자 한다.

예제 코드 다운로드

이 책에 사용된 예제 코드는 http://www.packtpub.com의 계정을 통해 다운로드할 수 있다. 다른 곳에서 구매한 경우에는 http://www.packtpub.com/support를 방문해 등록하면 파일을 이메일로 직접 받을 수 있다.

코드를 다운로드하려면 다음과 같이 한다.

1. 팩트출판사 웹사이트(http://www.packtpub.com)에서 이메일 주소와 암호를 이용해 로그인하거나 계정을 등록한다.
2. 맨 위에 있는 SUPPORT 탭으로 마우스 포인터를 이동한다.
3. Code Downloads & Errata 항목을 클릭한다.
4. Search 입력란에 책 이름을 입력한다.
5. 코드 파일을 다운로드하려는 책을 선택한다.
6. 드롭다운 메뉴에서 이 책을 구매한 위치를 선택한다.
7. Code Download 항목을 클릭한다.

파일을 다운로드한 후에는 다음과 같은 압축 프로그램을 이용해 파일의 압축을 해제한다.

- 윈도우: WinRAR, 7-Zip
- 맥: Zipeg, iZip, UnRarX
- 리눅스: 7-Zip, PeaZip

또한 에이콘출판사의 도서 정보 페이지인 http://www.acornpub.co.kr/book/practical-business-intelligence에서도 예제 코드를 다운로드할 수 있다.

컬러 이미지 다운로드

이 책에서 사용된 스크린샷/다이어그램의 컬러 이미지를 PDF 파일로 제공한다. 컬러 이미지는 출력 결과의 변화를 이해하는 데 큰 도움이 될 것이다. 에이콘출판사의 도서정보 페이지인 http://www.acornpub.co.kr/book/practical-business-intelligence에서 컬러 이미지를 다운로드할 수 있다.

정오표

내용을 정확하게 전달하기 위해 최선을 다했지만, 실수가 있을 수 있다. 팩트출판사의 도서에서 문장이든 코드든 간에 문제를 발견해서 알려준다면 매우 감사하게 생각할 것이다. 그런 참여를 통해 그 밖의 독자에게 도움을 주고, 다음 버전의 도서를 더 완성도 높게 만들 수 있다. 오탈자를 발견한다면 http://www.packtpub.com/submit-errata를 방문해 책을 선택하고, 구체적인 내용을 입력해주길 바란다. 보내준 오류 내용이 확인되면 웹사이트에 그 내용이 올라가거나 해당 서적의 정오표 부분에 그 내용이 추가될 것이다. http://www.packtpub.com/support에서 해당 도서명을 선택하면 기존 정오표를 확인할 수 있다. 한국어판은 에이콘출판사 도서정보 페이지 http://www.acornpub.co.kr/book/practical-business-intelligence에서 찾아볼 수 있다.

저작권 침해

인터넷에서의 저작권 침해는 모든 매체에서 벌어지고 있는 심각한 문제다. 팩트출판사에서는 저작권과 사용권 문제를 아주 심각하게 인식한다. 어떤 형태로든 팩트출판사 서적의 불법 복제물을 인터넷에서 발견한다면 적절한 조치를 취할 수 있도록 해당 주소나 사이트명을 알려주길 부탁한다.

의심되는 불법 복제물의 링크는 copyright@packtpub.com으로 보내주길 바란다. 저자와 더 좋은 책을 위한 팩트출판사의 노력을 배려하는 마음에 깊은 감사의 뜻을 전한다.

질문

이 책과 관련해 질문이 있다면 questions@packtpub.com으로 문의하길 바란다. 최선을 다해 질문에 답하겠다. 한국어판에 관한 질문은 이 책의 옮긴이나 에이콘출판사 편집 팀(editor@acornpub.co.kr)으로 문의해주길 바란다.

1
실용적인 비즈니스 인텔리전스 소개

비즈니스 인텔리전스[BI, Business Intelligence]란 무엇일까? 이 질문에 답하기 전에 다른 질문에 답을 하고 싶다. 비즈니스 인텔리전스가 아닌 것은 무엇인가? 비즈니스 인텔리전스는 수십만 행[row]의 트랜잭션 데이터로 수행된 스프레드시트 분석을 말하는 것이 아니다. 비즈니스 인텔리전스 목표 중 하나는 동일한 데이터를 제공하는 애플리케이션의 신[scene] 뒤에 숨겨진 인텔리전스 로직의 데이터를 사용자로부터 보호하는 것이다. 데이터의 무결성이 데이터 소스에 친숙하지 않은 개인에 의해 어떤 방식으로든 손상되면, 그 정의에 따라 비즈니스 의사 결정에서 동일한 데이터로 이뤄지는 인텔리전스가 될 수 없다. 다음 문장은 이 책에서 자주 접하게 될 공통된 주제다.

> 비즈니스 인텔리전스는 인텔리전스 로직과 데이터 전달이 완전히 분리돼 단일 데이터 소스를 보장할 때 가장 잘 동작한다.

이 단일 데이터 소스는 맘앤팝[Mom-and-Pop] 소다 상점이든 포춘[Fortune] 500대 기업이든 간에 비즈니스 인텔리전스 운영의 핵심이다. BI 툴을 통해 사용자에게 정보를 제공하는 성공적으로 작성된 리포트, 대시보드 또는 애플리케이션은 데이터 소스에서 사용 가능한 숫자와 최종 제품에 나타나는 숫자 사이의 투명성을 허용해야 한다. 숫자들로 원본 소스를 역추적할 수 없는 경우 사용자와 데이터 간의 신뢰가 손상돼 궁극적으로 비즈니스 인텔리전스의 전반적인 목적을 상실하게 될 것이다.

내가 생각하기에 가장 성공적인 비즈니스 인텔리전스 툴은 동일한 데이터를 동일한 시각적 방식으로 표현하기 위한 쿼리 로직을 비즈니스 사용자가 직접적으로는 모르게 하는 것이다. 비즈니스 인텔리전스는 지난 수년 동안 레이블의 관점에서 다양한 형태를 취해왔다. 이 책의 목적을 위해 다음 정의를 사용한다.

> 비즈니스 인텔리전스는 비즈니스 환경 범위 내에서 분석적 조작analytical manipulation 및 데이터 표현data presentation을 통해 실용적인 비즈니스 결정을 내리는 프로세스다.

이 정의에 언급된 전달 프로세스delivery process는 이 책의 주가 되는 부분이다. BI의 장점은 특정 산업 또는 회사에 속한 독점적 특정 툴에 의해 소유되지 않는다는 것이다. 비즈니스 인텔리전스는 다양한 툴을 사용할 수 있다. 여기에는 원래 BI용으로 사용되지 않았던 툴도 포함된다. 툴 자체는 데이터의 비즈니스 로직을 생성하기 위해 쿼리 로직이 적용되는 소스source가 아니다. 툴은 데이터와 로직을 모두 포함하는 데이터 웨어하우스에서 생성된 쿼리의 전달 메커니즘으로 주로 사용해야 한다.

1장을 계속하기 전에 소개하는 내 경험을 바탕으로 하는 약간의 이야기는 내가 어떻게 비즈니스 인텔리전스 분야에 뛰어들게 됐는지 이해하는 데 도움이 될 것이다. 나는 10년 전인 2005년 BusinessObjects라는 매우 유명한 툴을 사용해 데이터 분석가로 일하기 시작했다. 나는 내가 말하는 것에 대해 잘 알고 있다고 생각했으며 분석가로서의 기술에 대해 자신이 있었다. 어느 날 일하고 싶은 부서에 자리가 났다. 그리고 스스로 충분한 채용 자격을 갖췄다고 생각했다. 그러나 보아하니 인터뷰 담당자는 그렇게 생각하는 것 같지 않았다. 처음에는 나를 인터뷰하는 것에 관심이 많고 흥분해 있는 것 같았다. 서류로 생각했을 때는 아마 유력한 후보자라고 생각했을 것이다. 그러나 그가 SQL 기술에 대해 질문을 던질수록 그의 얼굴 표정에는 점차 좌절과 실망이 나타났다. "당신은 눈에 띄는 약점을 가지고 있다."라는 그의 말을 결코 잊지 못한다. 그 당시에는 상당히 상심했지만, 궁극적으로 다시는 그런 상황에 놓이지 않기 위해 기술적 능력을 강화하는 기회로 삼았다.

사용자에게 제공되는 숨겨진 쿼리 로직을 이해하기 위해 리포트 뒤에 있는 부분을 연구했다. 신scene 뒤에 있는, 최종 제품에 직접적으로 드러나지 않는 로직을 이해하기 위해 쿼리 로직SQL을 가져와 데이터 소스에 직접 연결했다. 데이터 분석가로서 데이터 시각화dataviz에 진정한 열정을 발견했었다. 사용 가능한 데이터에 관계없이 차트 또는 그래프가 스프레드시트보다 스토리를 전달하는 데 더 효과적이라는 것을 알았다.

그러나 비즈니스에서 필요하거나 요청된 시각화를 수행하기 위해 필요한 관련 데이터를 항상 가질 수는 없었다. 그것으로 인해 결국 프론트엔드 개발자frontend developer에서 백엔드 개발자backend developer로 전환하게 됐다. 필요한 데이터를 확보했다는 사실과, 확보한 데이터를 프론트엔드에서 제대로 시각화하기 위해 필요한 세분화 수준은 백엔드에서만 확인할 수 있었다. 1장과 이 책의 다른 장들을 통해, 최종 사용자에게 임시 해결책이 전달되는 것을 방지할 수 있도록 나는 가능한 한 초기 단계에서부터 올바른 데이터를 얻는 데 중점을 둔다는 것을 알 수 있다. 나는 비즈니스 인텔리전스 분야를 사랑하며 비즈니스가 필요로 하는 것과 IT가 제공할 수 있는 것 사이의 격차를 해소하기 위해 계속 노력하고 싶다. 요즘 들어 더욱 비즈니스 인텔리전스는 같은 언어로 의사 소통을 하지 않는 두 개의 개별 사일로 조직과 달리, 조직 내에서 자체적인 부서가 되고 있다.

새로운 툴이나 프로그래밍 언어를 배우는 가장 좋은 방법은 바로 뛰어들어서 개발하는 것이다. 기본 작업을 수행하는 것도 좋지만 과제의 목표가 될 필요는 없으며 최종 결과를 위한 수단이어야 한다. 이 책을 강력한 BI 애플리케이션을 제공하기 위한 레시피가 적힌 쿡북 이상으로 활용하면 당신은 성공할 수 있을 것이다. 디자인 세션에 접근하는 방법은 반드시 유일한 방법일 필요가 없다. 여러 가지 방법 중 하나일 뿐이다. 대부분의 이러한 툴은 초기 단계에 있으며 향후 몇 년 안에 새로운 버전이 출시될 때마다 변경될 것이다. 그러나 사용자에게 새로운 통찰력을 제공할 수 있는 능력은 커질 것이다. 이 책의 목적은 모든 장을 통해 다른 툴을 사용함으로써 비즈니스 인텔리전스 애플리케이션을 다운로드하고, 설치하고 개발하는 것이다. 각 장을 쓸 때마다 10년 전 인터뷰로 인해 겸손해질 수밖에 없었던 과거의 내가 더 나은 BI 개발자로 성장하는 데 무엇이 도움이 됐는지 생각해봤다.

1장에서는 다음 주제를 다룬다.

- 킴볼Kimball 메소드 이해하기
- 비즈니스 인텔리전스 아키텍처 이해하기
- 이 책이 도움이 되는 사람은?
- 데이터와 SQL로 작업하기
- 비즈니스 인텔리전스 툴로 작업하기
- Microsoft SQL Server 2014 다운로드 및 설치하기
- AdventureWorks 다운로드 및 설치하기

킴볼 메소드 이해하기

데이터가 저장되는 데이터 웨어하우스에 대해 논의할 때, 데이터 웨어하우스의 원래 아키텍트 중 한 명인 랄프 킴볼Ralph Kimball을 불러내지는 않을 것이다. 킴볼의 방법론은 차원 모델링dimensional modeling을 통합했고, 그 결과 비즈니스 인텔리전스를 목적으로 하는 데이터 웨어하우스 모델링의 표준이 됐다. 차원 모델링은 세부 데이터detail data를 가진 조인 테이블join table과 룩업 데이터lookup data를 가진 테이블을 통합한다.

세부 테이블detail table은 차원 모델링에서 팩트 테이블fact table로 알려져 있다. 팩트 테이블의 예로는 소매점에서 트랜잭션 세일즈의 수천 행row을 보관하는 테이블이 있다. 이 테이블에는 제품과 관련된 여러 ID, 영업 사원, 구매 날짜 및 구매자가 저장되고, 또한 추가로 판매 금액에 대한 판매 수량과 같은 개별 트랜잭션에 대한 숫자 데이터가 저장된다. 이러한 숫자 값은 일반적으로 측정 값measures이라고 한다.

보통 하나의 팩트 테이블이 있다. 또한 팩트 테이블에서 사용되는 각 ID에 대해 하나의 테이블을 갖는 여러 개의 룩업 테이블 또는 차원 테이블이 있다. 예를 들어 제품 ID와 관련된 제품명에 대한 1차원 테이블이 있다. 날짜와 관련된 ID의 월^{month}, 주^{week}, 일^{day}, 연도^{year}에 대한 1차원 테이블이 있다. 이러한 차원 테이블은 차원 ID 명과 관련된 것을 기본적으로 검색하기 때문에 룩업 테이블이라고 한다. 보통 팩트 테이블에 있는 ID만큼 차원 테이블을 찾을 수 있다. 차원 테이블은 '별' 모양으로 만들어진 하나의 팩트 테이블로 합쳐진다. 따라서 다음 스크린샷에서 볼 수 있듯이 이 테이블 정렬의 이름은 스타 스키마$^{star\ schema}$다.

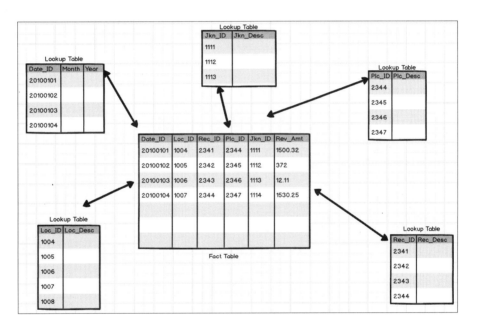

팩트 테이블은 데이터 웨어하우스에서 가장 큰 테이블이 될 가능성이 있지만, 룩업 테이블은 적은 행이나 어떤 경우 하나의 행만을 가질 가능성이 있다. 테이블은 외래 키$^{foreign\ key}$와 기본 키$^{primary\ key}$로 알려진 키들로 결합된다. 외래 키는 팩트 테이블에서 개별 룩업 테이블의 고유 식별자에 대한 기본 키로 참조된다. 외래 키는 일반적으로 숫자 데이터 타입으로 팩트 테이블과 차원 테이블 간의 가장 효율적인 결합을 허용한다. 외래 키의 목적은 룩업 테이블에서 하나의 행을 찾아 관계를 확립하는 것이다. 이러한 규칙을 참조 무결성 제한 조건^{referential integrity constraint}이라고 한다. 참조 무결성 제한 조건은 세부 테이블 또는 팩트 테이블의 키가 룩업 테이블 또는 차원 테이블에 대한 고유한 설명^{description}을 갖도록 하는 것이다. 룩업 테이블에 점점 더 많은 행이 추가되면, 새로운 차원은 식별자의 다음 숫자를 정렬한다. 일반적으로 1로 시작한다. 테이블 결합 간의 쿼리 성능은 조인 연산에 숫자가 아닌 문자를 또는 기호를 사용할 때 저하된다. 대부분의 데이터베이스는 기호를 허용하지 않는다.

비즈니스 인텔리전스 아키텍처 이해하기

앞으로, 나는 시각화를 위한 데이터 집합을 생성하는 대부분의 로직을 리포트 레벨이 아닌 데이터베이스 레벨로 가지고 갈 때의 이점을 계속 강조할 것이다. 물론 리포트 레벨에서 로직을 만들어야 하는 예외 상황은 항상 있다. 이런 예외 상황이 발생하는 시나리오는 강조할 것이다. 궁극적으로 데이터베이스는 복잡한 로직을 처리하는 데 더 능숙하고 정보 소스에 더 가깝다. 그래서 데이터 품질 및 데이터 유효성 검사를 좀 더 수월하게 수행할 수 있다. 특정 BI 툴을 제공하는 로직이 적용되는 위치의 수를 최소화하면 사용자를 위한 단일 데이터 소스를 유지할 수 있다. 예를 들어 BI 대시보드에 대한 요구 사항이 미국 지역의 현재 및 이전 연도 매출만 표시하는 것이라면, 지역 코드용 필터는 BI 툴 내에서가 아닌 데이터 웨어하우스에서 이상적으로 적용된다. 다음은 AdventureWorks 데이터베이스에서 두 테이블을 결합하고 차원과 측정 값 차이를 강조하는 SQL로 쓰여진 쿼리다. Region 열^{column}은 차원 열이고 SalesYTD와 SalesPY는 측정 값 열이다.

```
Select
region.Name as Region, round(sum(sales.SalesYTD),2) as SalesYTD,
round(sum(sales.SalesLastYear),2) as SalesPY
FROM [AdventureWorks2014].[Sales].[SalesTerritory] region
left outer join [AdventureWorks2014].[Sales].[SalesPerson] sales on
sales.TerritoryID = region.TerritoryID
where region.CountryRegionCode = 'US'
```

```
Group by region.Name
order by region.Name asc
```

이 예제에서 SalesTerritory와 'SalesPerson' 사이의 키 결합을 위해 TerritoryID 를 사용한다. 측정 값은 SalesPerson 테이블에서 가져오므로, 팩트 테이블로 취 급되고 SalesPerson.TerritoryID는 외래 키가 된다. Region 열은 차원이고 SalesTerritory 테이블에서 가져오게 되므로, 차원 테이블 또는 룩업 테이블로 취 급되며 SalesTerritory.TerritoryID는 차원 ID가 된다. 미세 조정된 데이터 웨어 하우스에서 팩트 ID와 차원 ID는 효율적인 쿼리 성능을 위해 색인화^{indexed}될 것이 다. 위 SQL문의 출력 결과는 다음 스크린샷과 같다.

```
⊟Select
 region.Name as Region
 ,round(sum(sales.SalesYTD),2) as SalesYTD
 ,round(sum(sales.SalesLastYear),2) as SalesPY
 FROM [AdventureWorks2014].[Sales].[SalesTerritory] region
 left outer join [AdventureWorks2014].[Sales].[SalesPerson] sales on
 sales.TerritoryID = region.TerritoryID
 where region.CountryRegionCode = 'US'
 Group by region.Name
 order by region.Name asc
```

	Region	SalesYTD	SalesPY
1	Central	3189418.37	1997186.20
2	Northeast	3763178.18	1750406.48
3	Northwest	4502152.27	3298694.49
4	Southeast	2315185.61	1849640.94
5	Southwest	6709904.17	3512662.03

이러한 성능은 ID를 숫자순으로 정렬해 얻어진다. 정렬돼 있으므로 다른 테이블에 결합된 테이블의 행을 전체 테이블에서 검색할 필요는 없고, 해당 테이블의 서브 집 합에서만 검색하면 된다. 테이블이 수백 행에 불과할 때는 열을 색인화할 필요가 없 지만, 테이블이 수억 행으로 커지면 열의 색인화가 필요할 수 있다.

왜 로직은 Tableau 대시보드 또는 Qlik 애플리케이션에서 데이터베이스 레벨이 아 니라 리포트 레벨이 적용되는 경우가 흔한가? 대시보드의 사용자는 종종 결과의 일 부를 필터링할 것을 요청받는다. 그러면 사용자는 대시보드 개발자에게 그것을 요청한다. 때로 이 요청은 수 주 또는 수개월이 걸릴 수 있는 힘든 IT 티켓팅 프로세스를 거친다. 따라서 대시보드 개발자는 변경 작업을 IT 부서에 맡기는 대신 리포트 레벨의 필터 로직을 적용한다. 이러한 필터가 데이터 품질 문제를 해결하기 위해 수행되는 경우, 리포팅 레벨의 로직을 적용하면 전체 데이터 웨어하우스에서 처리해야 하는 심각한 문제를 가려버릴 수도 있다. 이러한 경우 데이터베이스 관리자가 아닌 리포트 개발자가 처리하는 데이터 품질에 대한 선례를 만들어, 장기적으로 해를 끼칠 것이다. 결국에는 단일 데이터 소스가 아닌 다중 데이터 소스로 조직의 수준을 급격히 끌어내릴 수도 있다.

이상적인 BI 툴은 신속하게 데이터 소스에 연결한 후 유용하면서 실용적인 정보를 비즈니스에 신속하게 알려주는 방식으로 차원 및 측정 값을 분할하고 잘라낼 수 있다. 궁극적으로 개인 또는 조직의 BI 툴 선택은 툴 사용의 용이성뿐만 아니라 그래프graph, 차트chart, 위젯widget, 인포그래픽스infographics와 같은 다양한 컴포넌트를 통해 데이터를 보여줄 수 있는 유연성에 달려 있다.

이 책이 도움이 되는 사람은?

이 책을 읽으면서 스스로에게 이렇게 물어볼지도 모르겠다. 내가 너무 기술적이거나 전혀 기술적이지 않은데 어떻게 이 책이 나에게 이득이 될까? 이 책은 개발자보다는 관리자에게 적합한 것은 아닐까? 이 질문에 대한 나의 대답은 "그렇다."다. 이 책의 모든 장이 모두를 위해 쓰여지지는 않았지만, 나는 비즈니스 인텔리전스 업계에서 지난 10년 동안 일한 경험을 근거로 해서 이 책에는 모두를 위한 무언가가 있다고 믿는다. Tableau, Qlik, Power BI와 같은 특정 툴을 사용하면 커스터마이징을 하지 않아도 빠르고 간편하게 시각화할 수 있다. R, 파이썬, D3.js와 같은 다른 툴은 더 많은 프로그래밍 백그라운드가 필요하다. 이러한 툴은 상당히 많은 시각적 커스터마이징을 가능하게 하지만 다른 툴에서 제공하는 것과 같은 것을 만들려면 더 많은 학습 곡선을 거쳐야 한다.

관리자

당신이 비즈니스 인텔리전스 관리자고 당신의 요구 사항 충족을 위해 다양한 툴을 사용할 줄 아는 부서를 만들고자 한다면 이 책을 추천한다. 이 책은 부서 후보자 인터뷰에서 자격이 없는 후보를 걸러낼 수 있는 질문의 원천이 될 것이다. 또한 이 책은 데이터 분석가, 대시보드 개발자, 컴퓨터 프로그래머가 아닌 데이터 과학자에게 익숙한 특정 툴도 강조해 소개한다. 관리자는 이 책을 사용해 서로 다른 스킬 집합 skillset 간의 뉘앙스를 구분할 수 있고 직접적인 필요도를 바탕으로 고용 우선순위를 매길 수 있다. 고용을 결정하는 것 외에, 관리자는 부서에서 사용하는 신규 및 기존 소프트웨어를 바탕으로 라이선싱을 결정하는 역할도 한다. 마지막으로 가트너 BI 매직 쿼드런트 Gartner BI Magic Quadrant에는 현 시장에 있는 24개의 서로 다른 BI 플랫폼이 나열돼 있다. 웹사이트 주소는 https://www.gartner.com/doc/reprints?id=1-2XXET8P&ct=160204다. 이 리스트에는 SAP와 같이 주요 BI 플랫폼 내에 여러 개의 하위 BI 플랫폼을 가진 회사들은 고려돼 있지 않다. 조직의 요구에 부합하기 위해 어떤 플랫폼 툴이 더 적합한지 평가하는 것은 어려운 작업일 수 있다. 관리자는 이 책의 각 장에서 소개하는 서로 다른 BI 툴의 공통점과 차이점을 따져볼 수 있고 이를 통해 어떤 툴이 더 적합한지 평가할 수 있다.

데이터 과학자

데이터 과학은 조직을 구성하는 직업군 중 비교적 새로운 직업 분야로, 2012년 「하버드 비즈니스 리뷰 Harvard Business Review」에서 '21세기 가장 섹시한 직업'으로 선정됐다. 관련 내용은 https://hbr.org/2012/10/data-scientist-the-sexiest-job-of-the-21st-century에서 확인할 수 있다.

데이터 과학자라는 용어는 다른 산업계보다 BI 산업계에서 더 자주 오용해왔다. 데이터 과학자는 데이터 분석가이자 BI 개발자다. 불행히도, 구분되는 스킬 집합이 있는 세 직책을 데이터 과학자 한 사람이 수행할 수 있다고 하면 이것은 데이터 과학자에게 괴로움을 주는 일일 것이다. 데이터 과학자는 BI 툴에서 추출되는 데이터에 통계 알고리즘을 적용해 향후 어떤 일이 발생할 것인지 예측할 수 있다. 데이터 과학자의 능력은 BI 전달 메커니즘에서 예측 기능을 강화하는 것이므로, 이러한 스킬 집합을 위해 데이터 과학자는 아마도 R과 파이썬에 중점을 둔 장을 중요하게 살펴 볼 것이다. 데이터 과학자는 종종, 통계 분석이 가능한 데이터 준비를 위해 BI 개발 자와 같은 업무를 하는 자신을 발견하곤 한다. 이 업무는 데이터 과학자가 아닌 최 적의 쿼리를 만들 수 있는 BI 개발자에게 맡기고, 데이터 과학자는 데이터 뒤에 숨 겨진 이야기에 집중하는 것이 이상적이다.

데이터 분석가

데이터 분석가는 아마도 데이터 과학자 다음으로 가장 잘못 알려진 직업일 것이다. 일반적으로 데이터 분석가는 데이터 웨어하우스에 연결된 BI 툴에서 생성된 데이터 를 분석한다. 대부분의 데이터 분석가는 마이크로소프트 엑셀 작업에 익숙하다. 또 한 기존 SQL 스크립트를 작성하거나 변경하는 방법에 대한 실무 지식이 있을지도 모른다. 하지만 종종 자신의 수준을 넘어선 프로그래밍 기술이 필요한 대시보드 개 발을 요청받기도 한다. 이때 데이터 분석가는 Power BI, Tableau, Qlik과 같은 툴 의 도움을 받을 수 있다. 데이터 분석가는 이러한 툴을 사용해 빠른 분석을 위한 스 토리보드나 시각화를 최소한의 프로그래밍 기술로 신속하게 개발할 수 있다.

시각화 개발자

데이터 시각화[dataviz] 개발자는 데이터로 복잡한 시각화를 생성해준다. 또한 기존의 차트나 그래프로는 볼 수 없는, 데이터 집합 내부 측정 값 사이의 흥미로운 인터랙 션을 보여주기도 한다. 이러한 데이터 시각화 개발자는 흔히 자바스크립트, HTML, CSS와 같은 프로그래밍 백그라운드를 가지고 있다. 또한 웹 애플리케이션 개발에 익숙하기 때문에 D3.js로 어렵지 않게 프로그래밍을 할 수 있다.

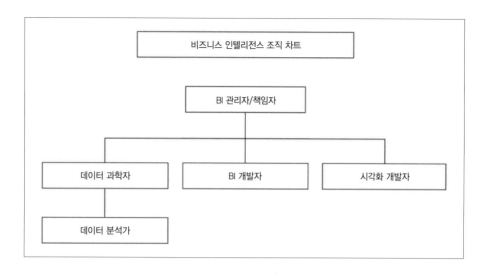

데이터와 SQL로 작업하기

이 책에서 사용된 예제와 연습 문제는 AdventureWorks 데이터베이스를 사용한다. 이 데이터베이스에는 AdventureWorks라는 가상의 자전거 판매점을 모방해 만들어진 포괄적인 테이블 리스트가 있다. 이 책의 예제는 AdventureWorks 조직에 적합한 다양한 세그먼트의 BI 리포팅을 강조하기 위해 해당 데이터베이스의 다른 테이블들을 그릴 것이다. AdventureWorks 조직에 리포트할 영역은 다음과 같다.

- 인적 자원
- 목록
- 세일즈
- 할인

데이터의 다른 세그먼트는 특정 툴 세트를 활용해 각 장에서 강조될 것이다. 1장에서는 이미 SQL을 언급했다. SQL 또는 구조화된 쿼리 언어^{Structured Query Language}는 각 시스템에서 모든 테이블 간의 관계를 전달하기 위해 데이터베이스에서 사용되는 프로그래밍 언어다. SQL의 장점은 테이블이 서로 통신하는 방법과 관련해 거의 보편적이라는 것이다. SQL에 대한 대략적인 이해는 데이터가 차원 및 측정 값과 함께 집계되는 방법을 파악하는 데 도움이 된다. 또한 사용된 SQL문에 대한 이해는 소스 데이터와 BI 툴 내 출력 간의 단일 데이터 소스를 보장하는 검증 프로세스에 도움이 될 것이다.

Oracle, Teradata, SAP, 마이크로소프트를 비롯한 모든 데이터베이스 환경은 약간 수정된 버전의 SQL 구문syntax을 사용한다. 본질은 동일하지만 형식이 약간 다를 수 있다는 것이다. Microsoft SQL Server를 사용해 SQL문을 개발할 것이므로 서식 및 구문에 익숙해지는 것은 중요하다. Microsoft SQL 구문 학습에 대한 더 자세한 내용은 웹사이트 https://www.techonthenet.com/sql_server/select.php를 참조하자.

비즈니스 인텔리전스 툴로 작업하기

지난 20년 동안 비즈니스 인텔리전스에 주력한 소프트웨어 제품 출시는 점점 증가해왔다. 또한 초기에는 BI를 위해 구축되지 않았지만 이후 업계에 필수 요소로 자리 매김한 많은 소프트웨어 제품과 프로그래밍 언어가 있다. 이 책에서는 개발용 무료 소프트웨어를 제공하는 회사의 오픈소스 기술이나 제품을 기반으로 하는 툴을 사용한다. 대다수의 기업체는 대중적으로 쓰이는 자체 BI 툴을 보유하고 있지만, 라이선스가 없다면 해당 기업체의 툴을 사용하기 위해 소정의 비용을 지불해야 한다. 이 책에서 다룰 툴은 다음의 두 가지 범주에 속한다.

- R, 파이썬, D3.js(자바스크립트)와 같은 전통적인 프로그래밍 언어
- Tableau, Qlik, Power BI와 같은 데이터 검색 데스크톱 애플리케이션

Power BI와 엑셀

Power BI는 마이크로소프트의 비교적 새로운 BI 툴이다. 그것은 셀프서비스self-service 솔루션으로 알려져 있으며 마이크로소프트 엑셀, Microsoft SQL Server와 같이 다른 데이터 소스와 원활하게 통합된다. Power BI를 사용하는 주목적은 사용자에게 인터랙티브한 대시보드, 리포트, 데이터 집합을 제공하는 것이다.

이 책에서는 Power BI 이외에도 데이터 웨어하우스로부터 얻어온 데이터의 분석 및 결과 검증을 위해 마이크로소프트 엑셀을 활용하는 것도 심도 있게 다룰 것이다. 피벗 테이블은 마이크로소프트 엑셀 내에서 매우 빈번하게 사용되며, 데이터 웨어하우스 내부에서 완료된 집계를 검증하는 데 사용된다.

D3.js

데이터 기반 문서로도 알려진 D3.js는 자바스크립트 라이브러리며, 데이터 기반의 문서를 이용해 아름다운 시각화를 만들어내는 것으로 유명하다. D3가 자바스크립트에 뿌리를 두고 있기 때문에 모든 시각화가 웹에서도 원활하게 이뤄진다. D3는 시각화의 모든 부분에서 주요한 커스터마이징을 가능하게 한다. 이러한 유연성 때문에 D3의 경우 이 책에서 논의된 다른 어떤 소프트웨어 프로그램보다도 더 심도 있는 학습이 필요하다. D3는 데이터를 .csv 파일 또는 .json 파일로 쉽게 사용할 수 있게 한다. 또한 이 데이터는 웹에서 시각화를 렌더링하는 자바스크립트 코드 안에 바로 포함될 수 있다.

R

R은 아름다운 그래픽을 만들어내는 무료 오픈소스 통계 프로그래밍 언어다. R 언어는 통계 커뮤니티에서 널리 사용돼왔으며, 좀 더 최근에는 데이터 과학과 머신 러닝 분야에서도 널리 사용되기 시작했다. 이러한 이유로 R 언어는 효과적이고 실질적인 BI를 보여주고 제공하는 플랫폼으로서 최근 몇 년 동안 발전이 가속화돼왔다. BI를 시각화하는 것 외에도, R은 알고리즘 및 예측을 이용한 예측 분석을 시각화할 수 있다. R의 인터페이스는 다소 부족하지만, 통합 개발 환경IDE, Integrated Development Environment이 용이한 사용자 경험을 돕기 위해 개발돼왔다. 이 책에서는 RStudio를 사용해 R 기반의 시각화를 제공할 것이다.

파이썬

파이썬은 이 책에서 다룰 다른 모든 언어 중 가장 전통적인 프로그래밍 언어라 할 수 있다. 파이썬은 강력한 데이터 분석 및 시각화 모듈을 가진 범용 프로그래밍 언어로 널리 사용된다. BI 툴로서 파이썬은 R과 유사하게 아름다운 그래픽을 제공하기 위한 자체적인 형식에서 다소 원시적이다. 그러나 사용자 인터페이스는 IDE 통합으로 훨씬 더 즐거운 개발 경험을 제공할 수 있다. PyCharm은 파이썬으로 BI를 개발하는 데 사용되는 IDE다. PyCharm은 무료며 IPython(현재는 Jupyter라고 불리는) Notebook을 만들 수 있다. 이는 BI를 지원하는 강력한 모듈과 파이썬 사이의 완벽한 통합을 제공한다.

 참고로, 이 책의 목적상 모든 파이썬 코드는 파이썬 3 문법을 사용해 개발될 것이다.

Qlik

Qlik는 데스크톱 툴을 사용해 비즈니스 인텔리전스 솔루션을 제공하는 데 특화된 소프트웨어 회사며, 자체적인 데스크톱 애플리케이션을 통해 데이터와 쿼리를 기반으로 빠른 시각화를 제공하는 선두 업체 중 하나다. 이들은 자신을 비즈니스 사용자를 위한 셀프서비스 BI로 홍보한다. 주로 기업을 대상으로 하는 솔루션을 제공하지만, 앞으로 이 책에서 다룰 개인용 툴의 무료 버전도 제공한다. Tableau는 유사한 BI 솔루션을 제공한다는 점에서 아마도 Qlik와 가장 가까운 경쟁자일 것이다.

Tableau

Tableau는 데스크톱 툴을 사용해 비즈니스 인텔리전스 솔루션을 제공하는 데 특화된 소프트웨어 회사다. 만약 Qlik와 유사하게 들린다면, 아마도 그것은 사실일 것이다. 두 회사는 모두 간편한 설치 및 설정, 사용 가능한 데이터와의 연결성으로 전달 메커니즘을 구축하는 데 선두 주자로 꼽힌다. Tableau는 데스크톱 툴의 무료 버전을 가지고 있으며 이는 이 책에서 주로 사용될 것이다. 다시 비교하자면, Tableau가 고급 비즈니스 사용자에게 신속하고 아름다운 시각화뿐 아니라 셀프서비스 데이터 검색을 제공하기에 더 탁월하다.

Microsoft SQL Server

Microsoft SQL Server 2014는 앞서 설명한 BI 툴과 함께 사용될 예제용 데이터 웨어하우스 역할을 할 것이다. Microsoft SQL Server는 설치 및 설정이 상대적으로 간단하며 무료로 다운로드할 수 있다. 또한 AdventureWorks 데이터베이스와 같이 Microsoft SQL Server와 함께 원활하게 구성되는 예제 데이터베이스가 있다.

Microsoft SQL Server 2014의 다운로드 및 설치

중요한 것부터 먼저 하자. 우선 BI 환경 개발을 시작할 수 있도록 데이터베이스 및 데이터 웨어하우스를 구축하고 실행해야 한다.

마이크로소프트 사이트 https://www.microsoft.com/en-us/download/details. aspx?id=42299를 방문해 다운로드 선택 프로세스를 시작한다.

다음 스크린샷과 같이 해당 언어를 선택하고 고급 기능(즉, 64비트 버전)이 있는 Microsoft SQL Server Express 버전을 선택한다.

File Name	Size
Express 32BIT WoW64\SQLEXPR32_x86_ENU.exe	149.9 MB
Express 32BIT\SQLEXPR_x86_ENU.exe	168.4 MB
Express 64BIT\SQLEXPR_x64_ENU.exe	196.7 MB
ExpressAdv 32BIT\SQLEXPRADV_x86_ENU.exe	1.1 GB
✓ ExpressAdv 64BIT\SQLEXPRADV_x64_ENU.exe	1.1 GB
ExpressAndTools 32BIT\SQLEXPRWT_x86_ENU.exe	840.8 MB

Choose the download you want

서버를 다룰 때는 이상적으로 64비트 버전에서 작업하고 싶을 것이다. 파일을 선택한 후 다운로드 프로세스를 시작해야 한다. 연결 속도에 따라 파일 용량이 1GB 이상이면 다소 시간이 걸릴 수 있다.

다음 단계에서는 다음의 스크린샷과 같이 SQL Server 2014의 새 독립 실행형 인스턴스를 선택한다.

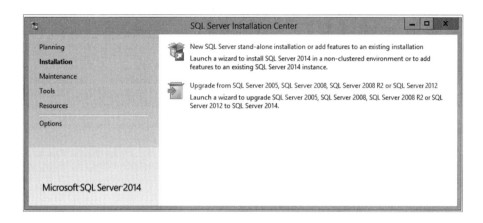

라이선스 조항을 수락한 후에는 설치 파일 설정을 위해 Global Rules와 Product Updates 단계를 계속 진행한다.

Features selection 탭의 경우, 설치 시 다음 기능이 선택돼 있는지 확인한다.

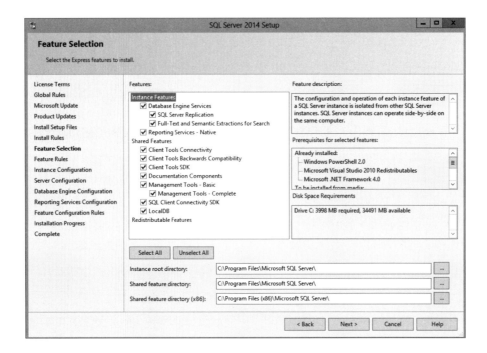

선호되는 옵션은 데이터베이스의 Named instance에 개발 환경과 관련된 레이블을 붙이는 것이다. 이것은 비즈니스 인텔리전스에 사용될 것이므로 앞서 이 인스턴스 의 이름을 다음 스크린샷과 같이 SQLBI로 지정했다.

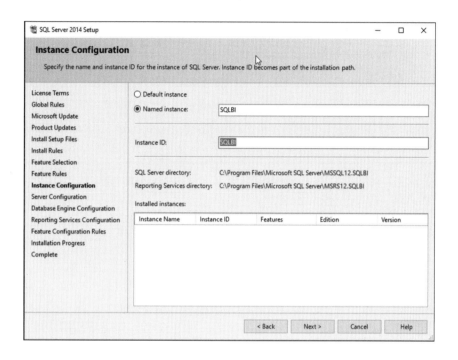

Server Configuration의 디폴트 설정은 이제 충분하다. 추가 구성은 필요 없다.

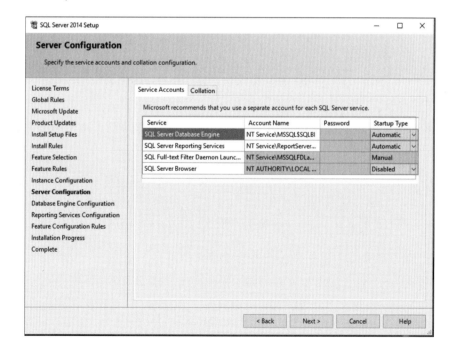

회사 또는 조직이 아닌 개인 사용을 위해서라면, 다음 스크린샷과 같이 사인온^{sign-on}을 위한 Windows authentication mode로도 충분하다.

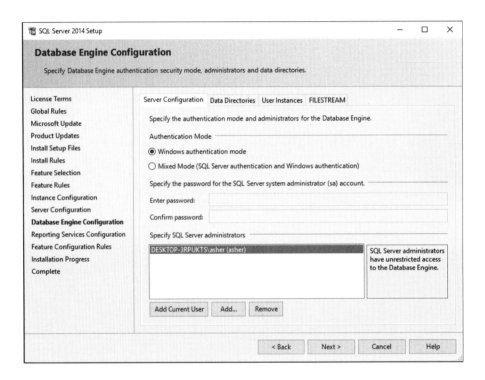

리포팅 서비스를 구성할 필요가 없으므로, 이 시점에서는 어떠한 구성도 하지 않은 채로 Reporting Services Native mode 설치를 진행하면 된다.

이 시점에서 설치가 진행되며 가용 리소스에 따라 20~30분 정도 소요될 수 있다.

 설치에 문제가 있는 경우 마이크로소프트 웹사이트(http://social.technet.microsoft.com/wiki/contents/articles/23878.installing-sql-server-2014-step-by-step-tutorial.aspx)를 방문해 추가적인 도움을 얻을 수 있다.

최종적으로 모든 항목이 설치된 경우, 다음 스크린샷과 같이 모든 설치 부분의 이름 옆에 체크 표시가 있고 **Succeeded** 레이블이 붙어있는 것을 확인할 수 있다.

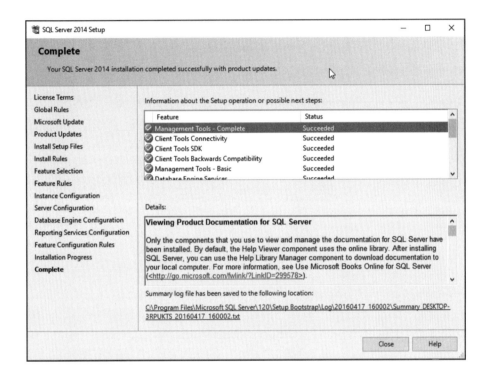

AdventureWorks의 다운로드 및 설치

비즈니스 인텔리전스 데이터 웨어하우스 구축을 거의 완료했다. 이제 데이터 웨어하우스에 데이터를 추출하고 로드할 수 있는 단계에 도달했다. 마지막 단계는 마이크로소프트에서 AdventureWorks 데이터베이스를 다운로드해 설치하는 것이다. AdventureWorks 2014의 압축 파일은 https://msftdbprodsamples.codeplex.com/downloads/get/880661에서 찾을 수 있다.

파일을 다운로드하고 압축을 풀면 AdventureWorks2014.bak라는 파일이 있을 것이다.

상기 파일을 복사해 다음 폴더(C:\ProgramFiles\Microsoft SQL Server\MSSQL12. SQLBI\MSSQL\Backup)에 붙여 넣는다. 이후 이 파일은 Microsoft SQL Server 2014 Express Edition과 통합될 것이다.

또한 Microsoft SQL Server 2014를 설치할 때 SQL 인스턴스를 어떻게 명명했는지에 따라 사용자마다 MSSQL12.SQLBI 하위 폴더가 달라진다는 점에 유의한다.

일단 복사가 끝나면 Management Studio for SQL Server 2014를 실행할 수 있으며 File ➤ New ➤ Query with Current Connection으로 이동해 빈 새 쿼리를 실행할 수 있다.

빈 쿼리 설정이 완료되면 다음 예제 코드를 복사하고 붙여 넣은 후 실행한다.

```
use [master]
Restore database AdventureWorks2014

from disk = 'C:\Program Files\Microsoft SQL
Server\MSSQL12.SQLBI\MSSQL\Backup\AdventureWorks2014.bak'

with move 'AdventureWorks2014_data'

to 'C:\Program Files\Microsoft SQL
Server\MSSQL12.SQLBI\MSSQL\DATA\AdventureWorks2014.mdf',

Move 'AdventureWorks2014_log'

to 'C:\Program Files\Microsoft SQL
Server\MSSQL12.SQLBI\MSSQL\DATA\AdventureWorks2014.ldf'
, replace
```

다시 말하지만, Microsoft SQL Server 2014를 설치할 때 SQL 인스턴스를 어떻게 명명하는지에 따라 사용자마다 Microsoft SQL Server 2014 하위 폴더가 달라진다는 점에 유의한다.

이제 Microsoft SQL Server에 "Processed 24248 pages for database 'AdventureWorks2014'"라는 메시지가 표시돼야 한다. SQL Server의 왼쪽 상단 모서리에 있는 **Databases** 탭을 새로고침하면 다음 스크린샷과 같이 AdventureWorks 데이터베이스와 적절한 모든 테이블이 표시된다.

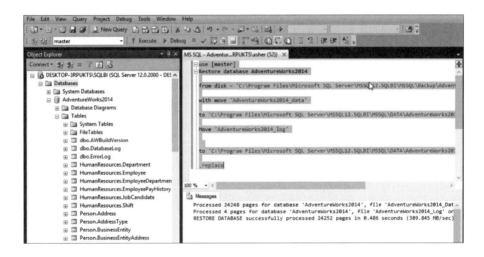

다음으로, 로그인 계정이 모든 적절한 서버 설정을 가지고 있는지 확인하는 단계가 필요하다. Management Studio의 왼쪽 상단에 있는 SQL Server 명을 마우스 오른쪽 버튼으로 클릭하고 속성을 선택한 후 **Properties** 내의 **Permissions**를 선택한다.

다음 스크린샷에 표시된 대로 사용자 이름을 찾고 **Grant** 열의 모든 권한을 확인한다.

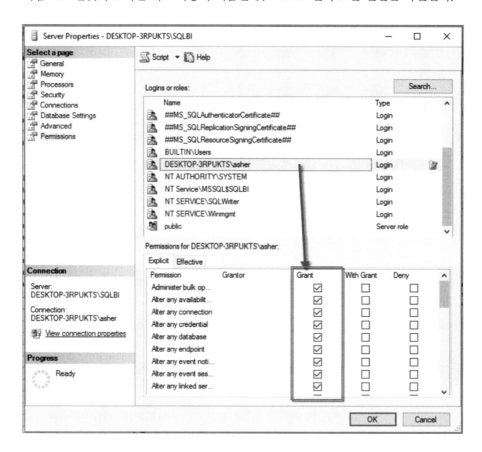

마지막으로, Microsoft SQL Server 2014를 가진 폴더가 현재 사용자를 위한 적합한 권한을 가지고 있는지 확인해야 한다. 해당 폴더는 C:\Program Files\Microsoft SQL Server\에 위치한다.

연습 삼아, SQL Server에 접속할 사용자 또는 그룹에 대한 모든 권한을 다음 폴더에 할당한다.

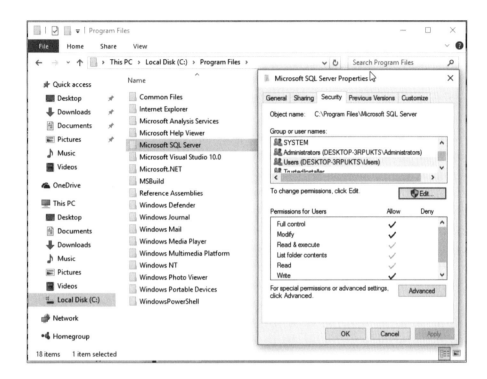

AdventureWorks 데이터베이스를 데이터 웨어하우스에 추가하고 데이터 웨어하우스 인프라를 설치하는 작업을 마쳤다. 이제 데이터 웨어하우스를 BI 툴에 직접 연결할 준비가 됐다.

요약

이제 1장의 결론에 도달했으며 지금까지 상당히 많은 분야를 다뤘다. 우선 킴볼 ^{Kimball} 방식을 사용한 데이터 모델링 방법론에 관한 핵심 자료를 요약했으며, 이 책의 전반에 걸쳐 적용될 비즈니스 인텔리전스의 정의를 확립했다. 또한 비즈니스 인텔리전스를 구현하기 위해 사용할 다양한 툴을 개괄적으로 설명했다. 이 책에서는 다양한 툴을 사용해 AdventureWorks 데이터베이스 내의 가용 데이터를 기반으로 비즈니스 인텔리전스 모범 사례를 구현하는 데 중점을 둘 것이다.

2장에서는 웹에서 추가 데이터를 추출한 다음 AdventureWorks 데이터베이스에 추가하는 방법을 설명한다. 이 프로세스는 웹 스크래핑으로 알려져 있으며 파이썬 및 R과 같은 툴을 사용해 성공적으로 수행할 수 있다. 또한 데이터 수집 외에도 최적의 쿼리 성능을 위해 수집된 데이터를 변환하는 데 초점을 맞출 것이다.

2
웹 스크래핑

하루에 인터넷에서 생성되는 데이터의 양은 매우 엄청나다. 이러한 데이터의 대부분은 개인 블로그뿐 아니라 소셜 미디어에서도 생성된다. 이외에도 휴대폰, 태블릿, 웨어러블 장치에서 생성된 데이터도 존재한다. 한 웹사이트(http://www.livevault. com/2-5-quintillion-bytes-of-data-are-created-every-day/)에 따르면, 2015년 IBM 은 하루 평균 약 2.5조 바이트의 데이터가 생성된다고 보고했다. 이 데이터를 입수하고 이해할 수 있다면 어떤 조직에서든지 매우 유용할 것이다. 여기가 바로 웹 스크래핑web scraping이 필요한 시점이다

단순하게 웹 스크래핑은 다른 웹사이트로부터 데이터를 추출하고 정형화된 구조로 조작해서 소비 및 보고를 위해 로컬 파일로 저장하는 기술이다. 우리는 아마도 그 당시에는 인지하지 못했지만, 과거에 어떤 형태로든 웹 스크래핑을 했을 것이다.

1장, '실용적인 비즈니스 인텔리전스 소개'에서는 주로 AdventureWorks 데이터 리포팅을 위해 데이터 웨어하우스를 설계하고 구성하는 법에 주안점을 뒀고, 그 데이터 리포팅에 사용되는 다른 모든 툴에 대해 강조했다. 이러한 툴 중 R과 파이썬에 대해 이야기했다. 둘 다 리포팅에 사용될 수 있는 프로그램이지만, 데이터를 수집하는 용도로도 사용될 수 있다. 두 프로그램 모두 웹사이트로부터 로컬 컴퓨터나 서버

로 사이즈가 큰 데이터 집합을 추출할 수 있게 돕는 편리한 패키지를 제공한다. 이런 과정이 2장의 핵심이 될 것이다.

만약 웹사이트가 테이블을 정기적으로 갱신한다면, 데이터를 추출하기 위해 몇 줄의 코드를 설정하는 것이 당연하다. 예를 들어 회사의 일일 주가를 분석하는 데 관심이 많은 증권 중개인은 웹 스크래핑 애플리케이션을 설정해 Yahoo!Finance(http://finance.yahoo.com)에서 매시간 최신 주가를 불러오길 원할 것이다. 이 책의 목적을 위해 우리는 깃허브^{GitHub}(https://github.com/)에서 AdventureWorks 데이터베이스를 지원할 수 있는 도표 자료를 추출할 것이다. 깃허브는 코드와 데이터를 호스팅하고 위키^{wiki} 형식으로 표시할 수 있는 웹 기반 저장소다. R 또는 파이썬을 사용해 데이터를 추출하면 그 데이터는 데이터프레임^{data frame}이라는 테이블 형식으로 변환돼 스프레드시트로 보내지고 기존의 AdventureWorks 표와 함께 SQL Server 데이터베이스에 업로드된다.

특정 웹사이트에서 데이터를 스크래핑할 때는 그 사이트의 독점 데이터를 침해하지 않는 것이 매우 중요하다. 웹 스크래핑은 강력한 툴이지만 여전히 법적인 문제를 겪으며 지속적으로 변화한다. 따라서 미리 확인하는 것이 좋다.

2장에서는 다음과 같은 주제를 다룬다.

- R 시작하기
- R로 웹 스크래핑하기
- 파이썬 시작하기
- 파이썬으로 웹 스크래핑하기
- Microsoft SQL Server에 데이터프레임 업로드하기

R 시작하기

R로 웹사이트를 스크래핑하려면 먼저 R과 RStudio에 대한 환경 설정이 필요하다. R
과 RStudio는 윈도우^{Windows}, 맥^{Mac}, 리눅스^{Linux} 등 다양한 플랫폼에서 다운로드할 수
있다. 이 책은 마이크로소프트 윈도우 10 64비트 환경을 기반으로 기술한다.

R 다운로드 및 설치

R은 다운로드와 설치가 매우 쉽다. 인터넷에서 CRAN$^{Comprehensive\ R\ Archive\ Network}$을 검
색하면 최신 버전의 R을 다운로드할 수 있는 가장 가까운 곳으로 안내해줄 것이다.
R 검색을 통해 다음과 같은 사이트를 찾을 수 있다.

https://cran.r-project.org/bin/windows/base/

이 책을 저술하는 시점에서 32/64비트 윈도우 환경과 호환되는 R의 최신 버전은
다음 스크린샷과 같이 3.3.2였다.

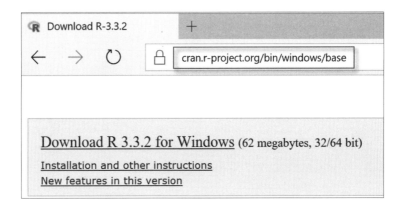

파일을 다운로드한 후, 다음 스크린샷과 같이 실행 파일을 설치한다.

다음과 같이 R for Windows 3.3.2가 설치될 디폴트 설치 경로를 선택한다.

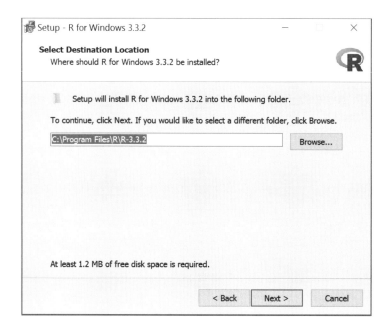

다음과 같이 사용자 설치에 필요한 모든 컴포넌트를 선택한다.

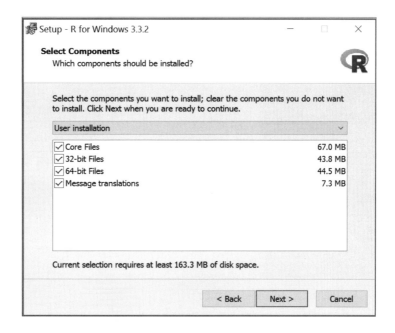

또한 기본 설정으로도 충분하기 때문에 시작 옵션을 커스터마이징할 필요는 없다. 예를 들어 다음과 같은 모든 추가 작업에 대해 마음대로 선택해도 된다.

- 데스크톱 아이콘 생성
- 바로가기 아이콘 생성
- 레지스트리 버전 정보 저장
- .RData 파일과 R 연동

이제 다음 스크린샷이 보인다면 R 프로그램 설치가 성공적으로 완료된 것이다.

R은 매우 좋은 도구지만 사용자 인터페이스 부분은 조금 부족한 면이 있다. 이는 R이 통계학자들이 통계학자를 위해 만든 통계 프로그래밍 언어이기 때문이다. 통계학자들은 알고리즘을 만드는 뛰어난 능력을 가졌지만 비즈니스 영역 사용자를 염두에 두지는 못했다. 이것이 RStudio가 포지셔닝하는 영역이다. RStudio는 통합 개발 환경IDE, Integrated Development Environment이다. IDE는 개발 도구를 한곳에 모으고 용이하게 사용할 수 있도록 함으로써 개발자들을 도우며, RStudio 없이 R 그 자체로 사용할 수도 있다. 그리고 RStudio는 R이 설치돼 있지 않은 셸shell이다. 하지만 이 둘을 조합하면 매우 강력한 작업 환경을 구성할 수 있다. RStudio는 데이터와 일치하는 차트와 그래프를 제공해주는 추가 리소스 또한 제공한다. 해당 기능은 5장, 'R로 예측하기'에서 좀 더 자세히 다룰 것이다.

RStudio 다운로드 및 설치

다음 웹사이트에서 RStudio를 다운로드할 수 있다.

https://www.rstudio.com/products/rstudio/download/

윈도우 비스타/7/8/10을 위한 설치 파일을 선택하고 다음 스크린샷과 같이 다운로드한다.

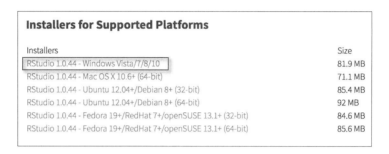

그리고 다음 스크린샷을 참고해 RStudio를 설치할 위치를 선택한다.

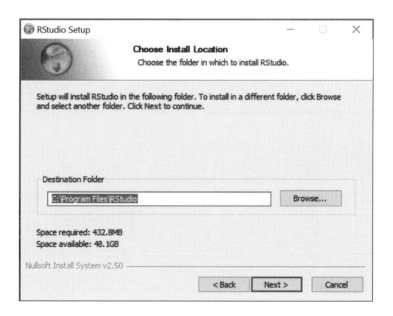

Next 버튼을 눌러 설치 프로세스를 시작한다. 다음 스크린샷이 보이면 설치가 원활하게 된 것이다.

이제 R을 사용해 웹 스크래핑 준비를 마쳤다.

R로 웹 스크래핑하기

처음 RStudio를 열면 사분면에 놓여진 네 개의 창이 보인다. 이 네 개의 창은 코딩 입력과 출력을 위해 제공되며 각 창의 역할은 다음 스크린샷의 내용과 같다.

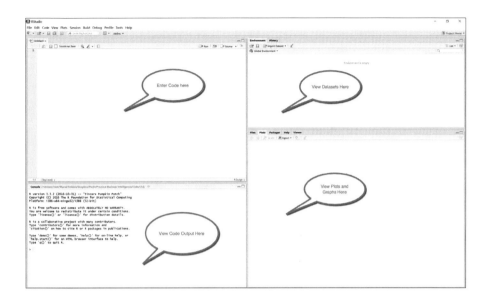

다음 스크린샷을 참고해 File ➤ New File ➤ R Script를 차례로 선택함으로써 웹 스크래핑을 위한 파일을 만들어보자.

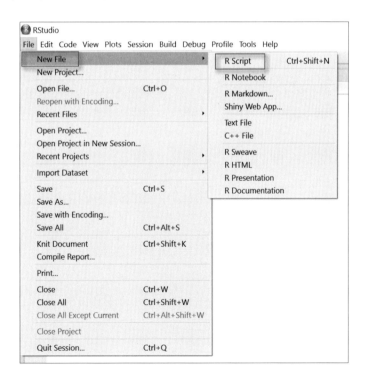

이제 코딩을 할 수 있는 빈 R 파일을 생성했다. 다음으로, 웹 스크래핑을 할 웹사이트의 데이터를 확인하자.

깃허브 내의 링크(https://github.com/asherif844/PracticalBusinessIntelligence/wiki/AdventureWorks?Weekly-Data-by-Discount)에는 우리 데이터베이스로 쓰기에 적절한 테이블이 있다.

WeekInYear	DiscountCode
01	38
02	14
03	4
04	16
05	10

표의 전체 데이터는 다음 스크린샷을 통해서도 확인할 수 있다.

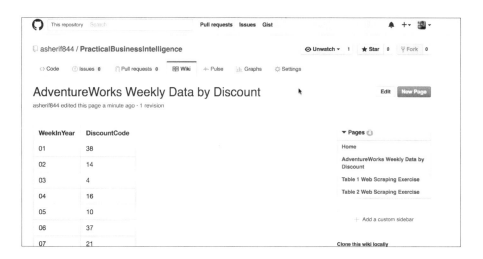

R을 사용해 위키피디아^{Wikipedia}의 테이블을 스크랩하려면 R 프레임워크에서 스크랩을 용이하게 하는 몇 가지 라이브러리를 설치해야 한다. 일반적으로 RStudio를 통해 라이브러리를 다운로드하고 설치하는 것이 더 편리하다. 먼저 RStudio 창의 메인 바에서 Tools를 선택한다. 그리고 Install Packages를 선택한다. 그러면 다음 스크린샷과 같은 결과를 볼 수 있다.

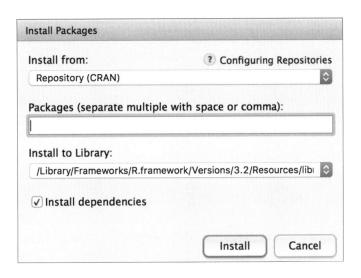

 RStudio를 관리자 권한으로 수행하면 패키지와 라이브러리 설치 과정에서 생기는 문제들을 피할 수 있다.

스크랩을 위해 두 가지 패키지를 설치하자. 하나는 XML이고 다른 하나는 RCurl이다. 쉼표로 두 패키지를 구분해 입력하고 설치하고자 하는 경로를 입력한 후 Install 버튼을 눌러 다운로드를 시작한다.

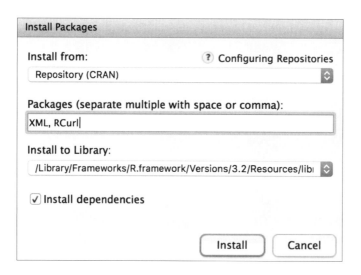

RStudio의 콘솔 창에 다음 메시지가 보인다면 설치가 성공적으로 완료된 것이다.

```
package 'XML' successfully unpacked and MD5 sums checked

The downloaded binary packages are in
        C:\Users\asher\AppData\Local\Temp\Rtmpc9isgv\downloaded_packages
>
```

이제 웹사이트에서 테이블을 얻어내기 위한 코드를 수행할 수 있는 환경이 준비됐다.

 R은 할당을 위해 '='대신에 '<-' 구문을 사용한다. 만약 R에 익숙하지 않다면 익숙해지기 위해 시간이 조금 필요할 수 있다. 하지만 결국 모국어처럼 사용할 수 있게 될 것이다. R 구문에 대한 자세한 내용은 웹사이트(https://cran.r-project.org/doc/manuals/r-release/R-lang.html#Syntax-and-examples)에서 확인할 수 있다.

다음 코드는 스크래핑 프로세스의 초기화 부분으로, 라이브러리를 로드하고 작업 디렉터리를 설정하는 부분이다.

```
library(XML)  # XML 라이브러리 로드
library(RCurl)  # RCurl 라이브러리 로드

getwd()  # 현재 작업 디렉터리 얻기
setwd('C:/Users/asher/Desktop')
#  작업 디렉터리를 원하는 경로로 설정
getwd()  # 새 디렉터리로 현재 작업 디렉터리가 설정됐는지 확인
```

이제 RStudio에서 위 코드를 실행할 수 있다. 오른쪽 위 모퉁이에 있는 **Run** 아이콘을 클릭하면 다음 스크린샷과 같은 실행 결과를 확인할 수 있다.

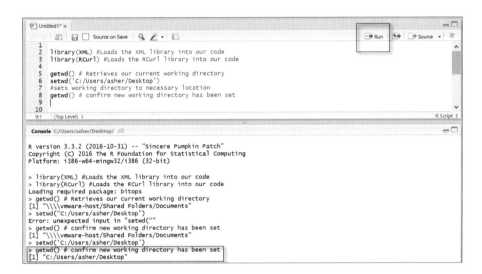

설치 시에 설정한 현재 작업 디렉터리가 사용자마다 다르기 때문에 setwd()의 결과도 사용자마다 다를 수 있다. 내가 사용하는 작업 디렉터리의 경로는 다음과 같다.

```
setwd('C:/Users/asher/Desktop')
```

출력 디렉터리는 접근 권한이 있는 디렉터리여야 하므로 출력 디렉터리가 적합하게 설정됐는지 확인하자.

다음은 데이터 소스의 웹사이트에 연결하고, 데이터를 캡처하고, 테이블 형식으로 서식을 지정한 후 테이블의 처음 다섯 행을 반환하는 코드다.

```
url <-
"https://github.com/asherif844/PracticalBusinessIntelligence/wiki/
Adventure Works---Weekly-Data-by-Discount"
# url 값을 연결하고자 하는 URL 링크로 설정

get_URL <- getURL(url)  # RCurl 라이브러리를 통해 설정한 링크를 문자열로 가져옴
str(get_URL)  # 웹사이트 링크를 갖는 변수의 구조 출력

retrieveTable <- readHTMLTable(get_URL, which = 1)
# HTML 형식으로 테이블을 읽고
# 하나 이상의 테이블이 있는 경우, 테이블의 순서를 지정
head(retrieveTable)
# 테이블의 처음 다섯 행을 반환
```

다음 스크린샷과 같이 head() 함수를 사용해 처음 다섯 행을 확인할 수 있다.

```
> head(retrieveTable) #returns the first five rows of the table
  WeekInYear DiscountCode
1         01           38
2         02           14
3         03            4
4         04           16
5         05           10
6         06           37
>
```

또한 테이터프레임의 구조인 retrieveTable을 통해 열 데이터 타입을 확인할 수 있다. 데이터프레임 구조를 확인하기 위해 다음과 같은 str(retrieveTable) 함수 실행 결과를 얻을 수 있다.

```
> str(retrieveTable)
'data.frame':   52 obs. of  2 variables:
 $ WeekInYear  : Factor w/ 52 levels "01","02","03",..: 1 2 3 4 5 6 7 8 9 10 ...
 $ DiscountCode: Factor w/ 32 levels "10","12","13",..: 22 4 24 5 1 21 11 1 12 18 ...
```

WeekInYear와 DiscountCode 모두 Factor 데이터 타입을 가진다. 범주형 변수로서 factor 함수는 숫자가 아닌 데이터 유형에 대한 통계 용어로 사용된다. 더미 값을

예측 값으로 사용하는 경우 통계 모델링에서 범주형 변수는 매우 일반적으로 사용된다. 그러나 Factor는 숫자가 아니다. 따라서 숫자가 아닌 Factor 데이터는 집계할 수 없다. 즉 WeekInYear 열을 집계하는 것과 무관하더라도 DiscountCode 열의 경우에는 문제가 될 수 있다. 이에 다음 스크립트를 통해 DiscountCode 열을 Factor에서 숫자 값으로 변환해야 한다.

```
getTable$DiscountCode <- as.numeric(getTable$DiscountCode)
```
 # factor 필드를 Numeric으로 변경

str(retrieveTable)을 수행해 얻은 새로운 데이터프레임 구조는 다음과 같다.

```
> str(retrieveTable)
'data.frame':   52 obs. of  2 variables:
 $ WeekInYear  : Factor w/ 52 levels "01","02","03",..: 1 2 3 4 5 6 7 8 9 10 ...
 $ DiscountCode: num  22 4 24 5 1 21 11 1 12 18 ...
```

이제 DiscountCode 열 또한 이전에 보여줬던 Factor 타입이 아닌 숫자 데이터 타입으로 표시되는 것을 확인할 수 있다. 출력된 데이터프레임이 적합하므로 이제 write.csv() 함수를 통해 .csv 파일로 자료를 내보내게 한다. 이때 사용되는 스크립트는 다음과 같다.

```
write.csv(retrieveTable, file = "DiscountCodebyWeek.csv")
```
 # 데이터프레임을 자신의 경로의 csv 파일에 입력

내보내진 파일은 R 코드로 기본 작업 디렉터리에 저장된다. 파일명은 DiscountCodebyWeek.csv다. 2장의 뒷부분에서 Microsoft SQL Server에서 파일을 임포트할 때 이 파일을 다시 살펴보자.

 이 책에서 소개되는 모든 코드는 팩트출판사 웹사이트(https://www.packtpub.com)에서 직접 다운로드할 수 있다.

파이썬 시작하기

여러분의 컴퓨터에 이미 파이썬이 설치돼 있을 확률이 높다(특히 맥을 사용하는 경우). 2장에서는 파이썬 3를 윈도우 운영체제를 사용하는 컴퓨터에 다운로드하는 방법을 살펴본다. 이 책을 쓰는 시점에서 최신 버전은 파이썬 3.5.1이다. 이 책에서는 최신 버전 대신 안정적인 버전인 파이썬 3.4.4를 사용한다.

파이썬 다운로드 및 설치

R을 다운로드했던 것과 비슷하게 파이썬의 경우도 적절한 파일을 선택해 다운로드할 수 있는 전용 웹사이트(https://www.python.org/downloads/)가 있다.

선택한 설치 파일을 다운로드한 후 다음 스크린샷과 같이 실행해 설치를 진행하자.

파이썬 3.4.4를 설치할 적합한 디렉터리를 선택하자. 설치 중에 커스터마이징 여부를 묻는 메시지가 나타나면 모든 기능을 선택하고, 특히 python.exe를 경로^{Path}에 추가하는 **Add python.exe to Path** 옵션을 반드시 선택하자. 이 기능을 선택하면 명령 프롬프트에서 전체 경로 입력 없이 `python` 입력이 가능해지기 때문이다.

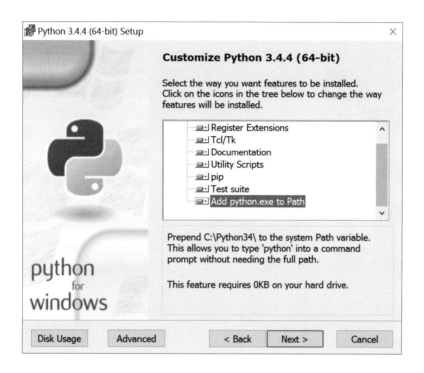

모든 기능을 선택했다면 설치를 시작하자. 설치가 완료되면 다음과 같은 메시지가 나온다.

PyCharm 다운로드 및 설치

앞서 R의 IDE로 소개한 RStudio처럼 파이썬에도 몇 가지 유명 IDE가 있다. 개인적으로 나는 PyCharm을 선호한다. PyCharm은 인터페이스 내비게이션과 파이썬 모듈 설치가 편하고 IPython(Jupyter) Notebook과 함께 쓰기 좋다.

JetBrains 사에서 개발한 PyCharm은 https://www.jetbrains.com/pycharm/download/에서 PyCharm 커뮤니티 버전으로 다운로드할 수 있다.

PyCharm 커뮤니티 버전 설치 파일이 다운로드됐다면 설치를 시작하자. 설치가 완료되면 다음 스크린샷이 나타난다.

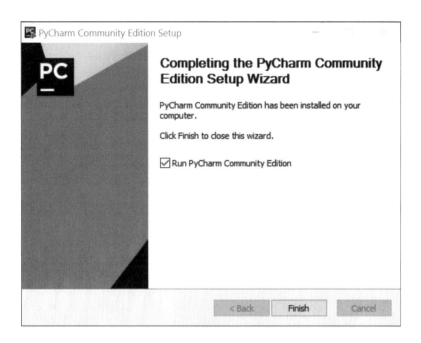

설치가 완료되면 PyCharm Community Edition을 실행하고 다음 스크린샷을 참고해 I do not have a previous version of PyCharm or I do not want to import my settings 를 선택한다.

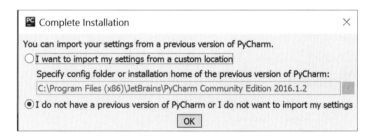

그 후에 새 프로젝트를 시작할지 묻는 창이 나타난다. 다음 스크린샷에서 Create New Project를 선택한다.

새 프로젝트를 연결할 폴더 경로의 위치를 선택하고 Python34 폴더가 될 인터프리터를 선택한다. 인터프리터는 다음 스크린샷과 같이 기본으로 선택돼 있을 것이다.

프로젝트가 만들어지면 우리는 웹 스크래핑을 지원하는 모듈을 설치할 수 있다. 모듈을 설치하는 방법은 여러 가지가 있다. 명령 프롬프트를 통해 수동으로 설치할 수도 있고 PyCharm을 통해 바로 설치할 수도 있다. 첫 번째 옵션은 가장 간단한 방법으로 PyCharm을 통해 설치하는 것이다.

모듈을 다운로드하기 위해 Files ➤ Settings ➤ Project Name ➤ Project Interpreter로 이동하자.

다음 스크린샷처럼 pip, setuptools와 같이 이미 설치된 기본 패키지/모듈이 있을 수 있다.

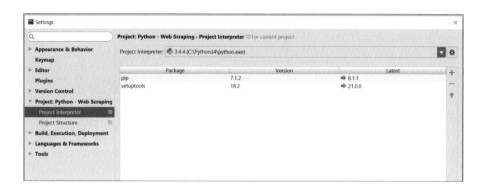

pip은 다른 모듈을 설치하는 데 필요한 파이썬 패키지 관리자다. 따라서 pip을 항상 최신 버전으로 업데이트해야 한다. 보다시피, 현재 버전은 7.1.2고 가장 최신 버전은 8.1.1이다. 어떤 모듈을 설치하기 전에 pip을 최신 버전으로 업데이트해야 한다. pip을 최신 버전으로 업데이트하려면 Project Interpreter에서 pip을 선택하고 Install Package를 선택한다. 이어서 Specify version에 다음과 같이 내용을 입력한 후 체크한다.

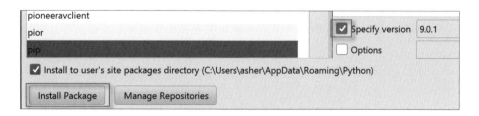

패키지를 성공적으로 설치하면 다음과 같은 스크린샷이 보인다.

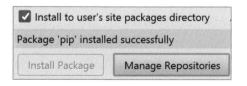

이제 다음 모듈을 설치해 웹 스크래핑 개발 환경을 구성해보자.

- pandas
- bs4
- Jupyter

 bs4(BeautiflSoup4)는 파이썬의 웹 스크래핑 패키지 중에서 가장 강력하다. bs4 패키지에 대한 더 자세한 내용은 https://www.crummy.com/software/BeautifulSoup/에서 확인할 수 있다.

먼저 pandas를 설치해보자. 오른쪽에 있는 + 기호를 클릭하고 다음 스크린샷에 보이는 것처럼 Available Packages에 pandas를 입력한다.

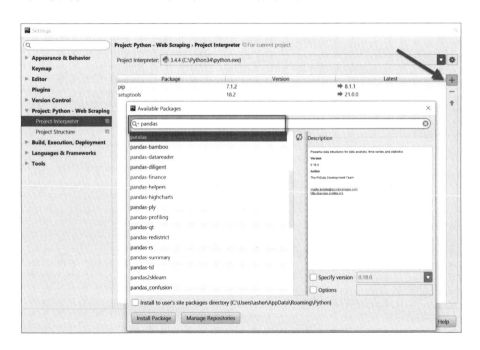

적절한 패키지를 선택하고 왼쪽 아래에 있는 Install Package 버튼을 클릭한다. 한 번에 하나의 패키지만 설치할 수 있으므로 다른 모듈(bs4, Jupyter)에 대해서도 동일하게 반복한다.

이것이 가장 쉽게 파이썬 패키지를 설치하는 방법일진 몰라도, 결함이 아예 없는 방법은 아니다. 때때로 이 방법을 사용해 패키지를 설치할 때 오류가 발생할 수 있다. 백업으로 사용할 수 있는 다른 방법은 명령 프롬프트를 사용해 패키지를 가져오는 것이다. 명령 프롬프트를 사용해 pip을 업그레이드하고 pandas를 설치하고자 할 때는 다음과 같이 명령어를 입력하면 된다.

```
C:\Python34\Scripts> pip install -upgrade pip
C:\Python34\Scripts> pip install pandas
```

 먼저 PyCharm을 사용해 패키지를 설치해본다. PyCharm으로 설치할 수 없을 경우 윈도우용 명령 프롬프트를 사용한다.

명령 프롬프트를 사용해 필요한 패키지를 설치하려면 우선 파이썬용 pip이 최신 버전인지 확인해야 한다. 다음 명령을 사용해 PyCharm에서 사용했던 pandas와 같은 패키지를 설치한다. 파이썬 모듈을 설치하는 방법은 6장, '파이썬으로 히스토그램과 정규분포도 만들기'에서 심도 있게 다룬다.

PyCharm의 패키지 모듈을 새로고침하면 다음 스크린샷과 같이 설치된 새 모듈이 반영된 모습을 볼 수 있다.

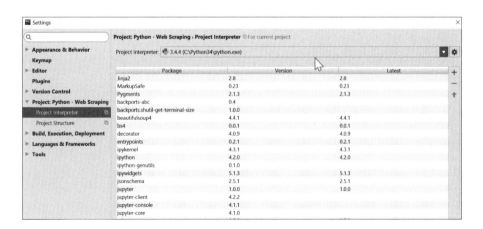

이제 파이썬으로 웹 스크래핑을 시작할 준비를 마쳤다.

파이썬으로 웹 스크래핑하기

새 파이썬 노트북을 시작해보자. File로 가서 New Jupyter Notebook을 선택하면 새 노트북이 생성된다. 생성된 노트북에 국가^{Country}별로 PercentBikeRiders라는 이름을 설정한다. 그리고 위키피디아 웹사이트(https://github.com/asherif844/PracticalBusinessIntelligence/wiki/AdventureWorks?Detail-by-CountryCode)로부터 테이블을 스크래핑한다.

이 테이블에는 다음의 스크린샷과 같이 국가 코드와 자전거 라이더들의 백분율이 나열돼 있다.

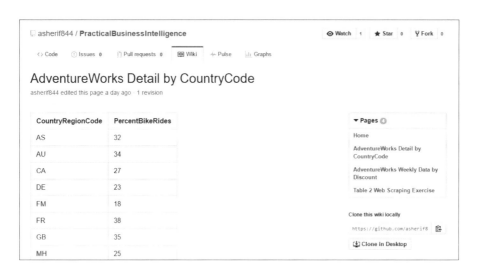

새 노트북의 첫 번째 코드 라인은 다음의 스크립트처럼 설치가 완료된 모듈들을 임포트한다.

```
# 패키지들을 프로젝트로 임포트한다
from bs4 import BeautifulSoup
from urllib.request import urlopen
import pandas as pd
```

해당 모듈들을 임포트한 후 툴바에서 Play 심볼 버튼을 클릭해 셀 내부의 코드를 실행한다.

이 시점에 PyCharm 내부에서 직접 작업을 계속하거나, 코드의 첫 번째 라인이 수행될 때 팝업에 나타나는 서버 IP 주소(http://127.0.0.1:8888)를 복사할 수 있다. 그런 다음 브라우저에 그 코드를 붙여 넣고, 대신 브라우저 안에 있는 노트북의 내부에서 작업할 수 있다. 다음 스크린샷을 참고하자.

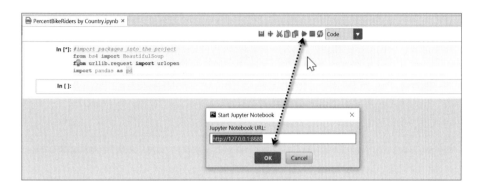

Jupyter Notebook이 활성화됐는지 확인하려면, **OK** 버튼을 클릭해야 한다. 코드의 다음 라인은 링크를 읽고 그것을 BeautifulSoup 함수에 할당한다.

```
html =
urlopen('https://github.com/asherif844/PracticalBusinessIntelligence/
wiki/AdventureWorks---Detail-by-CountryCode')

soup = BeautifulSoup(html.read())
```

브라우저의 요소를 검사하면, 우리가 스크래핑하길 원하는 <tag>와 연관된 클래스와 테이블을 찾을 수 있다. 구글 크롬과 같은 브라우저를 사용하면, 깃허브 링크에서 적절한 태그가 table이라는 것을 알 수 있다. 이것은 이 웹 페이지에서 테이블이라 불리는 유일한 태그다. 앞으로 테이블 이름은 문자가 아닐 수도 있고 다양할 수 있다. 그러나 브라우저에서 객체 위에 마우스를 가져가면, 다음의 스크린샷에서 볼 수 있는 것처럼 선택된 아이템에 주어진 기술적 이름이 하이라이팅된다.

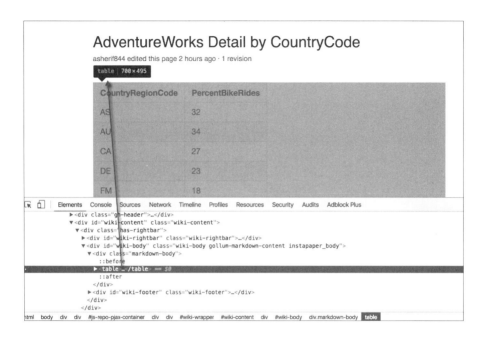

다음 코드는 필요한 값들이 들어있는 테이블과 관련된 모든 HTML 행과 열을 반환한다.

```
title_1=soup.findAll("table")
print(title_1)
```

이제 CountryRegionCode 열(column)과 PercentBikeRides 열을 가진 데이터프레임을 만들어야 한다. 코드의 다음 라인은 두 개의 빈 열을 만들고 행(row) 태그 <tr>과 열 태그 <td>를 가진 데이터를 반복해 이 두 열에 데이터를 할당한다.

```
CountryRegionCode = []
PercentBikeRides = []
final_table = soup.find('table')

# 루프 시작
for row in final_table.find_all('tr')[1:]:
  col = row.find_all('td')
  column_1 = col[0].string.strip()
  CountryRegionCode.append(column_1)
```

```
column_2 = col[1].string.strip()
PercentBikeRides.append(column_2)
```

열이 만들어지고 서로 추가된 후에는 열 헤더^{header}에 데이터베이스에 더 친숙한 이름을 지정하기 위한 몇 가지 최종 단계만 거치면 거의 완료된다.

```
columns = {'CountryRegionCode':CountryRegionCode,
'PercentBikeRides':PercentBikeRides}
```

이제 우리의 columns 배열을 데이터프레임으로 변환하자.

```
dataframe=pd.DataFrame(columns)
```

데이터프레임 구조를 완성하고 나면, 다음 코드를 사용해 처음 다섯 행을 미리 볼수 있다. 그 결과는 다음 스크린샷에서 보여준다.

dataframe.head()

```
In [15]: dataframe.head()
Out[15]:
```

	CountryRegionCode	PercentBikeRides
0	AS	32
1	AU	34
2	CA	27
3	DE	23
4	FM	18

마지막으로, os 모듈을 임포트해서 현재 작업 디렉터리가 어디인지 파악하고, 데이터프레임을 CountryRegionBikes.csv라는 .csv 파일로 로컬 폴더에 저장할 수 있다.

```
import os    # 운영체제 모듈
os.getcwd()  # 현재 작업 디렉터리를 제공한다
os.chdir('C:/Users/asher/Desktop')  # 디렉터리를 데스크톱으로 변경한다
dataframe.to_csv('CountryRegionBikes.csv')
```

다시 한 번 디렉터리가 나의 로컬 데스크톱으로 변경됐는지 확인하자. 디렉터리는 개발 데스크톱 위치에 따라 달라질 것이다.

이제 두 파일을 Microsoft SQL Server에 업로드할 준비를 마쳤다.

Microsoft SQL Server에 데이터프레임 업로드

이제 우리는 깃허브에서 쉼표로 구분된 값$^{\text{CSV, Comma-Separated Value}}$ 파일로 저장된 두 개의 서로 다른 데이터프레임을 가지고 있다. Microsoft SQL Server의 데이터베이스로 데이터프레임을 업로드해보자.

DiscountCodebyWeek 임포트

두 개의 파일이 있다.

- DiscountCodebyWeek.csv
- CountryRegionBikes.csv

첫 번째 단계에서는 Management Studio를 사용해 SQL Server에 로그인하고, AdventureWorks2014 데이터베이스에서 마우스 오른쪽 버튼을 클릭한다. 다음 단계는 Tasks를 클릭하고 Import Data를 클릭하는 것이다.

데이터 소스를 Flat File Source로 설정하고 소스 DiscountCodebyWeek.csv를 찾아 선택한다.

데이터 소스를 선택할 때, Advanced 탭을 선택하고 첫 번째 열의 이름을 Index로 변경한다. 다음 스크린샷처럼 변경한다.

또한 "WeekinYear"와 "DiscountCode" 둘 각각을 선택하고 따옴표를 제거해서 WeekInYear와 DiscountCode로 이름을 변경하자. DiscountCode의 데이터 타입을 문자열 [DT_STR]에서 숫자 [DT_NUMERIC]으로 변경해 데이터베이스가 문자가 아닌 숫자로 DiscountCode를 처리하는지 확인한다. 다음으로, Destination에 Microsoft OLE DB Provider for SQL Server를 지정한다. 필요한 경우 인증서를 입력하고 AdventureWorks2014 데이터베이스가 선택돼 있는지 확인한다. 이와 같은 세팅 과정은 다음 스크린샷에서 볼 수 있다.

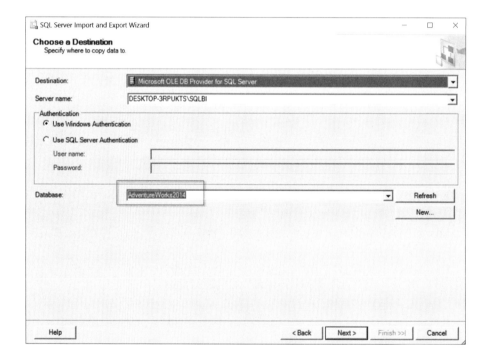

설정이 완료되면, AdventureWorks2014로 데이터를 업로드하기 위한 전송 프로세스를 시작할 수 있다. 모든 것이 성공적으로 실행되면, 다음 성공^{Success} 메시지를 볼 수 있다.

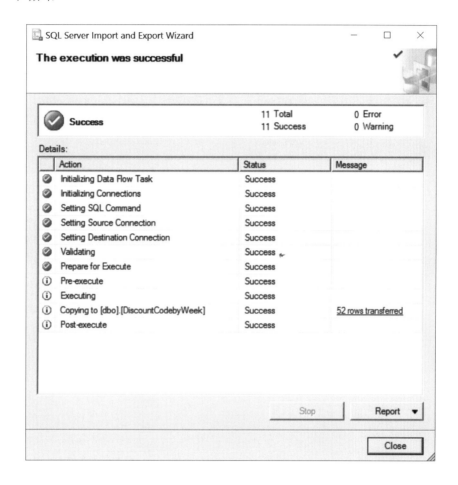

이제 다른 CSV 파일, CountryRegionBikes.csv에 대해서도 같은 과정을 반복한다.

CountryRegionBikes 임포트

다시 한 번 우리의 데이터 소스를 플랫 파일로 설정하고, CountryRegionBikes.csv 파일을 우리의 데이터 소스로 선택한다. 데이터 소스를 선택할 때는 다시 **Advanced** 탭을 선택하고 첫 번째 열의 이름을 index로 바꾼다. DiscountCode에서 했던 것처럼 PercentBikeRides의 데이터 타입이 문자 데이터 타입이 아닌 숫자 데이터 타입으로 설정됐는지 확인해야 한다. 다음으로, **Destination**에 **Microsoft OLE DB Provider for SQL Server**를 지정한다. 필요한 경우 인증서를 입력하고, AdventureWorks2014 데이터베이스가 선택돼 있는지 확인한다. 모든 것이 성공적이면 다음과 같은 스크린샷을 볼 수 있다.

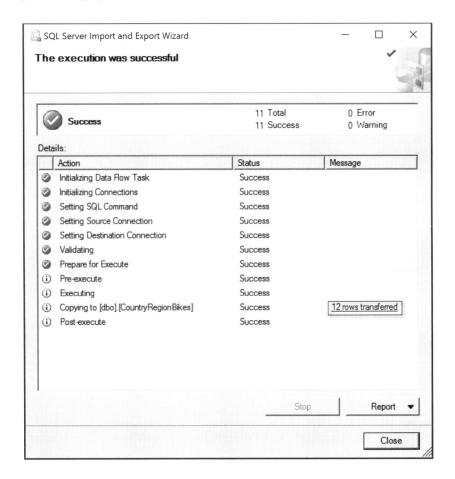

요약

2장에서 R과 파이썬 모두를 시작하기 위해 꽤 많은 부분을 다뤘지만, 우리의 작업은 다음 장들을 진행하면서 성과를 거둘 것이다. 우리는 R과 파이썬을 사용해 깃허브에서 데이터를 스크래핑하는 두 가지 방법을 연습했다. 알고 있듯이 두 툴 모두 데이터를 손쉽게 스크래핑할 수 있는 인기 있는 패키지들을 가지고 있다. 두 가지 방법 모두 상세하게 설명됐기 때문에 어떤 프로세스가 당신에게 더 잘 동작하는지 알 수 있을 것이다. 파이썬이 웹 스크래핑 소프트웨어 툴로 더 일반적으로 알려져 있다. 그러나 R도 비슷한 작업을 수행할 수 있는 기능을 가지고 있다. 두 방법 모두 툴박스에 보관할 더 많은 툴들을 제공한다. 이들은 프로그래밍 언어가 웹 스크래핑을 허용하기 위해 제공하는 유일한 패키지는 아니지만, 더 인기 있는 패키지들 중의 일부다. 추가 조사는 파이썬의 scrapy와 같은 많은 다른 스크래핑 패키지에서 보여줄 것이다.

3장에서는 마이크로소프트 엑셀과 Power BI로 BI 개발을 시작할 것이다.

3 엑셀로 분석하고 Power BI로 인터랙티브 맵과 차트 만들기

마이크로소프트 엑셀은 많은 분야에서 비즈니스 인텔리전스의 할아버지로 알려져 있다. 엑셀을 사용한 제1세대 분석가가 바로 당신의 할아버지이기 때문이다. 이러한 농담을 제쳐두고, 오랫동안 기업 세계에서 엑셀은 데이터 웨어하우스의 데이터를 분석하고 리포트를 작성하는 데 사용되는 기본 툴이었다. 이는 여러 가지 이유 때문이지만, 거의 모든 회사에서 마이크로소프트 라이선스를 보유하고 있었기 때문에 분석가, 개발자, 그리고 관리자들이 최소한의 노력으로 엑셀의 기능에 편리하게 액세스할 수 있었다는 것이 가장 큰 이유다. 특히 재무 부서가 엑셀 리포팅 기능을 활용하지 않는다고는 상상하기 어렵다.

지난 20년 동안 사용자가 엑셀 위에 BI 플랫폼을 구축하지 못하게 하고 대신에 다른 툴로 이동하게 하려는 의도적인 노력이 이어졌다. 그에 대해서는 이 책의 뒷부분에서 더 자세히 설명할 것이다. 이것의 주된 이유는 엑셀을 사용하는 BI 솔루션이 시각화와 시각화 뒤의 데이터를 모두 포함한다는 사실과 관련이 있다. 여러분 중에 일부는 이와 관련된 이슈를 발견하지 못했겠지만, 실제로 데이터 무결성에 관해 앞으로 중요한 문제가 발생할 수 있다. 리포트의 수신자가 의사 결정을 유도하는 데 사용되는 시각화와 구성 요소들 뒤에 있는 데이터를 가져올 수 있으면, 그 리포트의 무결성에 의문을 제기할 수 있기 때문이다.

그렇다고 해서 엑셀이 BI 커뮤니티 내에 포함될 수 없다는 의미는 아니다. 엑셀은 데이터 집합^{dataset}을 다룰 때 분석가에게 도움을 줄 수 있는 많은 영역을 가지고 있다. 또한 마이크로소프트는 Power BI라는 새로운 데스크톱 시각화 툴을 출시했다. 이 툴은 엑셀 또는 SQL Server와 같은 데이터베이스에서 공유 데이터 집합에 대해 차트와 맵 시각화를 가능하게 한다.

3장에서 다룰 내용은 다음과 같다.

* SQL Server에서 데이터를 확인하기
* SQL Server Table에 엑셀 연결하기
* SQL문에 엑셀 연결하기
* Microsoft Power BI 시작하기
* Power BI로 시각화 만들기

SQL Server에서 데이터 확인하기

이 책의 목적을 위해 우리는 엑셀 2016에 초점을 맞출 것이다. 마이크로소프트 엑셀의 최신 버전을 구입하거나 다운로드하는 방법을 자세히 알고 싶다면 https://products.office.com/en-US/에 방문하자.

SQL Server 데이터베이스 내에 있는 테이블을 통해 작업하는 것은 다소 어려울 수 있다. AdventureWorks2014 데이터베이스에는 60개가 넘는 테이블이 있으며 대다수는 [Person].[CountryRegion]과 같이 차원^{dimensional} 테이블 또는 룩업^{lookup} 테이블이다. 다음 스크린샷과 같다.

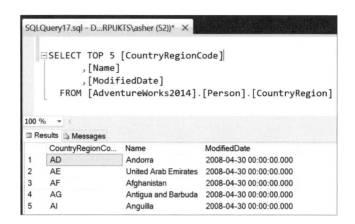

앞의 테이블은 특정 코드와 연관된 국가 이름에 대한 룩업 테이블이다. 다음 단계는 이 스키마^schema 내에서 팩트 테이블^fact table로 동작할 테이블을 식별하는 과정일 것이다. 그 테이블은 [AdventureWorks2014].[Sales].[SalesOrderHeader]가 될 수 있다.

테이블의 모든 열을 보기 위해 다음 스크립트를 실행해보자.

```
SELECT *
FROM [AdventureWorks2014].[Sales].[SalesOrderHeader]
```

결과 집합에서 볼 수 있듯이 TerritoryID, CurrencyRateID와 같은 몇 가지 ID 열과 다음과 같은 숫자 열(측정 값)이 있다.

- SubTotal
- TaxAmt
- Freight
- TotalDue

이러한 측정 값이 TerritoryID에서 롤업되는 방법에 대한 요약을 보려면, 다음 스크립트를 Microsoft SQL Server에 작성해야 한다.

```
SELECT
TerritoryID as 'Territory ID'
,sum(SubTotal) as 'Sub Total'
,sum(TaxAmt) as 'Tax Amount'
,sum(Freight) as Freight
,sum(TotalDue) as 'Total Due'
FROM [AdventureWorks2014].[Sales].[SalesOrderHeader]
group by TerritoryID
order by 1 asc;
```

앞의 코드는 SQL Server에 쓰는 것이 좋다. 그러나 훨씬 적은 스크립팅으로 엑셀
내부에서 직접 데이터를 수집하는 더 효율적인 방법이 있다.

SQL Server Table에 엑셀 연결하기

자, 이제 엑셀 2016을 로컬 컴퓨터에서 실행해보자. 다음 스크린샷과 같이 Blank
workbook을 선택한다.

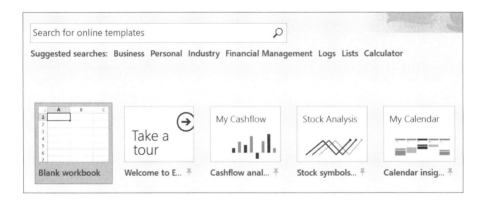

다음 단계는 Data 탭을 클릭하고 New Query와 From Database를 선택한다. 그 후 다
음 스크린샷과 같이 From SQL Server Database를 선택한다.

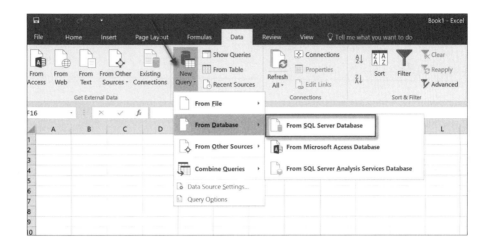

 TIP 동일한 SQL Server 환경에서 둘 이상의 데이터베이스가 있다면 사용할 데이터베이스를 지정해야 한다(우리의 경우 AdventureWorks2014).

Microsoft SQL Server의 서버명 인증에 대한 프롬프트가 표시될 것이다. SQL Server 명을 다음 박스에 입력한다.

왼쪽에 있는 내비게이터navigator를 확장해, AdventureWorks 데이터베이스에서 사용 가능한 모든 테이블을 표시한다. 그다음에는 Sales.SalesOrderHeader라는 테이블을 선택한다. 다음 스크린샷과 같다.

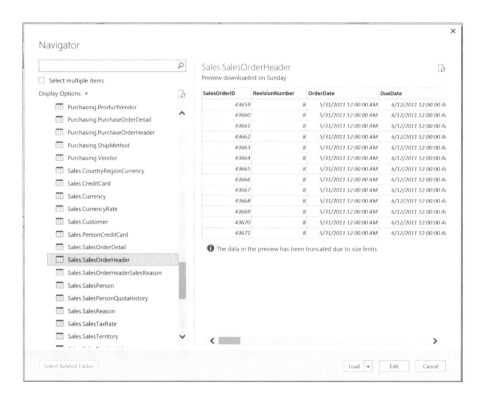

테이블이 선택되면, Load 버튼을 선택해 엑셀 스프레드시트로 테이블을 가져온다. 모든 열은 필터링할 수 있는 열 헤더를 가지고 새 시트에 나타날 것이다.

엑셀로 PivotTable 탐색하기

다음 단계는 마이크로소프트 엑셀의 PivotTable을 사용해 열들을 피벗하는 것이다. 이것을 수행하기 위해 Insert 탭을 선택하고 PivotTable 아이콘을 클릭해 다음 스크린 샷과 같이 피벗될 데이터를 선택한다.

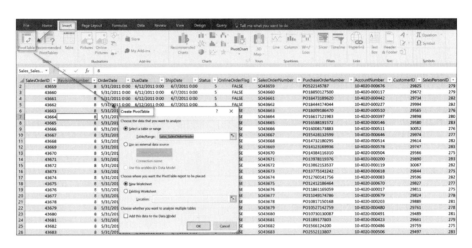

PivotTable을 만들 때, 불필요한 혼란을 피하기 위해 기존의 워크시트 대신 새 워크시트에 새 테이블을 배치하는 것이 좋다. PivotTable이 만들어진 후에는 TerritoryID를 Rows 섹션에 배치하고 SubTotal, TaxAmt, Freight, TotalDue를 Values 섹션에 배치한다. 스크린샷은 다음과 같다.

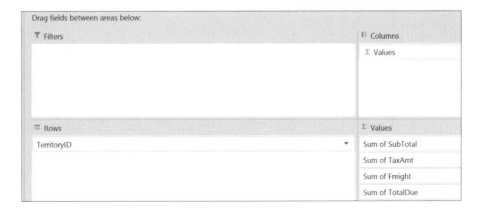

측정 값은 앞에서 TerritoryID로 숫자 필드를 집계하는 데 사용한 스크립트 문을 실행할 때 발견된 값과 동일해야 한다.

```
SELECT
TerritoryID as 'Territory ID'
,sum(SubTotal) as 'Sub Total'
,sum(TaxAmt) as 'Tax Amount'
,sum(Freight) as Freight
,sum(TotalDue) as 'Total Due'
FROM [AdventureWorks2014].[Sales].[SalesOrderHeader]
group by TerritoryID
order by 1 asc;
```

Microsoft SQL Server의 결과 집합은 다음 스크린샷과 같다.

	Territory ID	Sub Total	Tax Amount	Freight	Total Due
1	1	16084942.5482	1506070.6437	470647.1791	18061660.371
2	2	6939374.4813	671112.4924	209722.6548	7820209.6285
3	3	7909009.0062	765173.5159	239116.7252	8913299.2473
4	4	24184609.6011	2259797.9767	706187.0115	27150594.5893
5	5	7879655.0731	765290.8895	239153.4043	8884099.3669
6	6	16355770.4553	1556692.2994	486466.4333	18398929.188
7	7	7251555.6473	661480.8668	206712.8319	8119749.346
8	8	4915407.596	430028.1254	134383.8541	5479819.5755
9	9	10655335.9598	883078.052	275962.0834	11814376.0952
10	10	7670721.0356	688249.5984	215078.0742	8574048.7082

PivotTable의 결과 집합은 다음과 같다.

3	Row Labels	Sum of SubTotal	Sum of TaxAmt	Sum of Freight	Sum of TotalDue
4	1	16084942.55	1506070.644	470647.1791	18061660.37
5	2	6939374.481	671112.4924	209722.6548	7820209.629
6	3	7909009.006	765173.5159	239116.7252	8913299.247
7	4	24184609.6	2259797.977	706187.0115	27150594.59
8	5	7879655.073	765290.8895	239153.4043	8884099.367
9	6	16355770.46	1556692.299	486466.4333	18398929.19
10	7	7251555.647	661480.8668	206712.8319	8119749.346
11	8	4915407.596	430028.1254	134383.8541	5479819.576
12	9	10655335.96	883078.052	275962.0834	11814376.1
13	10	7670721.036	688249.5984	215078.0742	8574048.708
14	Grand Total	109846381.4	10186974.46	3183430.252	123216786.1

PivotTable과 SQL Server 쿼리의 결과 집합은 동일해야 한다. PivotTable의 장점 중 하나는 표 형식의 데이터에 국한되지 않는다는 것이다. 행 헤더가 아닌 열 헤더로 TerritoryID가 있는 열에서 TaxAmt 값을 봐야 하는 경우, 다음 스크린샷과 같이 간단한 매개변수 전환으로 그 작업을 수행할 수 있다.

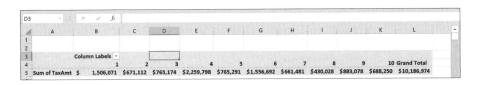

마이크로소프트 엑셀의 이와 같은 데이터 조작 기능이 Microsoft SQL Server나 다른 SQL 데이터베이스에서는 간단하지 않다. 데이터 집합 내의 구조를 조작하는 것 외에도, PivotTable 필드와 함수를 사용해 필터나 정렬을 수행할 수 있으며 Microsoft SQL Server와 달리 SQL 스크립트가 필요 없다.

SQL문에 엑셀 연결하기

AdventureWorks2014 데이터베이스 내의 SQL Server에 쿼리할 테이블이 있는 것처럼, 우리가 사용할 수 있는 미리 정의된 뷰도 있다. 모든 실용적인 목적을 위해 이러한 뷰들은 테이블과 정확히 동일하게 작동한다. 뷰는 SQL Server 내의 다음 위치에서 이용 가능하다.

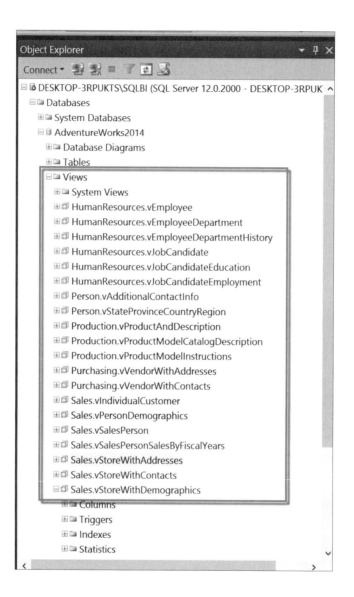

다음 스크립트를 우편번호, 직원 수와 같은 상점의 정보를 가져오는 데 사용할 수 있다.

```
SELECT
 StoreAddress.City as 'City'
,StoreAddress.Name as 'Store Name'
```

```
,StoreAddress.PostalCode as 'Postal Code'
,sum(StoreDemo.NumberEmployees) as 'Number of Employees'
 FROM [AdventureWorks2014].[Sales].[vStoreWithAddresses] as StoreAddress
 INNER JOIN [AdventureWorks2014].[Sales].[vStoreWithDemographics]
StoreDemo on
 StoreAddress.BusinessEntityID=StoreDemo.BusinessEntityID
 Group by
 StoreAddress.City
,StoreAddress.Name
,StoreAddress.PostalCode
 order by 1 asc;
```

SQL Server에서 엑셀로의 오리지널 연결은 하나의 테이블을 위한 것이다. SQL Server로 연결하기 위해 앞에서 설명한 동일한 단계를 사용해 다음 스크린샷과 같이 실제 SQL문인 새로운 연결을 설정한다.

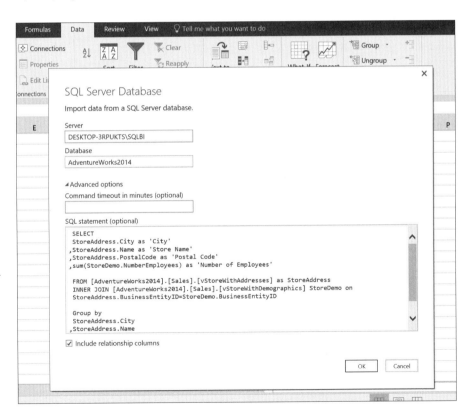

SQL문은 SQL statement(optional)라고 표시된 메시지 박스에 붙여 넣는다. 이 스크린 샷에서 볼 수 있듯이, 그 쿼리의 결과는 이제 엑셀에서 다시 한 번 보여진다.

PivotTable을 사용해 표 형식의 데이터를 집계 가능하지만, 본질적으로 더 시각적 인 사람들은 차트를 사용해 집계된 데이터를 보는 것을 선호할 수 있다. 다행히도 엑셀은 테이블을 피벗하는 것처럼 차트를 피벗할 수 있는 기능을 제공한다.

엑셀에서 PivotChart 탐색하기

PivotChart는 우리가 기대하는 것과 같다. 즉, 엑셀에서 PivotTable을 시각적으로 표현한 것이다. 이 스크린샷에서와 같이, Insert 탭에서 PivotChart 아이콘을 선택해 이전에 보여준 동일한 데이터에 대해 PivotChart를 적용할 수 있다.

적절한 데이터를 선택하면, 다음 스크린샷과 같이 PivotTable의 인터페이스와 유사한 인터페이스가 나타난다.

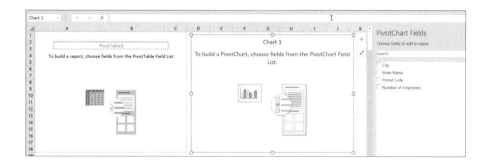

이 인터페이스와 PivotTable 인터페이스의 유일한 차이점은 PivotChart 필드에서 선택된 값을 동적으로 반영하는 중간 차트다. 초기에는 데이터가 우편번호 레벨이지만 우편번호와 상관없이 고용된 직원들의 수가 가장 많은 도시를 식별하길 원한다면, 다음 스크린샷과 같이 PivotChart 필드에서 City와 Number of Employees를 선택하고 Number of Employees 기준으로 내림차순 정렬을 선택하면 된다.

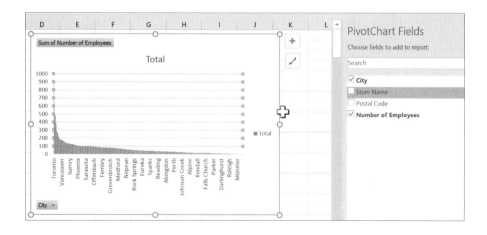

막대 차트에 내림차순 정렬을 적용하기 위해 먼저 데이터의 특정 열을 선택하고, 그 선택된 열에서 오른쪽 버튼을 클릭한 후 Sort를 선택한다. 그러고 나서 다음 스크린 샷처럼 Sort Largest to Smallest를 선택한다.

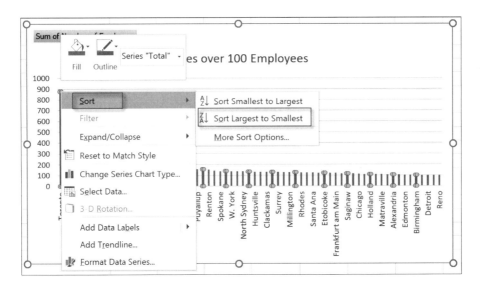

내림차순 막대 차트는 토론토^{Toronto}가 직원 수가 가장 많은 도시임을 분명하게 보여준다. PivotChart에서 필터링 기능은 관심 있는 특정 값을 확대할 수 있다. PivotChart의 왼쪽 하단에 있는 City 드롭다운을 클릭하면, 필터를 선택할 수 있다.

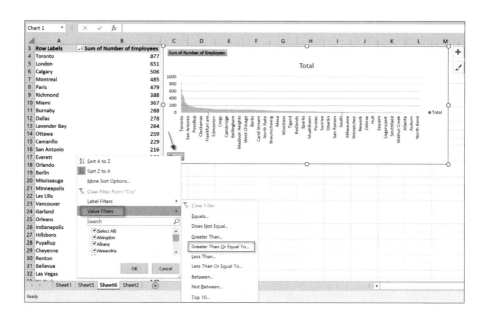

다음 스크린샷과 같이 이러한 값 필터$^{\text{value filter}}$는 직원이 100명 이상인 도시만 가져온다.

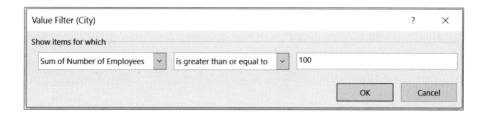

데이터 집합에 필터가 적용되면, 차트에 업데이트된 로직이 반영된다.

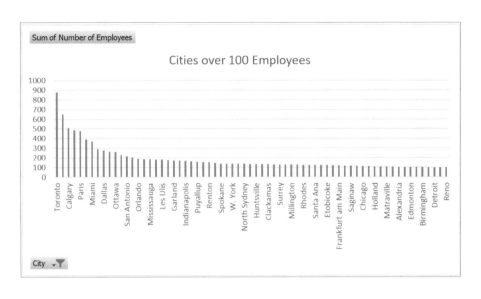

또한 새로운 로직을 반영하도록 차트 타이틀을 수동으로 업데이트한다. 레이블을 더블 클릭하고 텍스트를 새 이름으로 변경하면 된다. 테이블이 아닌 차트와 그래프로 데이터를 시각화하면 데이터의 아웃라이어를 확인하거나 데이터의 크기 내에서 발생할 수 있는 이상anomaly을 식별하는 데 도움이 된다. 다행스럽게도, AdventureWorks 데이터 집합을 사용하면 데이터를 스크랩하지 않아도 된다. 토론토는 대도시이므로 논리적으로 직원 수가 많다. 그러나 높은 직원 수가 자전거 상점을 가지고 있지 않은 장소와 연관돼 있다면, 그 데이터 또는 데이터를 가져오는 쿼리에 대해 우려하게 될 수 있다.

엑셀은 정보를 시각화할 수는 있지만, 서로 다른 시각적 컴포넌트 간에는 제한적 기능과 인터랙션을 제공한다. Microsoft Power BI는 더 강력한 시각화 기능을 제공하며 같은 데이터 집합의 수명을 늘릴 수 있다.

Microsoft Power BI 시작하기

Microsoft Power BI는 마이크로소프트 엑셀로 작업하는 데 익숙한 사용자들에게 친숙한 인터페이스를 제공함과 동시에 셀프서비스 비즈니스 인텔리전스를 위한 고급 시각화와 드래그 앤 드롭 사용자 경험을 원하는 사용자들을 위한 친숙한 인터페이스를 제공한다.

Microsoft Power BI 다운로드 및 설치

Microsoft Power BI를 시작하는 것은 매우 간단하다. 데스크톱 버전을 다운로드하기 위해 웹사이트 https://powerbi.microsoft.com/en-us/desktop을 방문하자.

웹사이트를 방문해서 다음 스크린샷처럼 Download 버튼을 클릭한다.

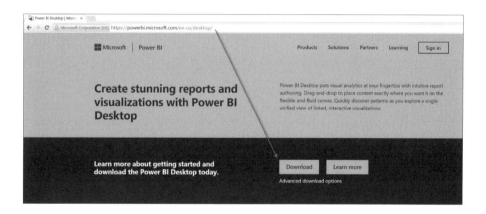

실행 파일이 성공적으로 다운로드되면 스크린샷과 같이 파일을 클릭해 설치 프로세스를 시작한다.

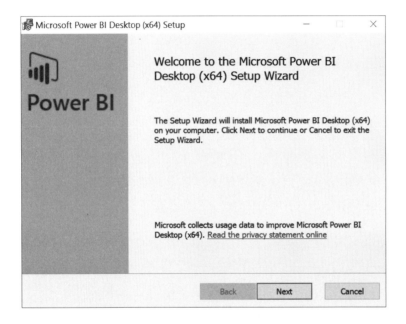

사용권 계약 조건에 동의하고 다음과 같이 Next 버튼을 선택한다.

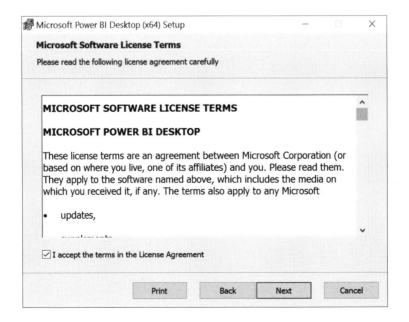

바탕화면 바로가기를 만들길 원한다면 Create a desktop shortcut을 선택한 후 Install 을 클릭한다.

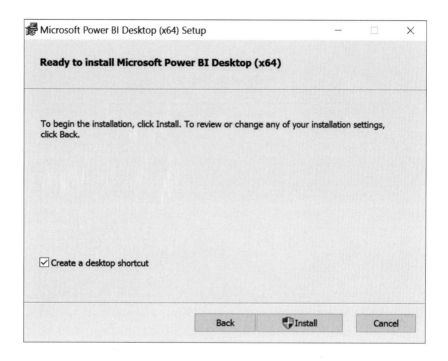

설치가 완료되면, 다음 스크린샷과 같이 Launch Microsoft BI Desktop을 선택하고 Finish 버튼을 클릭한다.

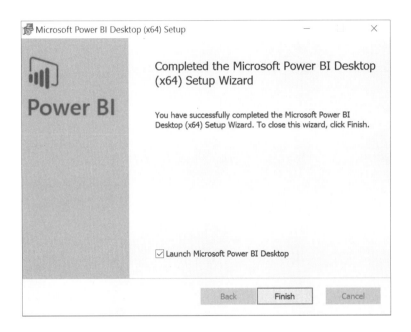

Microsoft Power BI의 시작 페이지가 로드되면, 이 스크린샷과 같이 Get Data를 클릭한다.

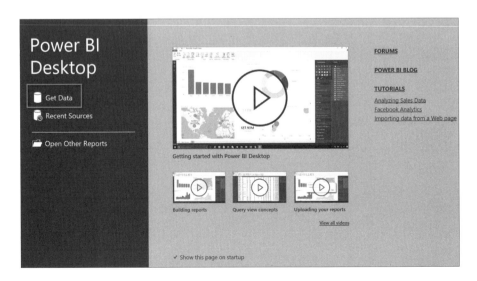

데이터베이스와 데이터 소스에 연결하기 위한 SQL Server 데이터베이스를 선택한다. 이 과정이 완료되면, SQL의 **Server** 명과 **Database** 명을 입력한다. 그러면 데이터를 가져오는 우리에게 친숙한 인터페이스가 표시된다.

인터페이스는 엑셀의 인터페이스와 거의 동일하다. 연결이 완료되면 Power BI로 데이터를 로드할 수 있다.

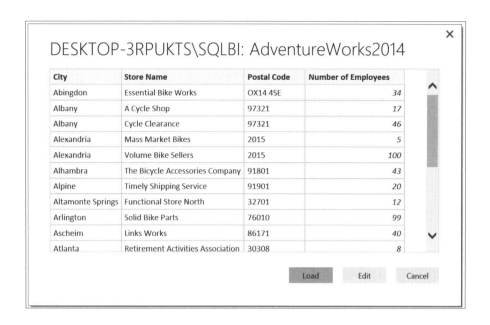

Power BI로 시각화 만들기

Power BI로 데이터가 로드되면 다음 스크린샷에서 보여주는 것처럼 리포트 아이콘 아래에 있는 데이터^{Data} 아이콘을 클릭해 결과를 미리 볼 수 있다.

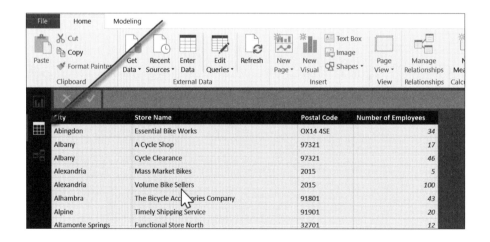

이를 통해 맵 차트를 작성하는 데 가장 적합한 데이터 형식을 지정할 수 있다. Modeling 탭에서 Postal Code 열 헤더를 선택하는 동안, 다음 스크린샷과 같이 Uncategorized(형식 유형이 분류되지 않은) 형식에서 Postal Code 형식으로 변경할 수 있다.

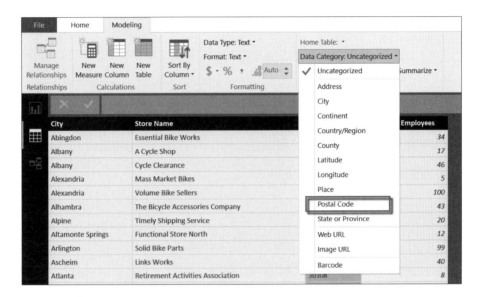

이렇게 수정하면 Postal Code 열은 맵 내에서 위치location 식별자로 취급된다. 그것이 완료되면 데이터 모델 위에 있는 리포트 모드로 돌아간 후, 다음 스크린샷과 같이 쿼리에서 Number of Employees와 Postal Code 필드를 선택한다.

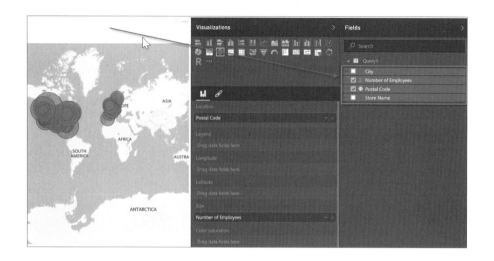

지도는 우편번호당 직원의 볼륨을 강조해서 표시하기 위해 녹색 원을 자동으로 생성한다.

다음 단계에서는 지도의 오른쪽에 도시명과 직원 수의 새로운 막대 차트를 추가할 것이다. 이것을 위해 지도를 최소화함으로써 막대를 위한 공간을 만든다. 그런 다음 다른 스크린샷과 같이 시각화 컴포넌트의 캔버스에서 막대 차트를 클릭한다.

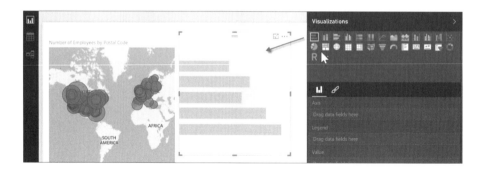

 캔버스 안의 빈 공간을 먼저 클릭해야 할 수도 있다. 맵이 여전히 선택돼 있는 경우, 막대 버튼을 클릭하면 맵이 막대 차트로 변경된다. 이것은 개발자가 의도한 바가 아닐 수도 있다.

차트가 캔버스에 삽입되면, 막대 차트를 표시하기 위해 쿼리에서 City와 Number of Employees 필드를 선택한다. 추가로, 값을 보여주기 위해 막대 차트에서 생략^{ellipsis} 아이콘을 클릭한다. 그러면 다음 스크린샷에서 보여주는 것처럼 막대를 오름차순 또는 내림차순으로 정렬할 수 있다.

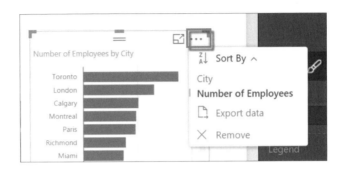

막대가 내림차순으로 정렬되면 그 시각화 결과는 이 그림과 유사하다.

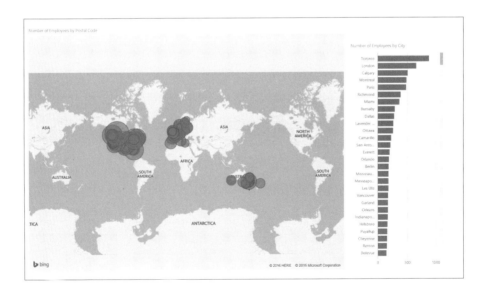

두 차트 모두 개발자가 프로그래밍할 필요 없이 인터랙티브한 기능을 제공한다. 사용자가 막대 차트에서 도시를 선택하면, 다음 스크린샷과 같이 그 값을 맵으로 필터링할 것이다.

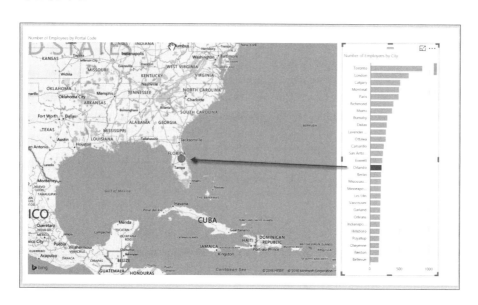

Microsoft BI 게시 및 공유

마이크로소프트는 사용자가 그들의 리포트 및 대시보드를 리포트로부터의 결과와 인터랙션 기능에 관심이 있는 다른 사용자들과 공유할 수 있는 기능을 제공한다.

Home 탭 아래에 있는 Publish 아이콘을 클릭해보자.

처음에 문서를 게시할 때 마이크로소프트 계정에 가입하거나 마이크로소프트 오피스 365 직장 계정으로 로그인해야 할 수 있다. 로그인이 확인되면, 다음 아이콘이 표시되고, 시각화가 게시되는 프로세스 중임을 나타낸다.

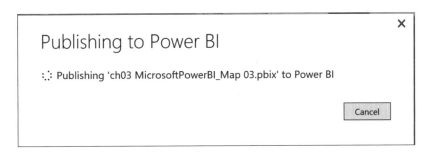

시각화가 성공적으로 게시되면, 다음 스크린샷과 같이 app.PowerBI.com 웹사이트 (https://powerbi.microsoft.com/en-us/)에서 그 리포트 또는 대시보드를 열 수 있도록 생성된 링크가 보인다. 표시된 링크를 클릭해보자.

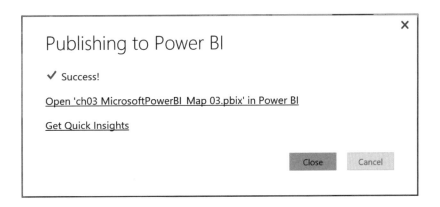

그 링크를 클릭하면 데스크톱 Power BI 인터페이스와 거의 동일한 인터페이스를 가지는 웹사이트로 이동할 것이다. 웹사이트에서 이 스크린샷처럼 File 버튼을 클릭하고 Publish to web을 선택해 외부 사용자에게 리포트 버전을 게시할 수 있다.

시각화가 웹에 게시되면, 다음 스크린샷과 같이 웹에 액세스하는 다른 사용자와 공유할 수 있는 코드가 생성된다.

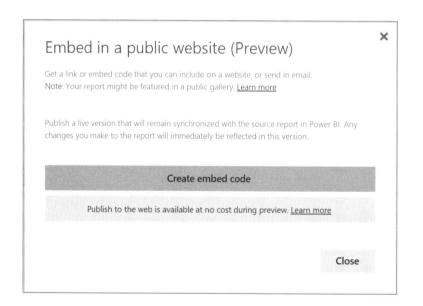

Create embed code(삽입 코드 생성)를 클릭하면 다음과 같은 메시지가 나타난다.

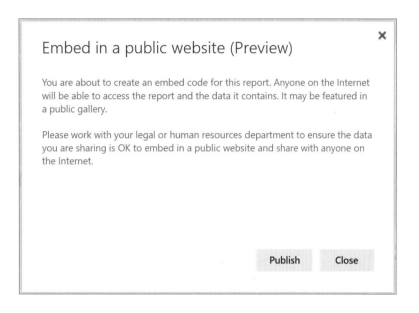

메시지가 강조되면, 이 리포트는 공개 갤러리에서 볼 수 있으므로 인터넷에 있는 모든 사람이 볼 수 있게 된다. Publish 버튼을 선택하면 다음과 같이 표시된다.

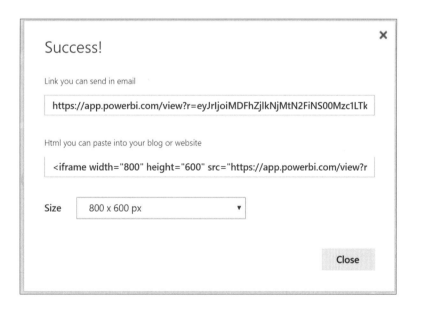

여기서 3장을 마친다. 내가 이 3장을 쓰면서 즐거웠던 만큼 이 내용을 읽으면서 즐거웠으면 좋겠다.

요약

3장에서는 데이터에 대한 쿼리 분석을 확장해 다른 데이터 집합을 구축함으로써 BI 플랫폼을 발전시켰다. 데이터 집합 뒤에 있는 측정 값의 크기뿐만 아니라 가능한 시각화 유형들에 대한 감각을 익히기 위해 먼저 데이터 집합이 엑셀에서 PivotTable과 PivotChart 조작으로 분석됐다. 그런 다음, 도시와 우편번호에 위치한 AdventureWorks 사의 직원 볼륨을 보여주기 위한 쿼리뿐 아니라 인터랙티브한 Microsoft Power BI 대시보드를 사용해 엑셀로 시각화를 만들어봤다.

4장에서는 D3.js로 막대 차트를 만드는 데 중점을 둘 것이다.

4

D3.js로 막대 차트 만들기

D3.js 또는 D3는 데이터 기반 문서를 나타낸다. D3에서 데이터 연결을 위한 가장 일반적인 방법은 쉼표로 구분된 값^{CSV, Comma-Separated Value}을 사용하는 것이다. D3는 자바스크립트 함수를 사용해 SVG^{Scalable Vector Graphs} 요소 및 HTML과 같은 문서를 활용해 웹 브라우저에 시각화를 렌더링한다. HTML 외에도 다른 색상, 글꼴 및 크기로 웹 페이지의 스타일을 지정하는 데 CSS가 사용된다.

마이크 보스톡^{Mike Bostock}은 유명한 D3 개발자다. 그는 뉴욕 타임스에서 근무했으며 2011년 기존 엔터프라이즈 툴에서 쉽게 사용할 수 없었던 고급 시각화를 활용할 수 있도록 D3를 개발했다. 그때부터 D3가 개발자에게 제공될 수 있었고 D3를 통해 놀라운 시각화 방법들이 개발됐다.

 마이크 보스톡 및 D3에 대한 자세한 내용을 보려면 https://bost.ocks.org/mike/에 방문하자.

언뜻 보기에 D3.js 또는 D3는 비즈니스 인텔리전스 솔루션의 전통적인 옵션처럼 보이지 않을 수 있다. 이것은 D3가 웹용 시각화를 직접 생성하는 데 사용되는 자바스크립트 라이브러리라는 사실 때문일 것이다. BI 플랫폼 기반의 시각화를 활용하는 회사는 보통 자체 내부 사용자 또는 고객 전용 포털에서 이러한 시각화를 활용한다. 최근 기업과 개인이 엔터프라이즈 라이선스 없이 오픈소스 소프트웨어를 사용해 웹사이트에서 데이터를 활용하기 시작함에 따라 이러한 추세는 점차 변화하고 있다. 또한 모바일과 호환되는 시각화는 D3 및 기타 오픈소스 소프트웨어 개발을 필요로 한다.

D3는 기존의 기타 BI 소프트웨어 공급 업체에 비해 커다란 이점을 가지고 있는데, 이는 커스터마이징 가능성이다. 앞서 Microsoft Power BI에서 봤듯이 많은 공급 업체가 데이터 시각화를 위한 드래그 앤 드롭 소프트웨어 솔루션을 제공한다. 이 작업은 상대적으로 빠르게 한 줄의 코드도 작성하지 않고 수행될 수 있는데, 동시에 개발자는 사용 가능한 구성 요소를 마음껏 사용할 수 있다. 하지만 D3의 경우는 그렇지 않다. 선형 차트는 사용자 요구에 따라 복잡하거나 간단해질 수 있다.

> 비즈니스 사용자: 플롯의 선이 1~2인치 사이에서 점선으로 번갈아 나타날 수 있습니까?
> 개발자: 그렇습니다.
> 비즈니스 사용자: 배경은 회색과 보라색의 조합으로 표현할 수 있습니까?
> 개발자: 당연히 가능합니다.
> 비즈니스 사용자: 좋습니다!

보고서 또는 대시보드 요구 사항을 수집하는 비즈니스 사용자와 함께 작업한 적이 있다면, 구성 요소 커스터마이징과 관련해 비슷한 질문을 받았을 것이다. 그러나 이에 대해 다음과 같이 응답했을 것이다.

> 비즈니스 사용자: 플롯의 선이 1~2인치 사이에서 점선으로 번갈아 나타날 수 있습니까?
> 개발자: 아니오. 이 툴에는 그러한 기능이 없습니다.
> 비즈니스 사용자: 배경은 회색과 보라색의 조합으로 표현할 수 있습니까?
> 개발자: 아니오. 색상은 회색과 보라색 둘 중 하나만 가능합니다.
> 비즈니스 사용자: 음, 알겠습니다.

BI 개발자로서 가지는 목표 중 하나는 애플리케이션을 구축해주려는 비즈니스 사용자로부터 바이 인buy-in을 얻는 것이다. 사용자에게 BI 제품에 대한 그들의 비전은 고려될 수 없다는 사실을 계속 이야기해야 하는 것은 그리 고무적이지 않다.

처음부터 시각화를 구축하는 것이 실질적인 재미가 될 수 있겠지만, 가장 기본적인 그래프나 차트를 시작하는 데도 많은 코드가 필요하므로 더 깊은 학습 곡선이 필요하다. 궁극적으로 시각화 코드 작성을 학습하는 데 추가적인 노력을 기울이면 4장에서 볼 수 있듯이 많은 보상을 받게 될 것이다.

이 책은 프로그래밍하는 법을 다루지는 않지만 자바스크립트, CSS, HTML에 대한 배경지식을 가지고 있다면 더 유익할 수 있다. 지금 이 순간 위의 언어 중에서 외국어처럼 들리는 것이 있다면, 그 언어에 대한 사전 학습을 하는 것이 4장을 더 깊게 배우는 데 큰 도움이 될 것이다.

4장에서는 D3에서 원형prototypical 차트를 만들기 위해 다음 항목을 다룰 것이다.

- D3 아키텍처의 배경
- 개발용 D3 템플릿 로드하기
- 전통적인 HTML 구성 요소 설정하기
- D3로 HTML 구성 요소 설정하기
- 하드코딩된 데이터로 기본 막대형 차트 작성하기
- CSV 데이터로 막대형 차트 만들기

D3 아키텍처에 대한 배경 지식

D3는 웹에서 가장 많이 사용되는 여러 언어와 문서의 조합이다. 이 절에서는 D3를 좀 더 잘 이해하는 데 도움이 되는 몇 가지 기본 사항을 중심으로 살펴볼 것이다.

HTML 탐색하기

HTML^{Hypertext Markup Language}은 웹 마크업 언어다. 단지 모르고 지나칠 뿐 방문하는 모든 웹 페이지에서 HTML 요소를 볼 수 있다. 텍스트 필드에서의 단락 제목이나 주석 등이 HTML의 예시다. 그러나 HTML 콘텐츠만 포함하는 매우 지루한 웹 페이지는 거의 찾을 수 없다. 90년대 초반부터 웹사이트를 둘러봤고 아직 그 모양과 느낌을 기억한다면, 그 사이트들은 꽤나 단조로워 보였을 것이다. 왜냐하면 그들은 주로 HTML로 제작됐기 때문이다. 예쁘게 보이는 웹사이트는 눈에 띄도록 색상과 스타일이 있어야 한다.

 HTML에 대한 자세한 내용을 보려면 http://www.w3schools.com/html/을 방문한다.

CSS 이해하기

CSS^{Cascading Style Sheets}는 웹 페이지의 비주얼 스타일을 표현하는 데 사용되는 언어다. CSS를 사용하면 HTML 텍스트의 속성을 수정해 특정 단어를 다른 색상, 글꼴 유형, 글꼴 크기로 강조 표시할 수 있다. 또한 수작업을 최소화하도록 구조를 일관되게 유지할 수 있다. CSS는 HTML 페이지에서 직접 관리될 수도 있고, 확장자가 .css인 자체 파일로 별도로 관리될 수도 있다.

 CSS에 대한 자세한 내용을 보려면 http://www.w3schools.com/css/를 방문하자.

자바스크립트 배우기

웹 언어를 구성하는 트리오를 완성하는 것은 자바스크립트다. 자바^{Java}와 혼동하지 않기 위해 설명하자면, 자바스크립트는 방문하는 거의 모든 웹사이트에서 실행되는 객체 지향 함수형 프로그래밍 언어다. D3의 목적을 위해, 자바스크립트는 웹 페이지의 문서 객체 모델^{DOM, Document Object Model}을 다루는 데 사용되는 많은 라이브러리를 가지고 있다. 이것이 자바스크립트에서 막대 및 선을 사용해 차트와 그래프를 만드는 방법이다.

 자바스크립트에 대한 자세한 내용을 보려면 http://www.w3schools.com/js/에 방문하자.

SVG로 들어가기

확장 가능한 벡터 그래프^{SVG, Scalable Vector Graphs}는 다른 포맷과 달리, 확장 시 해상도나 픽실레이션^{pixilation}을 잃지 않는다는 점에서 기본적으로 유니크한 이미지 형식이다. SVG는 CSS와 원활하게 작동하며 막대, 원 및 선을 이미지로 디자인하기 위해 D3에서 자주 사용된다.

 SVG에 대한 자세한 내용을 보려면 http://www.w3schools.com/svg/를 방문하자.

소스 코드 편집기로 작업하기

4장 및 후속 장에서 사용되는 코드는 일반 텍스트 편집기로 작성된다. 개발에 익숙하지 않은 사용자는 Notepad에만 친숙할지도 모른다. Notepad는 스크립트를 작성하고 테스트하기에 충분하다. 하지만 구문 함수를 강조하고 변수 자동 완성 및 들여쓰기를 기본적으로 지원하는 더 나은 소스 코드 편집기가 있다. 일반적으로 많이 쓰이는 편집기는 다음과 같다.

- Notepad++(윈도우와 호환 가능): https://notepad-plus-plus.org
- Sublime Text 2(윈도우 및 맥과 호환 가능): https://www.sublimetext.com
- TextWrangler(맥과 호환 가능): http://www.barebones.com/products/
  textwrangler/

개인적으로는 Sublime Text와 Notepad++를 좋아해 둘을 교대로 사용한다.

개발용 D3 템플릿 로드

이 책에서 논의된 기타 툴과 달리 D3를 시작하는 것은 비교적 간단하다. D3라고 불리는 전용 폴더에서 작업을 구성할 것이다. 또한 텍스트 파일도 D3 폴더 안에서 생성할 것이다. 이것을 index.html로 저장한다. index.html은 4장 전체에 걸쳐 작업 파일이 될 것이며, 종종 웹사이트의 방문 페이지에 사용되는 기본 명명 규칙이다.

D3 로드를 위해 파일을 설정하는 두 가지 방식이 있다. 하나는 링크를 통한 온라인 접근 방식이다. 이 링크는 인터넷에 연결돼 있는 한 계속 작동한다. 다른 하나는 온라인이든 오프라인이든 관계없이 작동하는 방식이다. 한 가지 주의할 점은 오프라인 접근 방식을 사용하는 경우, D3에 대한 업데이트가 제공될 때마다 D3 파일을 최신 자바스크립트 파일로 수동으로 업데이트해야 한다는 것이다.

JS Bin 이해하기

JS Bin(http://jsbin.com/)은 새로운 개발자가 HTML 페이지를 구축하고 필수 라이브러리를 자동으로 로드하는 데 필요한 적절한 구문을 설정하는 데 매우 유용한 온라인 통합 개발 환경IDE, Integrated Development Environment이다.

사이트를 방문할 때 가장 먼저 해야 할 일은 다음 스크린샷과 같이 File 아이콘을 클릭하고 New를 선택하는 것이다.

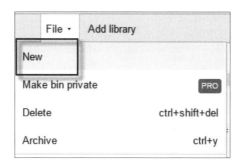

새 파일의 기본 템플릿은 다음 HTML 코드다.

```
<!DOCTYPE html>
<html>
<head>
  <meta charset="utf-8">
  <meta name="viewport" content="width=device-width">
  <title>JS Bin</title>
</head>
<body>

</body>
</html>
```

현재 파일에 누락된 것은 D3 스크립트를 로드하는 것이다. 이를 위해서는 다음 스크린샷과 같이 메뉴에서 **Add library** 아이콘을 선택한 후 드롭다운^{dropdown}에서 **D3 selection**을 선택하면 된다.

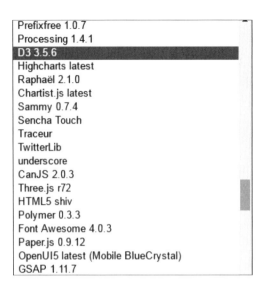

D3 라이브러리 추가를 위해 코드 한 줄만 추가하면 되는데, 이는 최신 버전의 D3 저장소에 링크된 스크립트다.

```
<!DOCTYPE html>
<html>
<head>
<script
src="https://cdnjs.cloudflare.com/ajax/libs/d3/3.5.6/d3.min.js"></script>
 <meta charset="utf-8">
 <meta name="viewport" content="width=device-width">
 <title>JS Bin</title>
</head>
<body>

</body>
</html>
```

4장을 저술하는 시점에서는 버전 3.5.6이 D3의 최신 출시 버전이다.

D3js.org에서 다운로드하기

D3 라이브러리를 HTML 파일에 로드하는 또 다른 방법은 소스에서 직접 최신 버전을 다운로드하는 것이다.

 D3를 다운로드하고 학습하기 위해서는 https://d3js.org/를 방문한다.

다음 스크린샷과 같이 웹사이트의 소개 섹션은 로컬 폴더에 직접 다운로드할 수 있는 ZIP 파일로 연결된다.

D3.js is a JavaScript library for manipulating documents based on data. **D3** helps you bring data to life using HTML, SVG, and CSS. D3's emphasis on web standards gives you the full capabilities of modern browsers without tying yourself to a proprietary framework, combining powerful visualization components and a data-driven approach to DOM manipulation.

Download the latest version

- d3.zip

파일을 다운로드해 특정 위치로 추출하고 나면 두 개의 자바스크립트 파일이 있어야 한다.

- d3.js
- d3.min.js

이 두 파일을 복사해 앞서 D3로 명명한 작업 개발 폴더에 배치해야 한다. 두 파일 모두 목적을 위한 동일한 결과를 산출하므로 어느 파일이든 개발을 위해 참조될 수 있다. 아직은 개발 단계에 있으며 기능 테스트 중이므로 발생한 오류 설명에 더 적합한 정의를 포함하는 d3.js 파일을 사용하는 것이 최선이다. d3.min.js 버전은 추가 콘텐츠가 없는 경우 더 압축된다. 따라서 전반적인 사용자 경험을 향상시키기 위해 좀 더 빠른 콘텐츠 로드 시간을 선호하는 프로덕션 환경에서 주로 사용된다.

로컬 폴더에서 D3 라이브러리의 위치 변경을 반영하도록 HTML 템플릿 작업 파일을 업데이트해야 한다. 이를 위해서는 다음 코드를 변경하기만 하면 된다.

```
<script
src="https://cdnjs.cloudflare.com/ajax/libs/d3/3.5.6/d3.min.js"></script>
```

다음과 같이 변경한다.

```
<script src="d3.js" charset="utf-8"></script>
```

새 HTML 코드는 다음과 같다.

```
<!DOCTYPE html>
<html>
<head>
<script src="d3.js" charset="utf-8"></script>
  <meta charset="utf-8">
  <meta name="viewport" content="width=device-width">
  <title>JS Bin</title>
</head>
<body>

</body>
</html>
```

이제 HTML 페이지에 D3가 구성된 상태로 설정돼 있어야 한다. 4장의 나머지 부분에서는 로컬에서 사용할 수 있는 D3 스크립트를 사용할 것이다. 하지만 어떤 방법이든 순조롭게 진행돼야 한다.

기존의 HTML 구성 요소 설정

D3의 힘과 유연성을 이해하려면 먼저 D3 없이 HTML을 활용하는 예를 이해해야 한다.

새 단락을 기존 방식으로 추가하기

HTML 페이지 본문에 새 단락을 추가하는 것은 매우 간단하다. 다음 스크립트에서 볼 수 있듯이 단락의 적절한 이름과 함께 두 개의 <p> 태그를 포함시키기만 하면 된다.

```
<!DOCTYPE html>
<html>
<head>
<script src="d3.js" charset="utf-8"></script>
 <meta charset="utf-8">
 <meta name="viewport" content="width=device-width">
 <title>First Example</title>
</head>
<body>
<p>This is our first example</p>
</body>
</html>
```

새 단락을 추가했을 뿐 아니라, 이 페이지의 제목을 First Example로 변경했다. 브라우저 내부에서 HTML 페이지를 볼 때 다음과 같이 나타나야 한다.

 언제든 HTML 파일을 보고자 할 때는 결과를 저장하고 index.html 파일을 마우스 오른쪽 버튼으로 클릭한 후 브라우저에서 보기를 선택할 수 있다.

새로운 단락을 D3 방식으로 추가하기

D3는 개발자에게 HTML 페이지에 새로운 구성 요소를 추가하는 대체 방법을 제공한다. 이 방법은 `d3.select()`라고 불린다. 이 방법을 통해 개발자는 페이지에서 기존 문서를 선택하고 새로운 작업을 수행할 수 있다. 예를 들어 첫 번째 단락 아래에 두 번째 단락으로 `This is our second example`을 추가하고 싶다면 스크립트 태그 사이에 다음 내용을 작성한다.

```
<script>
d3.select('body').append('p').text('This is our second example');
</script>
```

웹 페이지는 다음과 같이 보일 것이다.

스크립트의 코드는 다음 작업을 수행해 단락 태그를 수동으로 추가하는 이전 코드
와 동일하게 작동한다.

- 본문 구성 요소 선택하기
- 두 번째 단락 추가하기
- 첫 번째 단락 바로 아래에 있는 두 번째 단락에 텍스트 값 할당하기

현재까지 웹 페이지의 전체 스크립트는 다음과 같이 나타난다.

```
<!DOCTYPE html>
<html>
<head>
<script src="d3.js" charset="utf-8"></script>
  <meta charset="utf-8">
  <meta name="viewport" content="width=device-width">
  <title>Second Example</title>
</head>
<body>

<p>This is our first example</p>

<script>
d3.select('body').append('p').text('This is our second example');
</script>
```

```
</body>
</html>
```

실제 웹 페이지 내에 있는 두 단락 사이의 유사점을 더 잘 이해하기 위해 요소^{element} 검사를 수행할 수 있다. 요소 검사는 두 단락이 브라우저에서 어떻게 해석되는지에 대한 세부 정보를 제공한다. 4장에서는 구글 크롬을 사용할 것이다. 하지만 크롬을 사용할 수 없거나 다른 브라우저를 사용하는 경우, 다음 웹사이트를 방문해서 해당 브라우저의 요소를 검사하는 방법을 자세히 알아볼 수 있다.

http://testingfreak.com/inspect-element-in-firefox-chrome-or-ie-browsers/

크롬 브라우저에서 요소를 검사하는 가장 쉬운 방법은 다음 스크린샷과 같이 웹에서 마우스 오른쪽 버튼을 클릭한 후 Inspect를 선택하는 것이다.

검사가 시작되면, 다음 스크린샷과 같이 Elements 탭을 클릭하고 HTML의 <body> 섹션을 펼친다.

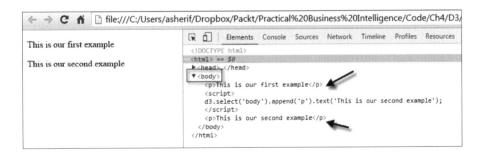

웹 페이지에서 생성된 HTML에서 볼 수 있듯이, 첫 번째 단락 <p> 태그는 원래 HTML 페이지에서 스크립트된 방식에서 변경되지 않은 채로 유지된다. 하지만 두 번째 단락의 구조가 첫 번째 단락과 동일하더라도, 두 번째 단락 <p> 태그는 완전히 D3 스크립트로 생성된 것이다. 기존 문서를 조작하고 새로운 문서를 작성하는 D3 의 기능은 특히 문서가 SVG일 때 새로운 시각화를 만들어내는 핵심이 된다.

SVG 모양을 기존 방식으로 추가하기

온라인에서 사용할 수 있는 많은 구성 요소는 SVG로 생성되는데, 이는 SVG 요소가 품질 손실 없이 쉽게 확장 가능하다는 점 때문이다. 이것은 scalable이라는 단어가 SVG를 구성하는 약어의 일부라는 점에서 이해하기 쉽다.

다음은 웹 페이지 본문 안에 색상과 높이가 서로 다른 세 막대를 나란히 정렬하는 HTML 예제 스크립트다.

```
<!DOCTYPE html>
<html>
<head>
<script src="d3.js" charset="utf-8"></script>
  <meta charset="utf-8">
  <meta name="viewport" content="width=device-width">
  <title>SVG Example</title>
</head>
<body>

<svg width="5000" height="5000">
  <rect x="0" y="0" width="20" height="100" fill="red" />
  <rect x="40" y="0" width="20" height="200" fill="blue" />
  <rect x="80" y="0" width="20" height="300" fill="green" />
</svg>

</body>
</html>
```

먼저 SVG 영역은 브라우저 내부에 5,000픽셀의 높이와 5,000픽셀의 너비로 설정된다. SVG 영역 내에 rect로 표시된 세 개의 직사각형 SVG 요소가 있다. 각 사각형의 너비는 20픽셀이고 높이는 100~300픽셀이며, 각각 20픽셀씩 떨어져 있다. 최종적으로는 각 사각형에 빨강, 파랑 또는 녹색의 서로 다른 색상이 부여된다.

HTML 스크립트는 다음 스크린샷과 같은 이미지를 생성한다.

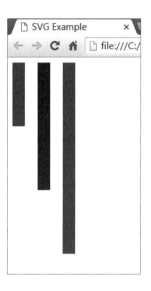

SVG에서 x축과 y축의 값이 증가하면 x가 예상대로 오른쪽 사분면으로 증가하지만, y는 상단 사분면이 아닌 하단 사분면으로 증가한다는 점에 유의해야 한다. 이것은 우리가 초등학교에서 배운 수학과는 상반된다. 4장의 뒷부분에서 이에 대해 설명할 수 있는 방법을 다룰 것이다.

SVG 모양을 D3 방식으로 추가하기

이전 예제에서 D3를 이용해 추가적인 단락을 넣을 수 있었던 것과 같은 방법으로, 막대 차트에서 이미 존재하고 있는 세 개의 막대에 네 번째 막대를 넣어보자.

기존 세 개의 SVG 요소에서 볼 수 있듯이, 각각은 특정 높이, 너비, x 값, 그리고 y 값을 갖는다. 이들은 모두 속성이라 알려져 있고 attr 확장자를 갖는다. 또한 모두

fill 방법으로 할당된 색상을 가지고 있다. 단락을 추가적으로 넣을 때와 마찬가지로, 본문 내부의 다음 스크립트에서 보는 것처럼 현재 body와 SVG 구성 요소를 선택해서 기존 구조에 추가될 새로운 rect 개체를 추가해보자.

```
var newBarRectangle = d3.select("body").select("svg")
            .append("rect")
            .attr("x", 120)
            .attr("y", 0)
            .attr("width", 20)
            .attr("height", 400)
            .attr("fill", "purple");
```

새로운 객체를 기존 SVG 요소에 추가하는 것 외에도 높이, 너비, x축 및 y축에 대한 속성이 추가됐으며 fill 속성을 사용해 새 막대에 자주색이 추가됐다.

전체 스크립트는 다음과 같다.

```
<!DOCTYPE html>
<html>
<head>
<script src="d3.js" charset="utf-8"></script>
  <meta charset="utf-8">
  <meta name="viewport" content="width=device-width">
  <title>SVG Example</title>
</head>
<body>

 <svg width="500" height="500">
 <rect x="0" y="0" width="20" height="100" fill="red" />
 <rect x="40" y="0" width="20" height="200" fill="blue" />
 <rect x="80" y="0" width="20" height="300" fill="green" />
 </svg>
<script>

var newBarRectangle = d3.select("body").select("svg")
                      .append("rect")
                      .attr("x", 120)
```

```
            .attr("y", 0)
            .attr("width", 20)
            .attr("height", 400)
            .attr("fill", "purple");
</script>
</body>
</html>
```

기존 코드를 미리 볼 때, 다음 스크린샷과 같이 업데이트된 막대 차트에서 맨 오른쪽 끝에 이전에 추가한 자주색 네 번째 막대가 보인다.

업데이트된 브라우저의 요소를 새로운 자주색 막대(가장 오른쪽 막대)로 검사하는 동안, 네 번째 직사각형 막대가 동일한 속성 형식을 사용해 기존의 세 막대에 자연스럽게 추가됐음을 알 수 있다. 새로운 SVG 그룹에 대한 요소 검사는 다음 스크린샷에서 볼 수 있다.

D3는 다시 확인할 수 있듯이, HTML 내에서 요소를 선택하고 해당 요소에 특정 속성을 추가해 기존 문서를 조작할 수 있다. 속성을 하나씩 추가하는 방법을 연쇄^{chaining}라고 한다. 이 방법은 여러 줄을 작성하지 않아도 되므로 시간을 절약하고 코드 구문을 단순화할 수 있어 유용하다.

D3와 데이터의 블렌딩

모든 시각화의 궁극적인 목표는 구성 요소 내 실제 데이터 요소를 통합하는 것이다. 이전 예제에서는 데이터 요소가 속성 내부에 설정된 D3 요소를 볼 수 있었다. 다음 예제에서는 변수에 높이를 할당하면서 네 개의 막대 그래프를 동일한 시각화로 생성한다.

하드코딩된 데이터를 시각화하기

<body> 태그와 <script> 태그만 있는 새로운 빈 템플릿으로 시작하겠다. 모든 코딩은 <script> 태그 안에서 진행된다.

먼저, 막대 차트를 생성할 때 몇 가지 변수를 할당할 것이다.

```
var svgHeight = 500;
var svgWidth = 500;
var barHeight = [100,200,300,400];
var barDistance = 25;
```

svgHeight와 svgWidth는 브라우저 내부에서 작업할 캔버스의 크기를 정하는 데 사용할 두 가지 변수다. 이전 예제와 마찬가지로 500×500 정사각형이며, barHeight 변수는 막대의 구체적인 높이를 할당하기 위한 데이터다. 앞서 봤듯이, 막대 그래프를 구성하는 네 개의 막대는 이전 것들보다 각각 100px씩 더 크다. 마지막으로, barDistance 변수는 각 막대의 거리를 생성하는 데 사용된다. 각 막대의 너비가 20 픽셀이므로 막대 사이에는 5픽셀의 여유가 있다.

```
var svgBox = d3.select("body").append("svg")
        .attr("height", svgHeight)
        .attr("width", svgWidth);
```

페이지 본문에 높이와 너비가 각각 500px인 SVG 캔버스를 추가하는 svgBox 변수를 생성했다.

```
var bars = svgBox.selectAll("rect")
        .data(barHeight)
        .enter()
        .append("rect")
        .attr("y", 0)
        .attr("x", 0)
        .attr("height", 100)
        .attr("width", 20)
        .attr("fill", "red");
```

Select() 함수와 조금 다르지만 비슷한 일을 수행하는 selectAll() 함수를 소개한다. Select() 함수는 한 번에 하나의 요소만 변경할 수 있는데, 이것이 의도한 바라면 괜찮다. 하지만 이 예제에서는 모든 rect 요소를 svgBox로 호출하고 그 속성을 할당함으로써 모든 rect 요소를 한 번에 변경하려 한다. 이때가 selectAll() 함수를 사용하는 것이 좀 더 편리한 시점이다. 이제 이전 코드는 barHeight 배열의 데이터를 새로운 rect SVG 요소에 할당한다. 또한 x와 y 값을 0으로, 너비와 높이를 각각 20, 100px로 할당한다. 각각의 막대 그래프는 동일한 붉은색으로 지정된다. 이전 코드의 시각화 결과는 다음 스크린샷에서 볼 수 있다.

무슨 일이 일어났는가? barHeight 배열에 네 개의 데이터 포인트를 할당했지만 하나의 막대만 보인다. 네 개의 막대가 있어야 하지 않는가? 뭔가를 잘못했는가? 이 문제에 대한 원인을 찾기 위해 요소를 더 자세히 들여다보자.

```
Elements  Console  Sources  Network  Timeline  Profiles  Resources
<!DOCTYPE html>
<html>
▶<head>…</head>
▼<body>
  ▶<script>…</script>
  ▼<svg height="500" width="500">  == $0
      <rect x="0" y="0" width="20" height="100" fill="red"></rect>
      <rect x="0" y="0" width="20" height="100" fill="red"></rect>
      <rect x="0" y="0" width="20" height="100" fill="red"></rect>
      <rect x="0" y="0" width="20" height="100" fill="red"></rect>
  </svg>
</body>
</html>
```

분명히 SVG 캔버스에 부착된 네 개의 rect SVG 도형이 있음에도 불구하고, 각 도형이 모두 같은 높이와 너비를 가지고 있으므로 네 개가 아닌 한 개의 막대만 있는 것처럼 보인다. 네 개의 막대가 겹쳐 있는 것이다. 이 문제를 해결하려면, 각 막대의 높이뿐만 아니라 x축의 위치 지정에 자바스크립트 함수를 적용해야 한다.

D3 및 자바스크립트 함수

자바스크립트 함수를 사용해 다양한 높이의 막대를 x축을 따라 다른 지점에 배치할 수 있다.

```
var bars = svgBox.selectAll("rect")
        .data(barHeight)
        .enter()
        .append("rect")
        .attr("x", function(d,a){
          return a*barDistance;})
        .attr("y", 0)
        .attr("width", 20)
        .attr("height", function(d){
          return d;});
```

이제 할당된 변수를 기반으로 값을 반환하기 위해 각 막대의 정적static 높이뿐만 아니라 x축의 정적 위치를 자바스크립트의 익명anonymous 함수로 대체했다.

 자바스크립트의 함수에 대한 자세한 내용을 보려면 http://www.w3schools.com/js/js_function_definition.asp를 방문하자.

먼저 x축의 속성을 a로 표시된 인덱스의 값으로 수정하고 barDistance를 곱한다. 또한 각 데이터 포인트 d를 25px로 설정한다. 이는 각 막대 사이에 간격을 주고 더 이상 서로 겹치지 않게 한다. 또한 각 데이터 포인트 d 값을 각 막대의 높이 값으로 반환하기 위해 height 속성 함수를 추가했다. 이전 코드의 시각화는 다음 스크린샷에서 볼 수 있다.

y축 반전시키기

앞서 만든 막대 차트와 유사한 새로운 차트를 만들어보자. 이번 차트는 이전과 달리 상하가 뒤집힌 차트다. 이 차트를 뒤집기 위해 y축 속성을 일부 수정해야 한다. 이 차트에서 y축의 시작 지점은 달라도 종료 지점은 동일해야 하는데, 여기가 SVG 캔버스가 필요한 시점이다. 앞서 정의한 SVG 캔버스의 높이가 500px이므로 막대 차트를 구성하는 네 개의 막대 중 첫 번째 막대는 y축에서 400번째 픽셀로부터 시작해 500번째 픽셀을 끝으로 하는 막대여야 한다. 마찬가지로 두 번째 막대는 300번째 픽셀로부터 시작해 500번째 픽셀을 끝으로 하는 막대여야 한다.

다음 식을 통해 막대 차트의 y축을 반전시킬 수 있다.

```
y = svgHeight - d
```

y축의 속성 값을 다음과 같이 변경해 위 식을 적용할 수 있다.

```
.attr("y", function(d){return svgHeight-d;})
```

변경된 y축 속성을 업데이트하면 다음 스크린샷과 같은 막대 차트를 볼 수 있다.

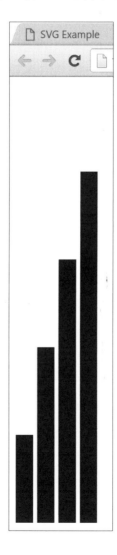

이제 수직 막대 차트 또는 열 차트라고 불리는 것들과 흡사해 보인다.

색상 추가하기

함수를 각 막대의 채우기 속성에 적용함으로써 앞서 정의한 네 가지 색상으로 막대 차트를 커스터마이징할 수 있다. 특성 값을 채우기 위해 `if...then...else` 함수를 사용할 것이다. 이 함수는 다음과 같이 기존 코드의 끝에 정의될 수 있다.

```
var bars = svgBox.selectAll("rect")
    .data(barHeight)
    .enter()
    .append("rect")
    .attr("x", function(d,a){
      return a*barDistance;})
    .attr("y", function(d){
      return svgHeight-d;})
    .attr("width", 20)
    .attr("height", function(d){
      return d;})
    .attr("fill", function(d){
      var barColor;
      if (d==100) {barColor = 'red';
      } else if (d==200) {barColor = 'blue';
      } else if (d==300) {barColor = 'green';
      } else {barColor = 'purple';}
      return barColor;});
```

`fill` 함수가 적용되면 막대 차트는 다음 스크린샷과 같이 변한다.

레이블링하기

막대 차트가 거의 완성됐다! 데이터를 좀 더 유용하게 사용하기 위해 막대에 몇 가지 정보를 추가로 제공해보자. 브라우저에 rect 요소를 추가했던 것처럼, 이러한 레이블은 막대 차트에 text 요소로 추가된다.

막대를 위한 코드에 막대 라벨링을 위한 텍스트 코드를 다음과 같이 추가한다.

```
var barTexts = svgBox.selectAll("text")
    .data(barHeight)
    .enter()
    .append("text")
    .text(function(d){return d;})
    .attr("x", function(d,a){
```

```
      return a*barDistance;})
   .attr("y", function(d){
      return svgHeight-d+10;})
   .style("font-size", "12px")
   .style("fill", "white");
```

막대에 라벨링하기 위한 barTexts 변수를 만들고 모든 text 요소들을 전부 선택한다. enter()를 통해 막대의 상단에 보여주고 싶은 값인 barHeight를 text 요소로 append()를 수행한다. 텍스트는 데이터 포인트인 d 값을 반환하는 함수와 연결된다. x 값과 y 값은 막대 차트를 만들 때와 유사한 로직을 사용해 구한다. 단, 레이블 텍스트를 막대 차트 내부에 표시하기 위해 y 값을 10픽셀만큼 감소시킨다. 마지막으로 레이블 텍스트의 색상을 흰색으로, 폰트 크기를 12로 지정한다. 그 결과 다음 스크린샷과 같이 업데이트된 막대 차트를 확인할 수 있다.

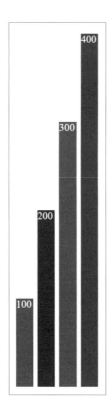

막대 차트를 구성하는 각 요소의 동작을 세세하게 이해하고자 한다면 브라우저 요소 검사를 통해 추가 정보를 얻을 수 있다. 위 코드의 세부 정보는 다음 스크린샷과 같다.

브라우저 요소 검사로 SVG 캔버스 내부의 여덟 가지 요소를 확인할 수 있다. 사각형 막대 네 개와 완성된 막대 차트를 구성하는 네 개의 텍스트 레이블이다. 모든 요소는 500px×500px 크기의 SVG 캔버스 내부에 존재한다. 각 text 요소는 연관된 rect 요소보다 10픽셀만큼 큰 y 값을 갖는다. 이는 텍스트를 대응되는 각 막대 내부에 위치시킨다.

D3와 CSV 융합하기

하드코딩된 변수를 입력으로 해서 D3를 사용하는 예제를 통해 D3로 컴포넌트를 만드는 방법을 익혔다. 이제 CSV 파일을 입력으로 D3 컴포넌트를 만들어보자. 시작에 앞서 아키텍처적으로 고려해야 하는 두 가지를 살펴보자.

- 원하는 장소에 CSV 파일을 생성하고 저장하기
- D3를 활용해 서버를 CSV 파일과 HTML 파일에 연결하기

CSV 파일 준비하기

2장, '웹 스크래핑'에서 깃허브 웹사이트의 데이터를 스크랩하고 이로부터 CSV 파일을 추출해 Microsoft SQL Server로 업로드했다. 그 파일의 이름은 DiscountCodebyWeek며 다음 세 개의 열을 갖는다.

- Index
- WeekInYear
- DiscountCode

데이터가 R을 통해 스크랩됐다면 해당 내용은 CSV 파일로 생성된다. 이번 실습을 위해 CSV 파일을 소스로 사용해도 되고 Microsoft SQL Server 데이터베이스에서 데이터를 복사해 사용해도 된다. 두 방법 모두 괜찮다. 두 방법 중 한 방법을 통해 데이터를 CSV 파일에 저장했다면, 이제 남은 것은 CSV 파일을 D3 자바스크립트 파일과 HTML 파일이 있는 곳으로 옮기는 것이다.

웹 서버 설정하기

D3 HTML 파일을 CSV 데이터와 연결하기 위해 기본 서버 설정이 필요하다. 파이썬을 사용하면 많은 아키텍처 없이 서버를 빠르게 설정할 수 있다. 2장, '웹 스크래핑'의 '파이썬 다운로드 및 설치' 절에서 설치한 파이썬을 사용해 서버를 만들자.

 웹 서버를 설정하지 않는 방법도 있다. 이를 위해서는 특정 웹사이트에 직접 데이터를 배치하고 데이터를 웹 링크로 참조해야 한다. 특정 웹사이트가 가진 서버 기능을 활용해 서버 설정을 건너뛰는 것이다. 이는 장단점을 갖는데, 우선 장점은 인프라를 구축하지 않아도 된다는 것이고, 단점은 이용하고자 하는 웹사이트의 보안과 자원이 이러한 접근을 용인해야 한다는 것이다.

어떠한 이유로 D3를 위한 서버를 파이썬으로 만들 수 없다면 또 다른 유명 웹 서버인 MAMP을 사용하면 된다. MAMP에 대한 좀 더 자세한 정보는 https://www.mamp.info/en/에서 확인할 수 있다.

윈도우에서 파이썬 서버를 설정하기 위해 먼저 CSV 파일이 있는 폴더로 이동하자. 명령 창을 켜기 위해 폴더 내에서 마우스의 오른쪽 버튼과 Shift 키를 누르자. 다음 스크린샷이 보이면 Open command window here를 선택하자.

이 방법이 명령 창을 여는 유일한 방법은 아니다. 하지만 작업하고자 하는 위치에서 위 방법으로 명령 창을 열면 작업 위치로 디렉터리를 변경하는 단계를 줄일 수 있다. 파이썬 서버는 현재 작업 위치인 CSV 파일과 D3 스크립트가 있는 경로에서 실행돼야 한다.

명령 창이 열리면 다음과 같이 입력한다.

```
python -m http.server 8000
```

서버가 연결되면 다음 스크린샷과 같이 명령 창의 내부에 Serving HTTP on 0.0.0.0 port 8000 ...이라는 메시지가 출력된다.

```
python  -m http.server 8000

Z:\Dropbox\Packt\Practical Business Intelligence\Code\Ch4\D3>python -m http.server 8000
Serving HTTP on 0.0.0.0 port 8000 ...
```

파이썬 서버의 정상 동작을 확인하기 위해 같은 경로에 index.html 이름으로 HTML 파일을 생성해보자.

다음과 같이 paragraph 태그(<p></p>)를 사용해 간단한 문장을 적을 수 있다.

```
<!DOCTYPE html>
<html>
<head>
<script src="d3.js" charset="utf-8"></script>
 <meta charset="utf-8">
 <meta name="viewport" content="width=device-width">
 <title>Python Server</title>
</head>
<body>
<p>The Python Server is Running!</p>
</body>
</html>
```

다음 주소(http://localhost:8000)로 접속해 입력한 문장이 출력되는지 확인해보자.

서버가 정상적으로 동작한다면 The Python Server is Running!의 출력을 확인할 수 있다.

웹 서버 테스트하기

파이썬 서버가 정상적으로 동작한다면, 이제 CSV 파일 연결이 가능한지 확인하고자 하는 숫자 값들을 볼 수 있는지 테스트해보자. D3는 다음 타입의 파일을 로드할 수 있다.

- CSV^{Comma-Separated Value}
- TSV^{Tab-Separated Value}
- JSON^{JavaScript Object Notation}

우리 예제는 CSV 파일을 로딩해 사용한다. D3에서 CSV 파일 로딩을 위해 제공하는 메소드는 d3.csv()다. <script> 태그 내에 다음 코드를 삽입하자. 다음 코드는 WeekInYear와 DiscountCode 열을 배열에 바인딩하고 console.log()를 통해 배열을 출력하는 코드다.

```
d3.csv("DiscountCodebyWeek.csv", function (data) {
  discountData =data.map(function (d) {
    return +d.DiscountCode ;
  });
  weekData =  data.map(function (d) {
    return +d.WeekInYear ;
  });
  console.log(discountData);
  console.log(weekData);
  console.log(data);
});
```

자바스크립트 구문 내에서 작은따옴표(' ')를 쓰던 큰따옴표(" ")를 쓰던 상관없다. 하지만 더 나은 성능과 일관성 유지를 위해 한 형식을 고수하는 것이 좋다. 따라서 우리는 〈script〉 구문 내에서 가능한 한 큰따옴표를 사용한다.

console.log() 함수를 사용하면 결과 데이터를 브라우저 인스펙터의 콘솔에서 확인할 수 있다. index.html 파일에 이 함수를 넣으면 브라우저를 통해 localhost:8000 사이트로 접속하는 경우 사이트 내의 파일을 볼 수 있다. 요소 검사를 실행하고 **Console**을 클릭하면 다음 스크린샷과 같이 결과 데이터가 배열로 표시된다.

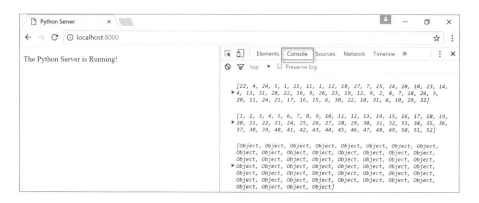

세 개의 배열이 있다. 가장 위에 출력된 배열은 discount 배열이고, 중간 배열은 Week 배열이며, 마지막 배열은 전체 데이터 집합이다. 각 배열은 52개의 요소로 구성돼야 한다. 데이터 집합의 각각은 1년의 한 주를 의미한다. 마지막 배열을 펼쳐보면 첫 번째 주에 대한 자세한 내용을 다음 스크린샷과 같이 확인할 수 있다.

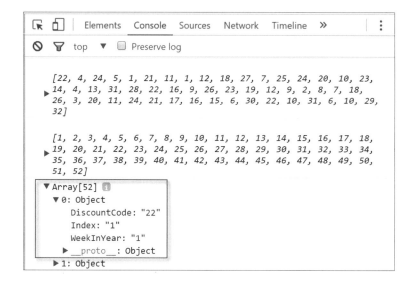

146

배열의 첫 번째 요소인 `Array[0]`에 대해 `DiscountCode = 22` 값을 갖는 것을 확인할 수 있다. 첫 주의 할인이 실제로 22임을 알고 있으므로 이는 매우 좋은 신호다. 우리는 성공적으로 CSV 파일을 파이썬 웹 서버를 통해 HTML 페이지와 연결했다.

CSV 데이터로 막대 차트 만들기

이제 D3로 실제 데이터를 시각화할 준비를 마쳤다. 시작하기 전에 컴포넌트를 쉽게 삽입하고 제거할 수 있는 HTML 구조를 만들어보자. 다음 HTML 레이아웃은 해당 구조를 만들기 위해 필요한 것이다.

```
<!DOCTYPE html>
<html>
<head>
<script src="d3.js" charset="utf-8"></script>
 <meta charset="utf-8">
 <meta name="viewport" content="width=device-width">
 <title>D3.js Charts</title>

 <style>
   body {
     background-color: white;
     font-family: Helvetica;
   }
   h1 {
     font-size: 24px;
     font-family:sans-serif;
   }
   p {
     font-size: 20px;
     font-family:sans-serif;
   }
   .axis path{
     fill: none;
     stroke: #000;
   }
```

```
    .axis text {
      font-family: sans-serif;
      font-size: 10px;
      stroke: #000;
    }
  </style>
</head>
<body>

<div>
<h1>AdventureWorks Discounts 2016</h1>
<p>Discount Percent by Week     </p>

<script>
// 이곳에 D3.js 스크립트를 넣는다
</script>

</div>

</body>
</html>
```

div 요소 내부에 //으로 표시된 주석은 D3 코드를 삽입할 곳을 알려준다. // 뒤에 오는 모든 것은 스크립트 언어가 아닌 것으로 간주돼 무시된다. 업데이트된 index. html 파일을 열어 확인해보면 다음 스크린샷과 같은 결과를 브라우저에서 볼 수 있다.

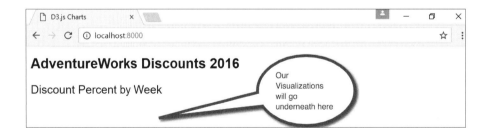

웹 페이지의 제목은 D3.js Charts로, 기본 헤더는 AdventureWorks Discounts 2016
으로, 단락 헤더는 Discount Percent by Week로 지정했다.

이제 HTML 레이아웃의 <script> 태그 사이에 다음의 D3 코드를 삽입할 수 있다.

```
// 스크립트 시작하기
d3.csv("DiscountCodebyWeek.csv", function (data) {
 discountData =data.map(function (d) {
  return +d.DiscountCode;});
 weekData = data.map(function (d) {
  return +d.WeekInYear;});
 var w= 750;
 var h = 200;
 var padding = 20;
 var barChartIncrements = 1;

 var svg = d3.select("body")
        .append("svg")
        .attr("width", w)
        .attr("height", h)
        .style("fill", "steelblue")
 svg.selectAll("rect")
     .data(discountData)
     .enter()
     .append("rect")
     .attr("x", function(d, i) {
      return i * (w / discountData.length);
      })
     .attr("y",function(d){
      return h-d - padding-2;})
     .attr("width", w / discountData.length - barChartIncrements)
     .attr("height", function(d) {
      return d;});
  // 스크립트 닫기
});
```

위 코드는 하드코딩된 데이터 대신 CSV 데이터를 사용한다는 것을 제외하면 앞에서 설명한 코드와 비슷하다. 브라우저에서 레이아웃을 미리보기해보면 다음과 같은 스크린샷을 볼 수 있다.

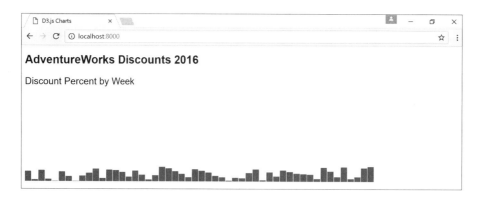

언뜻 보기에 데이터가 정확해 보이지만, 다음 스크린샷처럼 각 요소를 검사하고 적절하게 값이 매핑됐는지 확인해야 한다.

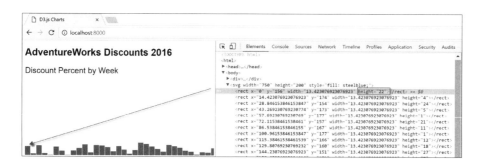

선택된 첫 번째 rect 요소는 x 값으로 0을, y 값으로 156을 갖는다. svg 캔버스의 높이가 200이고 rect의 height가 22이므로 이 값은 적절한 값이다. 추가로 패딩을 위한 20픽셀과 스케일링을 위한 2픽셀을 설정한다. 따라서 200-22-20-2는 156이므로 우리는 이 값의 정확성을 확인할 수 있다. 수학적 요소들이 정확한지 확인하기 위해 데이터를 확인하는 것은 어려운 일이 아니다.

한 가지 더 확인할 것은 막대의 높이가 약간 짧다는 것이다. 다음과 같이 스크립트를 변경해 높이를 다섯 배 늘리자.

```
d3.csv("DiscountCodebyWeek.csv", function (data) {
  discountData = data.map(function (d) {
    return +d.DiscountCode;});
```

위 스크립트를 다음과 같이 변경한다.

```
d3.csv("DiscountCodebyWeek.csv", function (data) {
  discountData = data.map(function (d) {
    return +d.DiscountCode*5;});
```

스크립트를 실행하고 나면 얻게 되는 새로운 막대 차트는 다음과 같다.

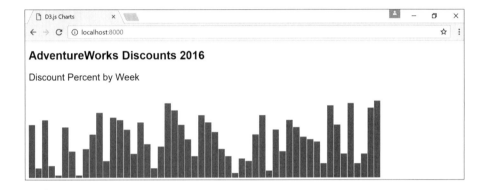

지금까지 만든 막대 차트도 괜찮지만 몇 가지 추가 기능을 더해 더 많은 정보를 전달해보자. 현재 우리의 막대 차트는 직사각형들이 가로로 쌓여 있는 형태다. 추가기능 중 하나는 바로 // 스크립트 닫기 위에 다음 스크립트를 추가해 레이블링을 하는 것이다.

```
svg.selectAll("text")
  .data(discountData)
  .enter()
  .append("text")
  .text(function(d) {
    return d/5;
  })
  .attr("x", function(d, i) {
    return i * (w / discountData.length);
```

```
})
.attr("y", function(d) {
  return h - d -padding -4;
})
.attr("font-size", "10px")
.attr("text-anchor", "left")
.style("fill", "black");
```

브라우저를 통해 새로운 코드를 확인해보면 다음과 같은 결과를 볼 수 있다.

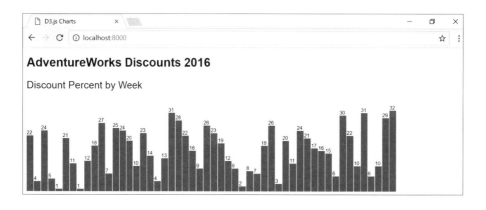

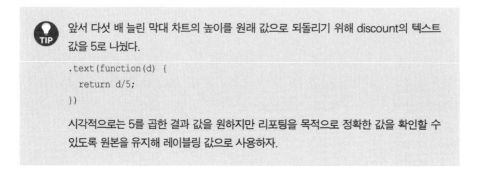

앞서 다섯 배 늘린 막대 차트의 높이를 원래 값으로 되돌리기 위해 discount의 텍스트 값을 5로 나눴다.

```
.text(function(d) {
  return d/5;
})
```

시각적으로는 5를 곱한 결과 값을 원하지만 리포팅을 목적으로 정확한 값을 확인할 수 있도록 원본을 유지해 레이블링 값으로 사용하자.

이제 우리가 만든 막대 차트로 직사각형의 집합 이상의 것을 보여줄 수 있으며, 차트를 구성하는 각 막대에 절대 값을 연결할 수 있다. 마지막으로 추가할 것은 x축을 한 해의 주를 표현하도록 스케일링하는 것이다. 다행히 D3에는 선형 스케일링을 돕는 함수인 d3.scale.linear()가 있다. 이전에 했던 것과 같이 다음 스크립트를 // 스크립트 닫기 바로 위에 추가해보자.

```
var xScale = d3.scale.linear()
            .range([0,w])
            .domain([1,d3.max(weekData)]);
var xAxis = d3.svg.axis()
            .scale(xScale)
            .orient("bottom");
svg.append("g")
    .attr("transform", "translate(0,"+(h-padding)+")")
    .attr("class", "axis")
    .call(xAxis);
```

스케일 형식을 설정하고 레이블이 rects와 적절하게 정렬됐는지 확인하면 다음과
같은 결과를 볼 수 있다.

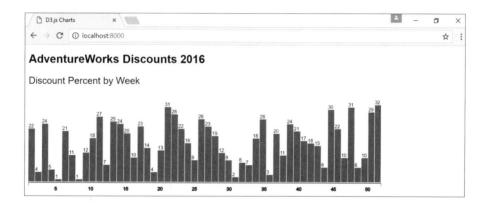

우리가 해냈다. 이제 D3 자바스크립트 라이브러리를 사용해 막대 차트를 만들었
다! 이 막대 차트는 텍스트 레이블과 x축으로 전체 한 해에 대한 Discount Percent by
Week를 보여준다. 이 차트를 통해 피크[Peak] 값들과 밸리[Valley] 값들을 확인할 수 있다.
D3로 작업하는 것의 장점 중 하나는 시각화 결과가 사용자가 액세스할 수 있는 배
포 가능한 매체에 있다는 것이다.

이제 코드는 완성됐고 index.html 파일로 저장할 수 있다. index는 웹사이트의 기
본 페이지로 간주된다. 따라서 링크 주소에 index.html 파일명을 포함시키는 것이
본질적으로 필요하지 않다. 만약 파일을 다른 이름(예를 들어 chart1.html)으로 저장
했다면 서버 내부의 해당 페이지를 보기 위해 http://localhost:8000/chart1.html로

이동해야 한다.

막대 차트를 더 커스터마이징할 수 있다. 우리는 겨우 D3의 표면을 살짝 긁어본 것뿐이고, 그 안에는 더 많은 것들이 있다. 그러나 4장, 'D3.js로 막대 차트 만들기'의 목표는 D3를 더 자세히 아는 것이 아니고 데이터를 D3의 컴포넌트로 가져와서 그데이터를 시각화하는 것에 익숙해지는 것이다.

요약

4장, 'D3.js로 막대 차트 만들기'는 자바스크립트와 HTML 코드로는 조금 어렵고 과해 보일 수 있다. 하지만 이 장에서는 개별 함수와 D3 사용법을 분해해서 단계별로 접근하는 방법을 통해 개발자가 D3 시각화를 구성하는 기본 빌딩 블록을 쉽게 이해할 수 있도록 도왔다. 처음에는 간단한 시각화를 위해 많은 양의 코드가 필요하다고 생각할 수 있지만, D3 사용의 숙련도가 높아질수록 어떤 수준의 컴포넌트라도 커스터마이징할 수 있는 D3의 능력을 가치 있게 여기게 될 것이다.

또한 D3js(https://d3js.org/)를 통해 D3의 많은 템플릿을 사용할 수 있고 템플릿을 통해 기본 코드에 대한 이해 없이 기존 데이터를 사용하고 조작해 새로운 시각화를 시도할 수 있다. 시각화 내에서 특정 필요가 생기면 코드를 수정할 수 있고 코드를 수정하는 과정은 D3 아키텍처에 대한 이해의 시작점이 될 수 있다. 이것은 D3 커뮤니티가 이렇게 짧은 시간 안에 성장하게 된 원동력이다.

이 책에서는 D3.js를 한 장에 걸쳐 소개하지만, D3 시각화의 무한한 가능성을 더 깊이 소개하는 책들이 있다. 다음은 그 목록이다.

- 스위첵 텔러[Swizec Teller]의 『d3.js를 이용한 데이터 시각화[Data Visualization with d3.js]』 (https://www.packtpub.com/web-development/data-visualization-d3js)
- 마이클 호이트[Michael Heydt]의 『D3.js by Examlpe』(https://www.packtpub.com/web-development/d3js-example)
- 파블로 나바로 카스틸로[Pablo Navarro Castillo]의 『Mastering D3.js』(https://www.packtpub.com/web-development/mastering-d3js)

- 스콧 머리[Scott Murray]의 『Interactive Data Visualization for the Web』(http://alignedleft.com/work/d3-book)

5장, 'R로 예측하기'에서는 R을 사용해 만든 막대 차트에서 선형 차트로 초점을 확장해보자. R을 사용해 개발하는 것은 R이 가진 예보 및 예측 능력을 통합해 선형 차트의 시간 축에 적용할 수 있다는 추가적인 이점을 제공한다.

5
R로 예측하기

R은 통계학자와 데이터 과학자에게 인기 있는 프로그래밍 언어다. 학계에서 학생들과 교수들에게 R이 인기 있기 때문이다. R은 통계 수업에서 가장 쉽게 배울 수 있는 무료 오픈소스 언어다.

지난 두 해 동안 R은 엔터프라이즈 및 데스크톱 시각화 툴(예: 마이크로소프트의 Power BI와 Tableau)들과 통합돼 비즈니스 인텔리전스 영역에 뛰어들었다. 같은 기간 동안 많은 학자들이 연구계에서 산업계로 영역을 전환했고, 그들의 산업계로의 참여는 R에 대한 그들의 지식을 함께 들여왔다. 이미 R은 예측 기능으로 유명했다. 하지만 사람들은 R이 ggplot2와 같이 큰 커뮤니티에서 만들어지는 많은 라이브러리를 가진 훌륭한 시각화 툴이라는 사실에 더 놀랐다. R을 다룰 줄 아는 인력의 유입 외에 2011년의 RStudio 출시는 R의 좀 더 많은 노출을 야기했다.

2장, '웹 스크래핑'에서 언급했듯이, RStudio는 R을 위한 IDE다. 예전 에디터에서 R 코드를 작성하는 것에 익숙한 사용자라면 큰 차이 없이 RStudio에서 동일한 코드를 작성할 수 있다. 차이점은 R의 수행 결과를 제시하는 방식에 있다. 비즈니스 분석 리포트에는 기술 전문 용어를 제거하거나 최소화하고 데이터와 정보의 비즈니스 측면을 강조할 수 있는 특정 형식이 필요하다. RStudio는 R Markdown이라는 기능을 제공해 기술 코드를 비즈니스 친화적인 리포트로 변환한다.

R 또한 Microsoft Power BI와 같은 기존의 비즈니스 인텔리전스 툴과 통합돼 있다. 이것은 주로 R이 제공해야 하는 인기 있는 예보forecasting 및 예측predictive 패키지 때문이다. 따라서 특정 BI 툴 외부에 구축된 기존 R 코드는 동일한 BI 툴에서 사용하는 새로운 데이터를 기반으로 유사한 결과를 재생산할 수 있다.

5장에서는 다음 주제를 살펴볼 것이다.

- ODBC 연결 구성하기
- R을 SQL 쿼리에 연결하기
- R의 데이터프레임 프로파일링하기
- R로 그래프 그리기
- R의 시계열Time series 예측하기
- R Markdown을 사용해 코드 서식 지정 및 게시하기
- R을 Microsoft Power BI로 내보내기

ODBC 연결 구성하기

모든 BI 툴과 마찬가지로, 우리의 첫 번째 작업은 데이터에 연결하는 것이다. 이 과정은 ODBC 연결을 사용해 수행한다. 그렇게 하려면 먼저 SQL Server 인스턴스에 64비트 ODBC 연결을 구성해야 한다.

ODBC 연결은 일반적인 윈도우 환경에서 C:\ProgramData\Microsoft\Windows\Start Menu\Programs\Administrative Tools에 있다.

ODBC 64비트 연결을 클릭한 후 System DSN 탭을 선택한다. 다음 스크린샷과 같다.

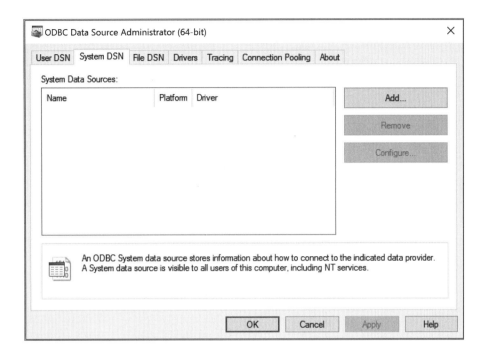

다음 단계는 Add 버튼을 클릭하고, 여기서 보여지는 것처럼 SQL Server 드라이버를 선택해 새 연결을 만드는 것이다.

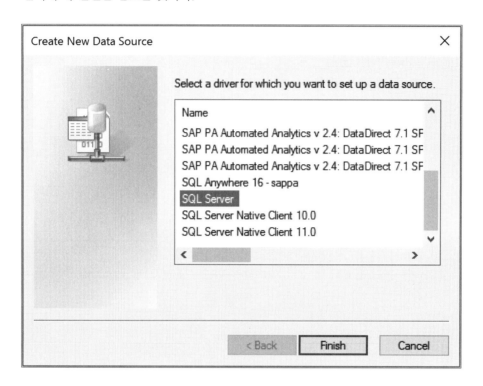

다음으로 SQL Server 데이터 소스에 이름을 지정한다. 우리의 목적을 위해 연결명과 설명[description]을 SQLBI로 지정한다. 다음 스크린샷과 같이 서버명을 추가해 구성 프로세스를 완료한다.

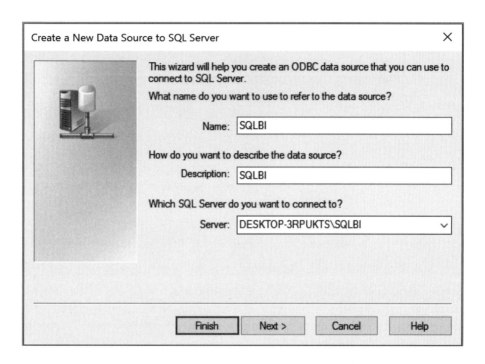

서버명은 SQL Server Management Studio에 로그인할 때 항상 얻어질 수 있다.

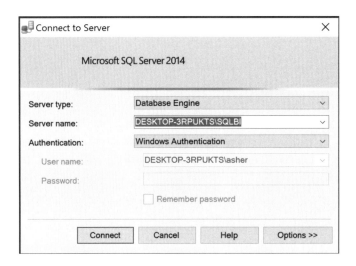

서버명을 확인한 후 Windows NT authentication 또는 SQL Server authentication을 사용해 SQL Server 로그인 인증 여부를 확인한다. 우리의 목적을 위해 다음 스크린샷과 같이 Windows NT authentication을 사용해 확인해보자.

인증 확인이 완료되면, 디폴트 데이터베이스를 우리 연결에 지정할 수 있다. 우리의
목적을 위해 데이터베이스는 AdventureWorks2014로 한다.

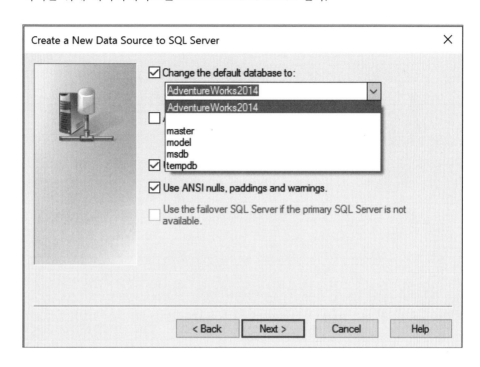

최종 구성 메시지는 언어 및 로그 파일 위치 설정이다. 다음 스크린샷에서 볼 수 있듯이 사용자의 기본 설정^{preference}으로 지정할 수 있다.

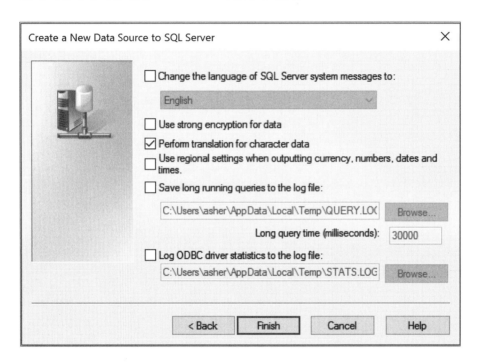

이제 Finish 버튼을 클릭하면 연결을 테스트할 준비가 완료된다. **Setup** 메시지는 구
성 과정에서 선택된 모든 매개변수를 표시하고 **Test Data Source**…라는 버튼을 보여
준다. 다음과 같이 메시지에 TESTS COMPLETED SUCCESSFULLY!가 표시되면,
연결 구성이 성공적으로 수행된 것이다.

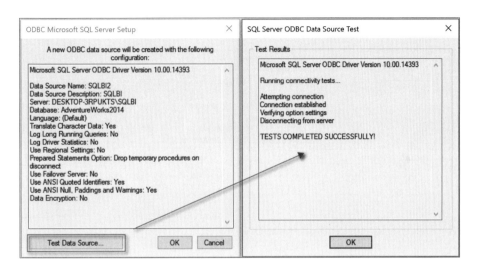

이제 ODBC 연결을 사용해 R을 SQL Server 쿼리에 연결할 준비가 됐다.

R을 SQL 쿼리에 연결하기

R은 ODBC 인터페이스를 통해 데이터베이스에 대한 액세스를 제공하는 RODBC
라는 패키지를 가지고 있다. 우리는 계속해서 RStudio를 R의 IDE로 사용할 것이다.
먼저 스크립트를 실행해 RODBC 라이브러리를 설치하고 호출해보자.

```
install.packages('RODBC')
library('RODBC')
```

다음 단계는 우리가 방금 만든 SQLBI OBDC 연결에 링크할 R 연결을 만드는 것이다.

```
connection_SQLBI<-odbcConnect('SQLBI')
```

연결에 대한 정보를 얻고 싶다면, 다음 스크립트를 실행해보자.

```
connection_SQLBI
```

연결에 대한 매개변수들이 출력된다.

```
> connection_SQLBI
RODBC Connection
Details:
  case=nochange
  DSN=SQLBI
  Description=SQLBI
  UID=
  Trusted_Connection=Yes
  APP=RStudio
  WSID=DESKTOP-3RPUKTS
  DATABASE=AdventureWorks2014
```

R의 데이터프레임 프로파일링하기

4장, 'D3.js로 막대 차트 만들기'에서 사용한 데이터 집합을 다시 살펴볼 것이다. 그러나 이번에는 CSV 파일이 아닌 SQL문을 사용해 검색할 것이다. 다음 SQL문은 할인 코드에 대한 동일한 데이터를 주 단위로 반환한다.

```
SELECT [WeekInYear]
      ,[DiscountCode]
  FROM [AdventureWorks2014].[dbo].[DiscountCodebyWeek]
```

다음 스크립트를 사용해 이 동일한 SQL문을 데이터프레임 내부로 통합한다.

```
SQL_Query_1<-sqlQuery(connection_SQLBI,
        'SELECT [WeekInYear]
        ,[DiscountCode]
        FROM [AdventureWorks2014].[dbo].[DiscountCodebyWeek]' )
```

데이터프레임은 열로 구성된 데이터 집합이다. 데이터프레임의 결과를 얻는 가장 간단한 방법은 데이터 집합의 첫 여섯 행을 반환하는 다음 스크립트를 실행하는 것이다.

```
head(SQL_Query_1)
```

데이터 집합의 처음 몇 행을 가져오는 것 외에도, 다음 스크립트를 실행해 데이터 집합의 구조를 식별할 수 있다.

```
str(SQL_Query_1)
```

그 구조체 함수는 구조체 타입, 행의 수, 그리고 데이터 집합의 변수들을 반환한다.

데이터 집합의 구조를 확인한 후 다음의 스크립트를 실행해 Week와 Discount의 열 이름을 변경하는 등의 일부 수정을 시작할 수 있다.

```
colnames(SQL_Query_1)<- c("Week", "Discount")
```

우리는 데이터 집합을 그래프로 그릴 때 논리적으로 이해하기 쉽게 만들기 위해 Week 열을 정수로 변환할 필요가 있다. 요소^{factor} 데이터 타입은 문자로 처리되고 숫자 데이터 타입으로 변환될 때까지 숫자로 그래프에 표시할 수 없다. 이 작업을 수행하기 위해 다음 스크립트를 실행해 새 열을 만든다.

```
SQL_Query_1$Weeks <- as.numeric(SQL_Query_1$Week)
```

이제 데이터프레임은 Weeks라는 추가 열을 가지고 있어야 하며, 다음 스크립트를 실행하면 확인할 수 있다.

```
head(SQL_Query_1)
```

새 데이터프레임의 결과는 다음과 같다.

```
> head(SQL_Query_1)
  Week Discount Weeks
1 "01"       22     1
2 "02"        4     2
3 "03"       24     3
4 "04"        5     4
5 "05"        1     5
6 "06"       21     6
```

첫 번째 열 Week를 제거하고 Discount와 Weeks의 순서를 역순으로 바꾼다. 그러면
Weeks가 Discount의 왼쪽에 표시된다. 이 작업을 위해 다음 스크립트를 사용한다.

```
SQL_Query_1<-SQL_Query_1[,-1]  # 첫 번째 열을 제거한다
SQL_Query_1<-SQL_Query_1[c(2,1)]  # 열 1과 2 순서를 바꾼다
head(SQL_Query_1)      # 첫 여섯 행을 출력한다
attach(SQL_Query_1)  # 환경은 본질적으로 데이터프레임을 인식한다
```

R로 그래프 그리기

데이터프레임이 필요한 열로 설정되면, 데이터를 그래프로 그리기 시작할 수 있고
시각화 옵션들을 탐색할 수 있게 된다.

R의 plot()으로 단순한 차트 그리기

가장 기본적인 그래프는 plot() 함수로 생성할 수 있다. 다음 스크립트를 사용해보자.

```
plot(SQL_Query_1, main = 'Discount Code by Week')
```

스크립트의 결과는 다음과 같다.

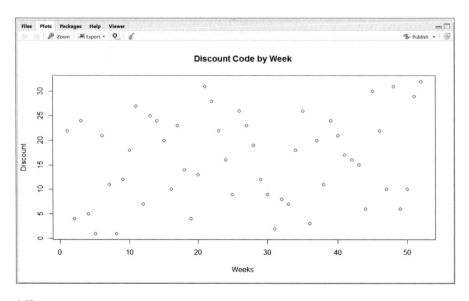

플롯이 주별^{by week} 할인으로 표시되지만, 점들을 연결할 수 없으면 주간^{week-to-week} 관계를 식별하기 어렵다.

다음 스크립트는 각 순차 포인트 사이에 있는 점들을 연결할 것이다.

```
plot(SQL_Query_1, main = 'Discount Code by Week', type="o")
```

위 스크립트의 결과는 다음 스크린샷과 같다.

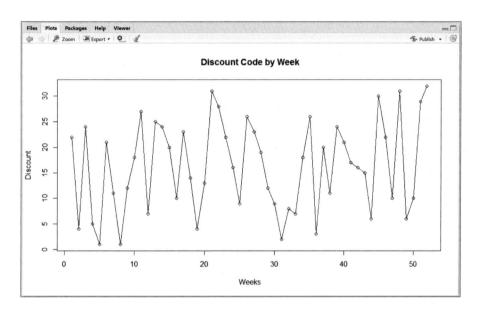

R은 개발자가 par() 함수를 사용해 여러 차트를 더 큰 전체 그래프로 결합할 수 있게 하는 기능을 제공한다. 두 개의 차트를 하나씩 위아래로 표시하도록 선택한다면, 다음 스크립트를 실행해 두 행과 하나의 열로 구성된 행렬을 만들자.

```
par(mfrow=c(2,1)) # 행렬을 만든다
plot(SQL_Query_1, main = 'Discount Code by Week')
plot(SQL_Query_1, main = 'Discount Code by Week', type="o")
```

이 스크립트 출력은 다음과 같다.

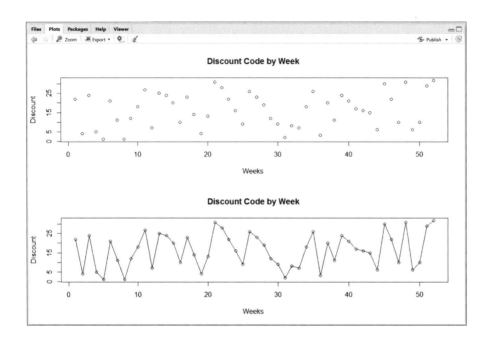

이와 유사하게, 두 차트를 나란히 미리 보길 원한다면 다음 스크립트를 실행하자.

```
par(mfrow=c(1,2))
plot(SQL_Query_1, main = 'Discount Code by Week')
plot(SQL_Query_1, main = 'Discount Code by Week', type="o")
```

기본 설정으로 돌아가려면, 다음 스크립트를 수행한다.

```
par(mfrow=c(1,1))
```

R의 ggplot()으로 고급 차트 그리기

이전의 선형 차트를 기반으로, 선형 차트 내에 Discount 값으로 색 그레이디언트 gradient를 만들 수 있다. R에는 ggplot()과 같은 잘 알려진 인기 있는 플롯팅plotting 라이브러리가 있으며, ggplot()은 R로 더 복잡하고 우아한 차트와 그래프를 만드는 데 일반적으로 사용된다.

다음 스크립트는 R의 ggplot() 함수를 사용한다. y축의 증가 값과 관련된 라인의 색도^{color degree}를 나타내는 DiscountCode 범례 표시기로 유사한 선형 차트 플롯을 생성한다.

```
install.packages('ggplot2') # ggplot() 라이브러리를 설치한다
library('ggplot2') # ggplot() 라이브러리를 호출한다

point_plot <- ggplot(SQL_Query_1, aes(x=jitter(Weeks), y=jitter(Discount),
col=Discount)) +
  geom_line() + geom_point()+
  labs(x="Weeks (1-52)", y="Discount Code", col="Discount Code", )
point_plot + theme_bw()
```

스크립트의 결과는 이와 같다.

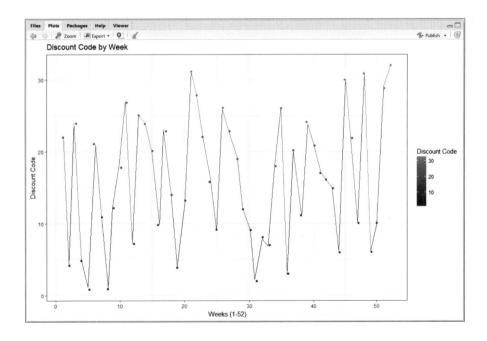

밝은 색조는 y축에서 더 높은 값을, 어두운 색조는 y축에서 더 낮은 값을 나타낸다. 플롯은 theme_bw()라는 흑백 테마를 사용한다.

R에는 여러 가지 테마가 있는데, 가장 일반적으로 사용되는 것은 theme_bw() 와 theme_grey()다. R의 플롯 테마에 대해 자세히 알려면, R 콘솔 내부에서 help(theme)을 실행한다.

plot_ly()로 인터랙티브 차트 만들기

R에는 모든 유형의 선형 차트를 작성할 수 있는 기능이 있으며, 지금까지는 정적 static 차트만 다뤘다. R은 또한 plot_ly()와 같은 라이브러리를 사용해 더 인터랙티브하고 아름다운 차트를 만들 수 있다.

plot_ly를 R을 비롯한 여러 언어와 함께 사용하는 방법에 대한 자세한 내용을 보려면, https://plot.ly를 방문한다.

plot_ly를 시작하려면, 먼저 다음 스크립트를 사용해 라이브러리를 설치하고 호출해야 한다.

```
install.packages('plotly')
library('plotly')
```

이제 plot_ly()를 사용하는 다음 스크립트를 사용해 간단한 선형 차트를 그려보자.

```
plot_ly(data = SQL_Query_1, x = Weeks, y = Discount, type = 'scatter', mode
= 'lines') %>%
layout(title = 'Discount Code by Week',
xaxis = list(title = 'Weeks (1-52)', zeroline = TRUE),
yaxis = list(title = 'Discount Code'))
```

스크립트의 출력은 다음 스크린샷에서 볼 수 있다.

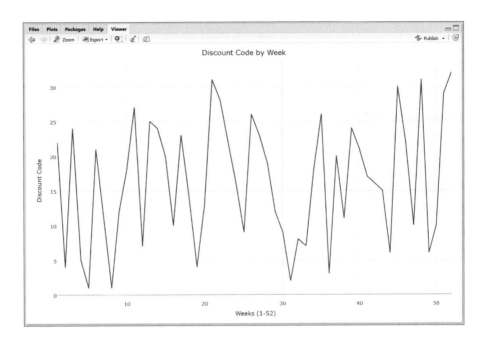

선형 차트의 특정 지점 위로 마우스를 가져가면, 차트의 오른쪽 상단에 마우스 오버 값과 툴바^{toolbar}가 표시된다. 작업 중에는 화면의 확대 및 축소, 좌우 스크롤, 축 재설정 등을 할 수 있다. 툴바는 다음 스크린샷과 같다.

선형 차트의 초기 모양은 R의 plot() 및 ggplot() 함수로 개발된 이전 버전과 유사하다. 우리는 52주 회귀 곡선regression curve을 추가해 플롯을 강조할 수 있다.이 회귀 곡선은 주간 단위로 포인트 간의 관계를 매끄럽게 한다. 이 기능은 LOWESSLocally Weighted Scatterplot Smoother로 알려져 있다. 다음 스크립트를 실행해 LOWESS 곡선과 기존 선형 그래프를 단일 시각화로 결합한다.

```
str(p <- plot_ly(SQL_Query_1, x = Weeks, y = Discount,
name = 'Discount',type = 'scatter',    mode = 'lines'))
p %>%
add_trace(y = fitted(loess(Discount ~ Weeks)), x = Weeks,
name = 'Average') %>%
layout(title = 'Discount Code by Week + 52-Week Average',
xaxis = list(title = 'Weeks (1-52)', zeroline = TRUE),
yaxis = list(title = 'Discount Code'))
```

스크립트의 출력은 다음과 같다.

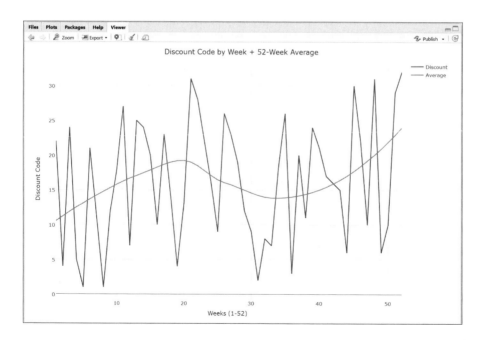

plot_ly로 생성된 선형 차트 외에도, 다음 스크립트와 같이 mode를 markers로 설정해 점도표^{dot plot}를 생성할 수 있다. 이 점도표는 y축 값을 기준으로 크기가 증가하고 색상이 다양한 marker로 표현된다.

```
plot_ly(SQL_Query_1, x = Weeks, y = Discount, mode='markers',
color=Discount, size = Discount)%>%
layout(title = 'Discount Code by Week',
xaxis = list(title = 'Weeks (1-52)', zeroline = TRUE),
yaxis = list(title = 'Discount Code'))
```

스크립트의 출력은 다음과 같다.

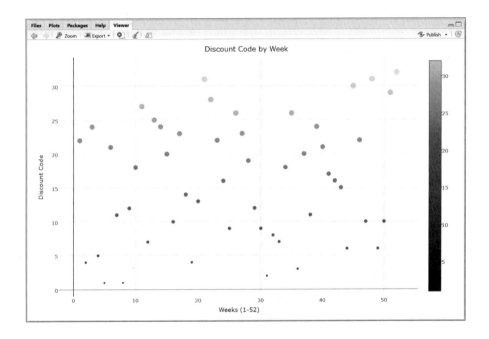

R에서 시계열로 예측하기

시계열 그래프^{time series graph}는 일정 기간 동안의 활동을 평가하는 그래프다. 다음 스크립트에서 볼 수 있듯이, R의 ts()와 plot.ts() 함수를 사용해 좀 더 구체적인 시계열 플롯을 생성할 수 있다.

```
Query1_TS<-ts(SQL_Query_1$Discount)
plot.ts(Query1_TS, xlab = 'Week (1-52)', ylab = 'Discount', main = 'Time
Series of Discount Code by Week')
```

시계열 스크립트의 출력은 다음과 같다.

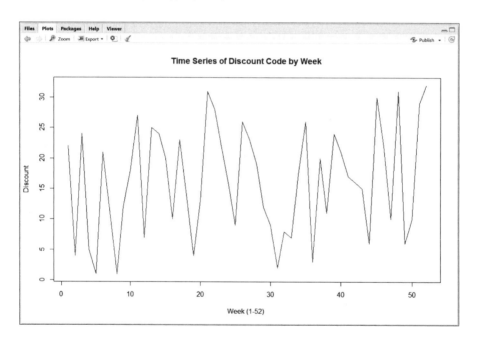

처음에는 시계열 플롯과 5장에서 이전에 만들어진 선형 차트가 다르지 않아 보인다. 둘의 차이는 1년 중 지정된 간격 동안 활동을 볼 수 있는 시계열 플롯의 고유한 특성에 있다. 지정된 기간은 시간, 일, 주, 월 또는 분기 단위일 수 있다. 시계열 플롯은 매년 같은 시간에 반복되는 계절^{seasonal} 활동을 표시한다. 이 계절성으로 인해, 시계열 플롯은 예측을 위한 강력한 후보가 된다. 예측과 평활화^{smoothing}에 대한 약간의 배경지식을 얻으러 가보자.

예측 101

무언가를 왜 예측하고 싶은가? 예측은 과거에 일어난 일을 기반으로 미래에 일어날 일을 수학적으로 예측하는 수단이다. 미래에 어떤 일이 일어날지 알 수 있다면, 미래를 더 잘 대비할 수 있다. 주별 할인 코드를 사용한 이 예시에서는 향후 몇 주 동안 특정 제품에 대한 할인 코드가 무엇일지 예측하려 한다. 할인 코드가 무엇일지 알면 특정 제품이 더 저렴할 수 있는 미래와는 반대로, 현재 구매해야 할 인벤토리의 양을 고려할 수 있다.

스무딩 101

지수 스무딩^{exponential smoothing}은 간헐적인 '노이즈'를 제거하면서 시계열을 생성하는 데 널리 사용되는 방법이다. 그 결과 기간별로 '매끄러운' 선이 생긴다. 매끄러운 선을 만드는 것 외에도, 지수 스무딩의 다양한 변형은 향후 결과를 예측할 때 이전 시간보다 이후의 시간에 더 중점을 둔다. 이것은 '당신이 나에게 최근에 한 일' 접근법을 취하고 있다. 따라서 추세를 다룰 때는 지수 스무딩보다 이중 지수 스무딩^{double-exponential smoothing}이 훨씬 좋다. 또한 복잡한 추세를 다루는 데 삼중 지수 스무딩^{triple-exponential smoothing}이 훨씬 낫다고 알려져 있다.

Holt-Winters로 예측하기

시계열을 예측하는 방법은 여러 가지며, 그중 하나는 Holt-Winters 또는 삼중 지수 스무딩으로 알려져 있는 방법이다. 이 예측 방법을 시계열에 통합하면 향후 기간(예측)을 추정하고 점 사이의 매끄러운 선을 생성(스무딩)할 수 있다. 다음 스크립트는 Holt-Winters 방법의 스무딩 라인과 함께 실제 시계열 플롯을 생성한다.

```
discountforecasts <- HoltWinters(Query1_TS, beta=FALSE, gamma=FALSE)
plot(discountforecasts)
```

스크립트 출력은 다음 스크린샷에서 볼 수 있다.

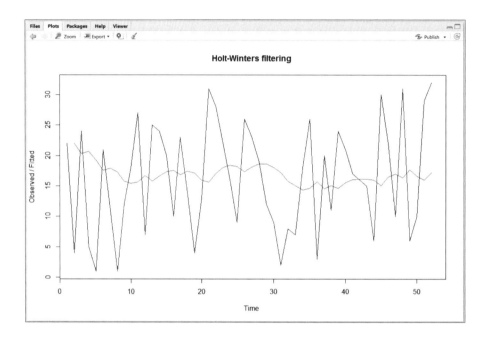

스무딩 선을 생성하는 스크립트에는 beta와 gamma 값이 모두 FALSE로 설정돼 있다. beta 매개변수는 false로 설정됐을 때, 지수 스무딩에 사용된다. 또한 gamma 매개변수는 false로 설정된 경우 계절 모델링에 사용된다. 이는 할인 코드가 계절적 요인에 영향을 받는지 여부를 결정하기에 충분한 전년 대비 데이터가 모델에 없기 때문이다.

 beta 및 gamma 매개변수뿐 아니라 R에서 일반적으로 쓰이는 Holt-Winters 예측에 대해 자세히 알려면, 콘솔에서 ?HoltWinters를 실행한다.

Holt-Winters 방법의 다음 단계는 지난 52주를 기준으로 2개월의(또는 여덟 개 기간의) 할인을 예측하는 것이다. 이것은 다음 스크립트에서 볼 수 있듯이 여덟 개의 기간을 예측하는 것과 같다.

```
install.packages('forecast')
library('forecast')

discountforecasts_8periods <- forecast.HoltWinters(discountforecasts, h=8)
plot.forecast(discountforecasts_8periods, ylab='Discount', xlab = 'Weeks
(1-60)', main = 'Forecasting 8 periods')
```

스크립트의 출력은 다음과 같다.

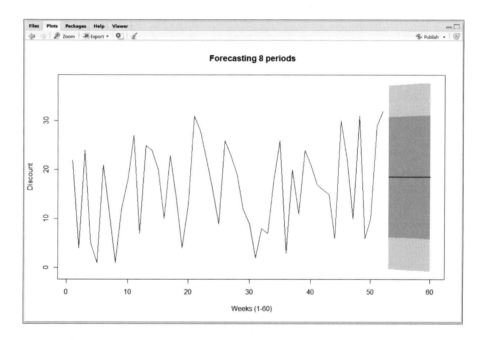

예측 영역의 중간에 있는 직선은 평균을 나타낸다. 어두운 음영색은 평균으로부터의 상한과 하한을 나타내고, 밝은 음영색은 아웃라이어 점에 더 가까운 영역을 나타낸다.

다음 스크립트를 사용해 세 가지 플롯을 모두 비교할 수 있다.

```
par(mfrow=c(3,1))

plot.ts(Query1_TS, xlab = 'Week (1-52)', ylab = 'Discount', main = 'Time
Series of Discount Code by Week')
```

```
discountforecasts <- HoltWinters(Query1_TS, beta=FALSE, gamma=FALSE)
plot(discountforecasts)

discountforecasts_8periods <- forecast.HoltWinters(discountforecasts, h=8)
plot.forecast(discountforecasts_8periods, ylab='Discount', xlab = 'Weeks
(1-60)', main = 'Forecasting 8 periods')
```

스크립트의 출력은 다음과 같다.

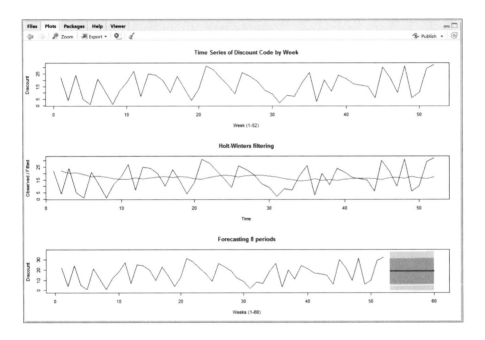

세 차트를 모두 하나로 결합하면, x축을 표준화하고 패턴을 더 잘 비교할 수 있는 것과 같은 많은 기능을 지원할 수 있다.

R Markdown을 사용해 코드 서식을 지정하고 게시하기

이제 5장에서 노동의 결실을 소비자들에게 전달하는 데 초점을 맞추는 부분에 도달했다. 소비자는 이 정보를 사용자에게 다시 가져가 그것으로부터 실질적인 정보를 생성할 것이다. 이를 수행하려면 결과를 동적dynamic 리포트에 전달해야 한다. 우리는 RStudio에서 이 작업을 R Markdown를 사용해 수행할 수 있다. R Markdown은 슬라이드 쇼, 워드Word 문서, PDF 파일, HTML 웹 페이지에 게시할 수 있는 R 코드가 포함된 재현 가능 리포트를 허용하는 형식이다.

R Markdown 시작하기

R Markdown 문서는 확장자가 .RMD며, 다음과 같이 RStudio의 메뉴 막대에서 R Markdown을 선택하면 생성된다.

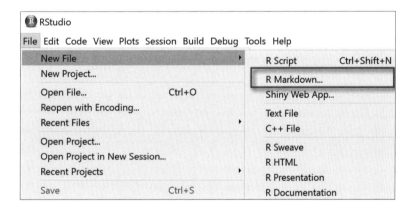

R Markdown 리포트를 처음 작성하는 경우, 다음 스크린샷과 같이 R Markdown이
작동하도록 추가 패키지를 설치하라는 메시지가 나타날 수 있다.

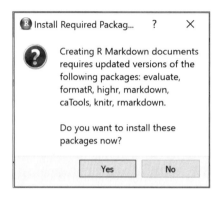

패키지가 설치되면 다음과 같이 제목, 작성자, 기본 출력 형식을 정의할 수 있다.

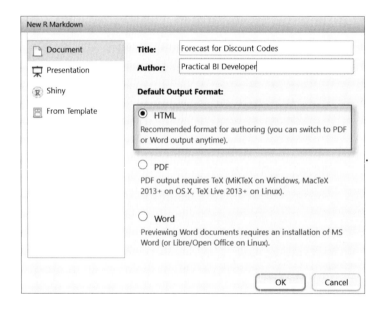

앞으로 HTML 출력을 사용할 것이며, R Markdown 문서의 기본 출력은 다음과 같이 나타날 것이다.

```
1  ---
2  title: "Forecast for Discount Codes"
3  author: "Practical BI Developer"
4  date: "August 3, 2016"
5  output: html_document
6  ---
7  |
8  ```{r setup, include=FALSE}
9  knitr::opts_chunk$set(echo = TRUE)
10 ```
11
12 ## R Markdown
13
14 This is an R Markdown document. Markdown is a simple formatting syntax for authoring HTML, PDF,
   and MS Word documents. For more details on using R Markdown see <http://rmarkdown.rstudio.com>.
15
16 When you click the **Knit** button a document will be generated that includes both content as
   well as the output of any embedded R code chunks within the document. You can embed an R code
   chunk like this:
17
```

R Markdown 기능 및 구성 요소

우리는 이전 스크린샷에서 더 나아가 7행 아래의 모든 것을 삭제할 수 있다. 이를 통해 우리의 임베디드 코드와 서식으로 템플릿을 만들 것이다.

헤더 레벨은 제목 앞에 #을 사용해 생성할 수 있다. 가장 큰 폰트 사이즈는 단일 #을 가지며, 이후에 #을 추가하면 헤더 레벨 폰트가 줄어든다. 실제 R 코드를 리포트에 포함하고자 할 때마다, 다음에 표시된 아이콘을 클릭해 코드 덩어리 안에 포함시킬 수 있다.

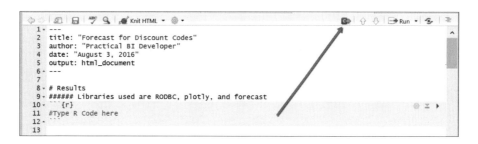

아이콘이 선택되면 두 개의 ``` 문자 사이에 음영 처리된 영역이 만들어진다. 이 영역에서 RStudio에서 사용되는 것과 동일한 R 코드를 생성할 수 있다. 생성된 헤더 중 첫 번째 헤더는 결과에 대한 것을, 그다음 헤더는 리포트를 생성하는 데 사용된 라이브러리를 나타낼 것이다. 헤더는 다음 스크립트를 사용해 생성할 수 있다.

```
# 결과
###### 사용된 라이브러리는 RODBC, plotly, forecast다
```

R Markdown 내부에서 R 코드 실행하기

다음 단계는 리포트를 생성하는 데 필요한 라이브러리를 호출하는 코드 조각 내부에서 실제 R 코드를 실행하는 것이다. 이 단계는 다음 스크립트를 사용해 수행된다.

```{r}
# 최종 사용자에게는 필요하지 않으므로
# 로드된 실제 라이브러리가 표시되지 않는다
library('RODBC')
library('plotly')
library('forecast')
```

그런 다음 메뉴 바의 Knit HTML 아이콘을 클릭해 R Markdown에서 코드 결과에 대한 프리뷰를 생성할 수 있다. 안타깝게도 이 라이브러리 정보 출력은 최종 사용자에게는 유용하지 않다.

R Markdown에 대한 팁 내보내기

리포트 출력은 패키지 호출 결과인 모든 메시지와 잠재적 경고를 포함한다. 이 정보는 리포트 소비자에게 유용하지 않다. R 개발자에게는 다행스럽게도 이러한 유형의 메시지는 숨길 수 있다. R로 쓰여진 코드 조각을 조정해 다음 로직을 스크립트에 포함시키면 된다.

```
```{r echo = FALSE, results = 'hide', message = FALSE}
```
```

리포트에 R 코드를 계속 포함시켜 SQL Server 데이터베이스에 대한 쿼리를 실행하고, 데이터프레임 요약 데이터와 세 가지 주요 플롯을 생성할 수 있다. 세 가지 주요 플롯은 시계열 플롯[time series plot], 관측 대 적합 스무딩[observed versus fitted smoothing], 그리고 Holt-Winters 예측이다.

```
##### ODBC를 통해 Data Source에 연결하기
```{r echo = FALSE, results = 'hide', message = FALSE}
connection_SQLBI<-odbcConnect("SQLBI")
```
```

```r
# Connection Details 가져오기
connection_SQLBI

## 쿼리 가져오기(fetching) 시작 ##
SQL_Query_1<-sqlQuery(connection_SQLBI,
        'SELECT [WeekInYear]
        ,[DiscountCode]
        FROM [AdventureWorks2014].[dbo].[DiscountCodebyWeek]' )
## 쿼리 가져오기(fetching) 종료 ##

# 테이블 조작 시작
colnames(SQL_Query_1)<- c("Week", "Discount")
SQL_Query_1$Weeks <- as.numeric(SQL_Query_1$Week)
SQL_Query_1<-SQL_Query_1[,-1] #removes first column
SQL_Query_1<-SQL_Query_1[c(2,1)] #reverses columns 1 and 2
# 테이블 조작 종료
```

첫 여섯 행 데이터 프리뷰
```{r echo = FALSE, message= FALSE}
head(SQL_Query_1)
```

테이블 관측 요약
```{r echo = FALSE, message= FALSE}
str(SQL_Query_1)
```

시계열 및 예측 플롯
```{r echo = FALSE, message= FALSE}
Query1_TS<-ts(SQL_Query_1$Discount)

par(mfrow=c(3,1))
plot.ts(Query1_TS, xlab = 'Week (1-52)', ylab = 'Discount', main = 'Time
Series of Discount Code by Week')

discountforecasts <- HoltWinters(Query1_TS, beta=FALSE, gamma=FALSE)
plot(discountforecasts)
```

```
discountforecasts_8periods <- forecast.HoltWinters(discountforecasts, h=8)
plot.forecast(discountforecasts_8periods, ylab='Discount', xlab = 'Weeks
(1-60)', main = 'Forecasting 8 periods')
```

최종 출력

R Markdown은 출력 결과를 게시하기 전에 개발자에게 최종 제품을 멋지게 포장할
기회를 제공한다. 리포트에 로고 이펙트를 추가해보자. 이 작업은 R Markdown의
모든 행에 다음 코드를 적용해 수행할 수 있다.

```
![](http://website.com/logo.jpg)   # 이미지는 웹사이트에 있다
![](images/logo.jpg)      # 이미지가 로컬 컴퓨터에 있다
```

첫 번째 옵션은 웹사이트로부터 이미지를 추가하고, 두 번째 옵션은 로컬에서 이미
지를 추가한다. 다음 스크린샷과 같이 R Markdown의 Results 섹션 바로 위에 팩
트출판사 로고를 추가해보자.

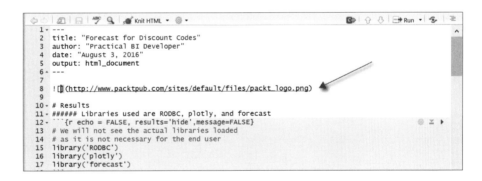

R Markdown 문서 커스터마이징에 대한 자세한 내용은 http://rmarkdown.
rstudio.com/authoring_basics.html에서 참조할 수 있다.

R Markdown 출력 결과를 미리 볼 준비가 되면, 메뉴에서 Knit to HTML 버튼을 다시 한 번 선택할 수 있다. 새 리포트는 다음 스크린샷과 같다.

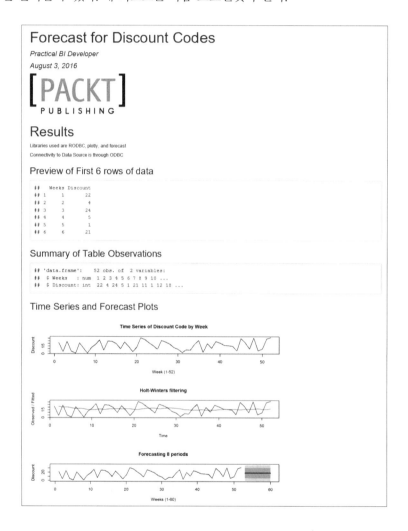

최종 출력에서 알 수 있듯이, R 코드가 R Markdown 문서에 포함돼 있어도 불필요한 기술적 출력을 억제하고 최종 사용자와 리포트 소비자에게 가장 이익이 되는 관련 테이블, 필드, 차트를 표시할 수 있다.

R을 Microsoft Power BI로 내보내기

R은 사용자에게 리포트를 제공하는 데 사용되는 훌륭한 독립 실행형 툴이지만, Microsoft Power BI와 같은 여러 BI 툴에 통합되는 언어이기도 하다. 3장, '엑셀로 분석하고 Power BI로 인터랙티브 맵과 차트 만들기'에서 Power BI를 마지막으로 살펴봤을 때, 우리는 Microsoft SQL Server 쿼리에서 가져온 데이터를 시각화하는 데 중점을 뒀다. 당신은 Power BI를 통해 직접 데이터를 가져올 수 있는 경우에 R을 통해 데이터를 가져와야 하는 이유를 물을지도 모른다. 앞서 데이터를 예측할 때 봤던 것처럼, R은 원본 데이터 집합에 적용된 여러 라이브러리를 기반으로 데이터 포인트를 생성할 수 있다. 이렇게 생성된 데이터는 원래 데이터 집합으로 쉽게 병합될 수 있다. Power BI의 시각화에 부가 가치를 가져오는 것은 이 병합^{merging}된 데이터 집합이다.

R의 데이터프레임에 새 열 병합하기

5장에서 사용된 원본 데이터프레임은 SQL_Query_1이라고 불리며 주별 할인 코드가 포함됐다. 주간 포인트의 활동을 가장 잘 나타내는 직선을 찾기 위해서는 이 데이터 집합에 간단한 선형 회귀 모델^{linear regression model}을 구현할 수 있다. 새로운 R 스크립트인 다음 코드에서 볼 수 있듯이, 선형 회귀 모델을 구현하면 직선의 피팅된 점을 원본 데이터 집합으로 병합할 수 있다.

```
library('RODBC')
connection_SQLBI<-odbcConnect("SQLBI")

SQL_Query_1<-sqlQuery(connection_SQLBI,
                'SELECT [WeekInYear]
                ,[DiscountCode]
                FROM [AdventureWorks2014].[dbo].[DiscountCodebyWeek]'
)

attach(SQL_Query_1)
```

```
## 열 이름 변경하기 ##
colnames(SQL_Query_1)<- c("Week", "Discount")

SQL_Query_1$Weeks <- as.numeric(SQL_Query_1$Week)
SQL_Query_1<-SQL_Query_1[c(1,3,2)]  # 1열과 2열을 뒤집기

attach(SQL_Query_1)
linear_regression<-lm(Discount~Weeks, SQL_Query_1)

Regression_Dataframe<-cbind(SQL_Query_1, Fitted=fitted(linear_regression))
head(Regression_Dataframe)
```

원본 데이터프레임은 그대로 유지되지만, 선형 회귀 모델의 Fitted 데이터에 대해
SQL_Query_1을 새 열로 병합한 추가 데이터프레임을 만들었다. 이 새로운 데이터
프레임은 Regression_Dataframe이라 불리며, 처음 여섯 행은 다음 스크린샷과
같다.

```
> head(Regression_Dataframe)
  Week Weeks Discount    Fitted
1 "01"     1       22 13.65602
2 "02"     2        4 13.75775
3 "03"     3       24 13.85947
4 "04"     4        5 13.96120
5 "05"     5        1 14.06292
6 "06"     6       21 14.16465
```

다음 단계는 새로운 데이터프레임을 Microsoft Power BI에 통합하는 것이다.

R을 Microsoft Power BI와 통합하기

Microsoft Power BI를 시작하면, 다음 스크린샷과 같이 메뉴 바의 **Home** 탭에서 **Get Data**와 **R Script**를 차례로 선택해 R 데이터 소스를 가져올 수 있다.

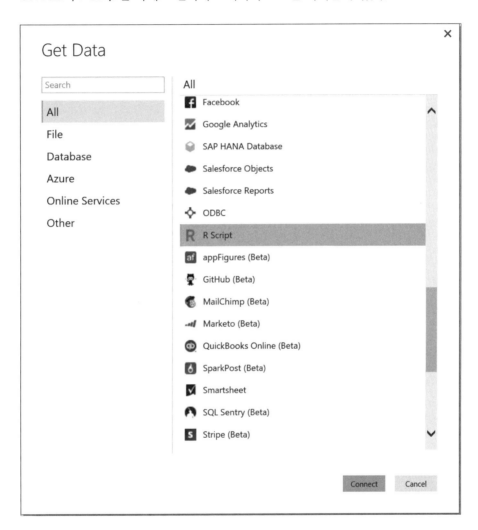

Connect 버튼을 선택하면, R 코드에 붙여 넣을 스크립트 편집기 박스가 표시된다.

또한 **Execute R Script** 박스에서 다음과 같이 R의 설치 위치를 확인할 수 있다. R is installed at C:\Program Files\R\R-3.2.5 스크립트가 성공적으로 실행되면 시각화에 필요한 모든 적절한 데이터프레임을 선택할 수 있는 Navigator 창이 나타난다. 이는 다음 스크린샷에서 확인할 수 있다.

Regression_Dataframe만 추가적인 시각화를 위해 선택한다. 그러고 나면 시각화를 위해 모든 데이터프레임 필드를 선택할 수 있게 된다. 다음 스크린샷과 같이 적절한 필드를 선택할 수 있다.

적절한 필드가 선택되고 나면 다음 스크린샷과 같이 디폴트 시각화는 데이터 테이블이다.

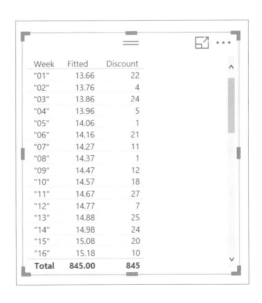

데이터 테이블은 예상대로 데이터가 소스로부터 전달되는지 확인하기 좋은 최종 점검이다. 데이터 유효성을 검사하고 나면, 다음과 같이 기본 시각화를 선택해 선형 차트와 같은 다른 시각화로 변환할 수 있다.

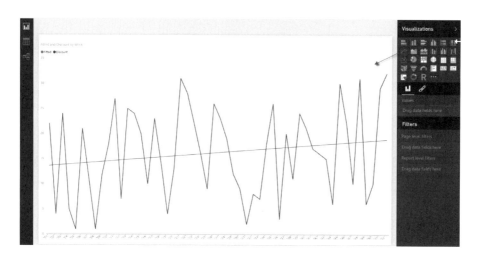

최종 선형 차트는 주간 Discount 대 Week 관계뿐 아니라 Fitted 라인을 시각화한다. Fitted 라인은 R의 모델로부터 개발된 간단한 선형 회귀 관계에 의해 생성된다.

요약

지금까지 R에 대한 많은 주제를 다뤘다. 우선 RStudio와 R Markdown의 리포팅 기능을 극대화해 일반적인 비즈니스 인텔리전스 사례를 R 코드와 융합하는 것을 살펴봤다. 또한 R을 Microsoft Power BI 등의 시각화 툴과 통합하는 것을 다뤘다. 먼저 ODBC를 사용해 SQL Server에 대한 실시간 연결로 데이터를 연결하고 데이터프레임을 생성하는 것으로 시작했다. 그런 다음 R의 기본 및 고급 플롯 생성에 대해 탐구해서 예측 및 스무딩 기능을 갖춘 시계열 그래프를 만들었다.

6장에서는 Jupyter Notebook을 사용해 유사한 BI 리포팅 방법론을 파이썬에 가져올 것이다.

6

파이썬으로 히스토그램과 정규분포도 만들기

파이썬은 1980년대 후반에 만들어진 범용 프로그래밍 언어로, 예전부터 존재해왔지만 뒤늦게 인기를 얻었다. 특히 데이터 과학 및 데이터 시각화 커뮤니티에서 인기가 급증했다. 실제로, 다음 스크린샷에서 볼 수 있듯이 2016년 CodeEval이 수행한 연구 결과에서 파이썬은 가장 인기 있는 코딩 언어였다.

2015 Rank		2015	Change%	2014	Change%	2013	Change%
1	Python	26.67%	-14.64%	31.24%	3.10%	30.30%	5.21%
2	Java	22.58%	15.37%	19.57%	-11.85%	22.20%	-13.95%
3	C++	9.96%	1.76%	9.79%	-24.70%	13.00%	3.17%
4	C#	9.39%	27.37%	7.37%	47.37%	5.00%	100.00%
5	C	7.37%	21.37%	6.07%	48.14%	4.10%	-16.33%
6	JavaScript	6.88%	6.09%	6.48%	24.66%	5.20%	33.33%
7	Ruby	5.88%	-17.27%	7.11%	-32.90%	10.60%	10.42%
8	PHP	3.82%	5.45%	3.62%	9.84%	3.30%	-54.79%
9	Haskell	1.77%	17.24%	1.51%	25.83%	1.20%	
10	Go	1.27%	-44.00%	2.26%	50.67%	1.50%	-25.00%

사용된 연구의 순위를 매기는 방법론과 모든 코딩 언어에 대한 전체적인 평가는 http://blog.codeeval.com/codeevalblog/2016/2/2/most-popular-coding-languages-of-2016에서 찾을 수 있다.

파이썬은 강력하고 열정적인 개발자 커뮤니티를 보유하고 있다. 개발자 커뮤니티가 파이썬 생태계 내에 일으킨 많은 혁신은 파이썬이 비즈니스 인텔리전스와 같은 다른 분야로 확장될 수 있게 했다.

기존 파이썬 프로그래밍과 비즈니스 인텔리전스 사이의 가장 큰 격차가 좁혀지게 된 계기는 IPython Notbook의 생성과 관련이 있다. RStudio가 R에 인터랙션을 도입한 것과 유사하게 IPython Notebook은 파이썬 프로그래밍에 인터랙티브 컴퓨팅과 시각화를 도입했다. 이 수준의 인터랙션은 결과 및 데이터를 좀 더 형식화해 전달하므로 기존 프로그래밍 언어의 새로운 기능이라 할 수 있다.

최근에 IPython Notebook은 줄리아^{Julia}, 파이썬, R 프로그래밍 플랫폼을 결합한 Jupyter Notebook으로 발전했다. 파이썬을 사용하는 IPython Notebook의 성공으로 다른 프로그래밍 언어도 비슷한 인터랙션 플랫폼을 지향하게 됐고, 그 결과 Jupyter Notebook이 만들어졌다. 6장의 전체 파이썬 코드는 Jupyter Notebook에 내장되고(PyCharm을 활용해) Jupyter Notebook을 사용해 전달될 것이다.

 http://jupyter.org/에서 Jupyter Notebook에 대한 자세한 내용을 볼 수 있다.

Jupyter Notebook의 기여 외에도, 파이썬을 데이터 분석 및 시각화를 위한 강력한 툴로 만든 중요한 라이브러리가 만들어졌다. 라이브러리는 다음과 같다.

- pandas
- NumPy
- matplotlib

당신은 "파이썬은 특출난 한 가지는 없지만, 모든 면에서 훌륭하다."라는 말을 들어 봤을 것이다. 이 점은 6장에서 파이썬으로 히스토그램과 정규분포도를 작성하면서 더욱 분명해질 것이다. 여기서 막대 그래프와 히스토그램을 혼동해서는 안 된다. 차원 및 측정 값 열이 있는 모든 데이터 집합은 막대형 차트로 나타낼 수 있다. 히스토그램과의 차이점은 단일 측정 값의 빈도를 지속적으로 플롯해 데이터의 분포뿐만 아니라 아웃라이너를 식별할 수 있다는 것이다.

6장에서는 다음 내용을 다룬다.

- 인적 자원 데이터에 대한 SQL Server 쿼리 준비하기
- 파이썬과 SQL Server 연결하기
- 파이썬으로 히스토그램 시각화하기
- 파이썬으로 정규분포 플롯 시각화하기
- 히스토그램과 정규분포 결합하기
- 파이썬 대체 플롯팅 라이브러리
- Jupyter Notebook 게시하기

인적 자원 데이터에 대한 SQL Server 쿼리 준비하기

이전 장에서 봤듯이, 우선 파이썬으로 시각화할 데이터를 준비한다. 다음 데이터 집합은 AdventureWorks 사의 인사 부서에 관련된 데이터인데, 쿼리를 통해 각 직업군이 사용할 수 있는 총 휴가 시간을 가져올 수 있다. 이 쿼리에 대한 데이터는 AdventureWorks 데이터베이스의 Employee 테이블에서 사용할 수 있으며, 다음 SQL문을 사용해 필요한 결과를 생성할 수 있다.

```
SELECT
[JobTitle]
,sum([VacationHours]) as VacationHours

FROM [AdventureWorks2014].[HumanResources].[Employee]
group by [JobTitle]
order by [VacationHours] asc;
```

처음 10개의 행에 대한 SQL문의 결과는 다음 스크린샷에서 확인할 수 있다.

이 쿼리 결과의 전체 데이터 집합은 정규분포도뿐만 아니라 히스토그램의 기초가 된다.

파이썬과 Microsoft SQL Server 연결하기

파이썬으로 데이터를 시각화하기 전에 먼저 파이썬과 Microsoft SQL Server를 연결해야 한다. 2장, '웹 스크래핑'과 마찬가지로, 개발용 IDE로 PyCharm을 계속 사용할 것이다. 파이썬 프로젝트 개발에 무료로 사용 가능한 많은 IDE가 있으므로, 다른 툴을 사용해 개발하는 경우에도 6장의 내용을 따라갈 수 있을 것이다.

PyCharm에서 새 프로젝트 시작하기

PyCharm을 시작할 때 2장, '웹 스크래핑'에서 만들어졌던 이전 프로젝트를 계속 열어놓을 수 있다. 프로젝트를 분리하고자 하므로, 다음 스크린샷과 같이 File 및 Close Project를 선택해 이 프로젝트를 닫는다.

다음 스크린샷과 같이 메인 메뉴에서 Create New Project를 선택해 새 프로젝트를 시작할 수 있다.

이후 다음 스크린샷과 같이, 필요한 버전의 파이썬을 사용하고 있는지 확인하고 작업을 저장하기 위해 Location과 Interpreter를 선택한다.

이 프로젝트에서 우리는 2장, '웹 스크래핑'에서와 동일하게 3.4.4 버전의 파이썬을 계속 사용한다. IDE를 사용해 개발하는 것의 장점 중 하나는 버전이 다른 파이썬을 각기 다른 프로젝트로 혼동 없이 분류할 수 있다는 점이다.

 2장, '웹 스크래핑'에서는 다른 파이썬 라이브러리와 함께 Jupyter 라이브러리를 설치했었다. 설치하지 않았다면 PyCharm을 이용하거나 명령 라인에 다음 명령을 실행시켜 라이브러리를 설치해야 한다.

```
pip install jupyter
```

프로젝트가 생성되면 다음 스크린샷과 같이 프로젝트를 마우스 오른쪽 버튼으로 클릭해 새로운 Jupyter Notebook 파일을 생성할 수 있다.

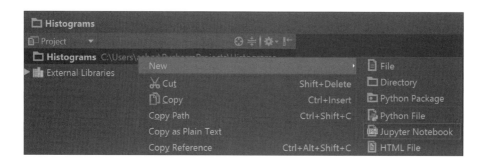

 예전 버전의 PyCharm을 사용하는 경우에는 Jupiter Notebook이 IPython Notebook으로 불릴 수 있음을 알아두자.

노트북은 어떤 이름으로도 불릴 수 있는데 우리는 Histograms.ipynb라고 부를 것이다. 노트북 확장자는 다음 스크린샷에서 볼 수 있듯이 IPython Notebook의 레거시 이름을 참조하는 ipynb로 표시된다.

Jupyter Notebook 서버를 활성화하기 위해 셀^{cell}에서 다음을 실행한다.

```
print('Histogram Example')
```

그리고 다음 스크린샷과 같이 스크립트를 실행한다.

첫 번째 코드 행을 실행하면 다음 스크린샷과 같이 Jupyter Notebook의 서버 주소
가 자동으로 트리거된다.

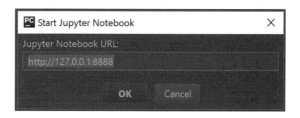

OK 버튼을 클릭해 Jupyter Notebook 서버 127.0.0.1:8888이 활성화됐는지 확인한다.

다음 스크린샷과 같이 Jupyter Notebook URL을 복사해 구글 크롬과 같은 브라우
저에 붙여넣자.

프로젝트 폴더에 있는 모든 파일을 볼 수 있는데, 아직까지는 프로젝트의 유일한 파일인 Histograms.ipynb만 리스트에 존재한다. 이 시점부터 개발은 PyCharm 내부에서가 아닌 Jupyter Notebook 브라우저에서 이뤄진다. Jupyter Notebook 서버는 PyCharm이 로컬에서 실행되는 한 계속 활성화된다.

 https://www.jetbrains.com/help/pycharm/2016.1/tutorial-using-ipython-jupyter-notebook-with-pycharm.html을 방문하면 PyCharm으로 IPython/Jupyter Notebook을 사용하는 방법을 더 자세히 배울 수 있다.

수동으로 파이썬 라이브러리 설치하기

2장, '웹 스크래핑'에서 파이썬 라이브러리를 로컬 머신에 설치하는 방법을 배웠다. PyCharm은 파이썬 라이브러리 설치, 제거, 업그레이드를 위한 사용자 친화적인 내장 인터페이스를 제공한다. 대다수의 라이브러리는 PyCharm을 통한 직접 설치만을 필요로 한다. 그러나 윈도우 시스템에서는 특히 설치가 더 어려워질 수 있는 SciPy와 같은 하위 라이브러리도 있다.

SciPy는 데이터 과학 알고리즘에서 과학적 컴퓨팅에 자주 사용되는 파이썬 라이브러리며 엔지니어, 수학자, 과학자들에게도 널리 사용된다.

 SciPy에 대한 자세한 내용을 보려면 https://www.scipy.org를 방문한다.

이 책의 목적을 위해 SciPy 라이브러리를 이용해 히스토그램에 수반되는 정규분포 곡선을 만들 것이다. PyCharm을 사용하는 일반적인 방식으로 SciPy 라이브러리를 설치하려 할 때 때때로 다음 스크린샷과 같은 에러가 발생할 수 있다.

```
Failed to install package 'scipy'                                    ×

Executed command:
    pip install scipy
Error occurred:
  ⊗  numpy.distutils.system_info.NotFoundError: no lapack/blas resources
     found
Proposed solution:
    Try to run this command from the system terminal. Make sure that you
    use the correct version of 'pip' installed for your Python interpreter
    located at 'C:\Python34\python.exe'.
```

에러 메시지의 **Proposed solution**은 명령 프롬프트를 이용해 C:\Python34\python.exe 경로에 라이브러리를 수동으로 설치할 것을 권장한다.

다음 명령을 실행할 때 여전히 같은 오류가 발생할 수 있다.

`pip install scipy`

두 방법이 모두 실패한다면, 수동으로 라이브러리를 설치하는 방법밖에 없다. 인기 있는 라이브러리는 보통 설치 방법을 알려주는 자체 웹사이트가 있다. SciPy의 경우 https://www.scipy.org/install.html에서 라이브러리 다운로드 및 설치에 대한 정보를 찾을 수 있다.

페이지를 아래로 스크롤해 Windows packages 섹션으로 이동하면, 크리스토프 골케Christoph Gohlke라는 개인이 제공하는 윈도우용 설치 프로그램이 보일 것이다. 이 프로그램은 SciPy를 포함하는 여러 파이썬 라이브러리용으로 미리 빌드돼 있다. 크리스토프 골케의 파이썬 패키지 저장소는 http://www.lfd.uci.edu/~gohlke/pythonlibs/에서 찾을 수 있다.

크리스토프 골케의 파이썬 패키지 리스트를 아래로 스크롤하면, 다음 스크린샷과 같이 다운로드 가능한 모든 SciPy 버전을 볼 수 있다.

SciPy is software for mathematics, science, and engineering.
Requires numpy+mkl.
Install numpy+mkl before installing scipy.
scipy-0.18.1-cp27-cp27m-win32.whl
scipy-0.18.1-cp27-cp27m-win_amd64.whl
scipy-0.18.1-cp34-cp34m-win32.whl
scipy-0.18.1-cp34-cp34m-win_amd64.whl
scipy-0.18.1-cp35-cp35m-win32.whl
scipy-0.18.1-cp35-cp35m-win_amd64.whl
scipy-0.18.1-cp36-cp36m-win32.whl
scipy-0.18.1-cp36-cp36m-win_amd64.whl

이 책에서는 64비트 윈도우 머신에서 파이썬 3.4.4를 사용하기 때문에 SciPy 버전 중에서 scipy-0.18.1-cp34-cp34m-win_amd64.whl을 다운로드한다.

그런 다음 빌드 파일을 파이썬 인터프리터 위치에 저장할 수 있다. 여기서 내 인스턴스는 C:\Python34\python.exe에 위치한다. 파일을 적절한 위치에 저장하고 나면 명령 프롬프트에서 다음을 실행할 수 있다.

```
C:\Python34> pip install scipy-0.18.1-cp34-cp34m-win_amd64.whl
```

실행이 성공하면, 명령 윈도우에 Successfully installed scipy-0.18.1이라는 메시지가 나타날 것이다.

```
C:\WINDOWS\system32\cmd.exe

C:\Python34>pip install scipy-0.18.1-cp34-cp34m-win_amd64.whl
Processing c:\python34\scipy-0.18.1-cp34-cp34m-win_amd64.whl
Installing collected packages: scipy
Successfully installed scipy-0.18.1
```

PyCharm 외부에서 라이브러리를 수동으로 설치할 때마다 PyCharm이 설치된 라이브러리를 식별하고 패키지 리스트에 추가했는지 확인하자. SciPy 또는 기타 파이썬 라이브러리가 수동으로 올바르게 설치됐는지 확인하는 또 다른 방법은 PyCharm에서 라이브러리의 Project Interpreter 목록을 보고 SciPy를 찾는 것이다. PyCharm에서 Ctrl + Alt + S를 눌러 Settings 메뉴로 이동한 다음, 프로젝트 이름을 확장해 Project Interpreter를 볼 수 있는 상태가 되면 다음 스크린샷과 같이 Project Interpreter에 접근할 수 있다.

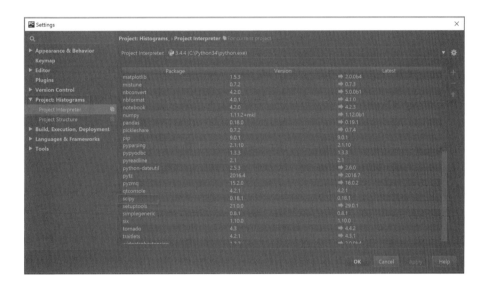

SciPy가 설치된 라이브러리 리스트에 올라와 있으므로 계속 진행할 수 있다.

PyPyODBC 라이브러리와 연결 설정하기

파이썬은 ODBC 인터페이스 모듈로 작동하는 매우 강력한 라이브러리인 PyPyODBC를 가진다. 이 라이브러리를 PyCharm이나 명령 프롬프트를 통해 설치한다.

```
pip install pypyodbc
```

이제 파이썬과 Microsoft SQL Server 데이터베이스 사이에 신뢰할 만한 연결을 설정할 준비를 마쳤다. Jupyter Notebook에서 코드 행을 실행시킬 때마다, 다음 스크린샷과 같이 Insert 드롭다운을 클릭하고 Insert Cell Below를 선택한다.

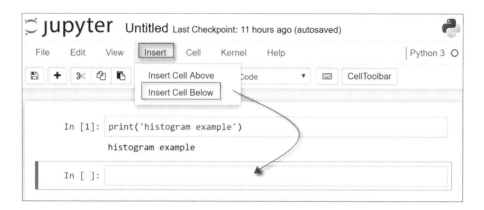

코드의 각 블록은 Jupyter 내의 셀로 간주된다. 다음 스크린샷과 같이 Cell 드롭다운 메뉴에서 Run Cells를 선택해 각 셀을 개별적으로 실행하거나 Run All을 선택해 한꺼번에 실행할 수 있다.

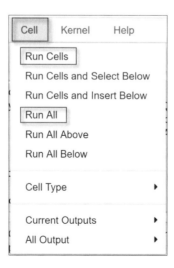

다음 스크립트는 우리 노트북에 PyPyODBC 라이브러리를 임포트하고 SQL Server AdventureWorks2014 데이터베이스에 연결을 설정한다.

```
import pypyodbc
connection = pypyodbc.connect(driver='{SQL Server}',
                                  server='localhost\SQLBI',
                                  database='AdventureWorks2014',
                                  trusted_connection='yes')


connection.getinfo


cursor = connection.cursor()
```

 서버 이름은 SQLBI라는 Microsoft SQL Server의 로컬 인스턴스를 사용한다는 것을 기억하자. 다른 이름으로 인스턴스를 정의한 경우 연결을 위한 서버 매개변수에서 해당 이름을 사용한다.

다음 스크린샷과 같이, Jupyter에 이 스크립트를 삽입해 실행시킬 수 있다.

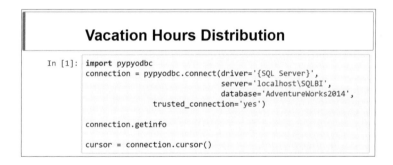

Jupyter Notebook에서 스크립트가 성공적으로 실행되면, 순차적인 숫자가 입력 input을 나타내는 In[] 안에 나타난다.

 PyPyODBC 패키지에 대한 자세한 내용을 보려면 https://pypi.python.org/pypi/pypyodbc를 방문하자.

파이썬 안에서 SQL 쿼리 만들기

다음 단계는 Query 변수를 사용해 6장의 앞부분에서 개발한 것과 동일한 SQL Server 쿼리를 다시 빌드하는 것이다. 다음 스크립트를 사용해 이 작업을 수행할 수 있다.

```
Query = ("SELECT [JobTitle],sum([VacationHours]) as VacationHours FROM"
  "[AdventureWorks2014].[HumanResources].[Employee]"
  "group by [JobTitle]"
  "order by [VacationHours] asc")
```

세 번째 코드 셀로서 스크립트는 Jupyter Notebook에서 다음과 같이 표시된다.

```
In [3]:  Query = ("SELECT [JobTitle],sum([VacationHours]) as VacationHours FROM"
                  "[AdventureWorks2014].[HumanResources].[Employee]"
                "group by [JobTitle]"
                "order by [VacationHours] asc")
```

SQL문은 그대로 유지돼야 한다. 그러나 SQL문의 각 행은 큰따옴표로 시작하고 끝난다. 이것은 Query 변수가 연결돼 있는 데이터베이스가 이해할 수 있는 문자열로 SQL을 읽을 수 있는지 확인하기 위함이다.

스크립트의 다음 행은 다음과 같다.

```
cursor.execute(Query)
results = cursor.fetchall()
type(results)
```

이 스크립트는 쿼리를 실행하고 쿼리 결과를 results 변수에 저장한 후 results 변수의 출력 타입을 표시해준다.

```
In [6]:  cursor.execute(Query)
         results = cursor.fetchall()
         type(results)

Out[6]:  list
```

`cursor.fetchall()` 함수를 사용하면 데이터 제한 없이 모든 결과를 가져올 수 있다. 쿼리 문에서 하나의 구성 요소만 가져오려면, `cursor.fetchone()` 함수를 대신 사용한다. 이 경우 result 변수의 타입은 list인데, 이 정보는 type() 함수를 통해 알 수 있다. 파이썬의 리스트는 당신이 이미 알고 있는 대로 쉼표로 구분된 값 목록을 말한다.

results 변수의 출력은 다음 스크립트를 실행시켜 간단히 확인할 수 있다.

```
print(results)
```

Jupyter Notebook에서 실행시키면 다음 결과를 볼 수 있다.

```
In [5]:  print(results)

[('Chief Financial Officer', 0), ('Vice President of Engineering', 1), ('Engineering Manager', 2), ('Senior Design Engineer',
 3), ('Vice President of Sales', 10), ('North American Sales Manager', 14), ('Design Engineer', 15), ('Tool Designer', 17), ('P
acific Sales Manager', 20), ('European Sales Manager', 21), ('Marketing Manager', 40), ('Production Control Manager', 43), ('Ma
ster Scheduler', 44), ('Purchasing Manager', 49), ('Benefits Specialist', 51), ('Human Resources Manager', 54), ('Finance Manag
er', 55), ('Senior Tool Designer', 55), ('Assistant to the Chief Financial Officer', 56), ('Accounts Manager', 57), ('Vice Pres
ident of Production', 64), ('Information Services Manager', 65), ('Network Manager', 68), ('Research and Development Manager',
 77), ('Document Control Manager', 77), ('Quality Assurance Manager', 80), ('Quality Assurance Supervisor', 81), ('Facilities M
anager', 86), ('Facilities Administrative Assistant', 87), ('Maintenance Supervisor', 92), ('Shipping and Receiving Superviso
r', 93), ('Recruiter', 99), ('Chief Executive Officer', 99), ('Purchasing Assistant', 101), ('Human Resources Administrative As
sistant', 105), ('Accountant', 117), ('Production Supervisor - WC20', 123), ('Research and Development Engineer', 125), ('Marke
ting Assistant', 126), ('Accounts Payable Specialist', 127), ('Database Administrator', 133), ('Network Administrator', 139),
 ('Control Specialist', 151), ('Document Control Assistant', 157), ('Accounts Receivable Specialist', 183), ('Scheduling Assist
ant', 186), ('Shipping and Receiving Clerk', 189), ('Production Supervisor - WC10', 198), ('Production Supervisor - WC30', 20
7), ('Production Supervisor - WC40', 216), ('Production Supervisor - WC45', 225), ('Marketing Specialist', 230), ('Production T
echnician - WC20', 231), ('Production Supervisor - WC50', 234), ('Production Supervisor - WC60', 243), ('Application Specialis
t', 290), ('Stocker', 291), ('Quality Assurance Technician', 334), ('Janitor', 358), ('Sales Representative', 434), ('Buyer', 5
04), ('Production Technician - WC60', 689), ('Production Technician - WC30', 850), ('Production Technician - WC45', 1200), ('Pr
oduction Technician - WC50', 1213), ('Production Technician - WC40', 1547), ('Production Technician - WC10', 1547)]
```

파이썬으로 데이터프레임 만들기

리스트 형식은 결과를 보고 파이썬 쿼리가 기존 SQL Server 쿼리에 제대로 연결돼 있는지 확인하는 데 충분하다. 그러나 시각화 또는 데이터 분석을 수행하는 데에는 이상적이지 않다. 따라서 5장, 'R로 예측하기'에서와 마찬가지로, 스프레드시트와 비슷한 테이블 형식의 구조를 가진 데이터프레임^{dataframe} 형식으로 작업하고자 한다. 이 작업을 위한 가장 강력한 라이브러리는 pandas 라이브러리다. 다음 스크립트를 사용해 pandas 라이브러리를 가져오고 results list를 표 형식으로 변환함으로써 list를 데이터프레임으로 조작할 수 있다.

```
import pandas as pd
dataframe = pd.DataFrame(results, columns=["Job Title", "Vacation Hours"])
```

데이터프레임은 dataframe이라는 변수에 적절히 저장된다. 다음 스크린샷과 같이, 파이썬에서 head() 함수를 사용해 dataframe 변수의 처음 다섯 행(헤더 포함)을 볼 수 있다.

```
In [6]:  import pandas as pd
         dataframe = pd.DataFrame(results, columns=["Job Title", "Vacation Hours"])
         dataframe.head()
```

Out[6]:

	Job Title	Vacation Hours
0	Chief Financial Officer	0
1	Vice President of Engineering	1
2	Engineering Manager	2
3	Senior Design Engineer	3
4	Vice President of Sales	10

행과 열의 수가 정해진 데이터베이스로 작업하는 데 익숙하다면, 데이터프레임 구조는 우리가 다뤄온 것과 더 가까울 것이다. 데이터프레임의 구조보다 더 중요한 것은 데이터프레임에서 온 처음 다섯 행이 이전에 Microsoft SQL Server에서 SQL문을 작성할 때 가져왔던 처음 다섯 행과 실제로 동일함을 비교를 통해 확인하는 것이다.

 pandas에 대한 자세한 내용을 보려면 http://pandas.pydata.org/를 방문한다.

파이썬에서 히스토그램 시각화하기

데이터프레임을 이용해 적절한 데이터 구조를 설정했기 때문에 이제 파이썬으로 히스토그램을 개발할 수 있게 됐다. matplotlib은 파이썬에서 가장 인기 있고 강력한 플롯팅 라이브러리다. 매트랩Matlab 프로그래밍 언어에 익숙하다면, matplotlib을 매우 빨리 배울 수 있다.

matplotlib을 사용하기 전에 PyCharm이나 명령 라인을 통해 matplotlib을 설치해야 한다.

pip install matplotlib

다음으로 Jupyter Notebook 내부의 플롯을 직접 보려면, 모듈을 가져오고 인라인 함수 %matplotlib을 호출해야 한다.

```
import matplotlib.pyplot as plt
%matplotlib inline
```

우리는 이제 VacationHours에 대한 열만 사용해 기존 데이터프레임을 기반으로 새로운 데이터프레임을 만들 것이다. 이제 matplotlib의 plt.hist() 함수를 사용해서 플롯 포인트에 대해 VacationHours를 사용함으로써 히스토그램을 시각화할 수 있다.

```
VacationHours=dataframe['Vacation Hours']
plt.hist(VacationHours, normed = True)
plt.title('Vacation Hours')
plt.xlabel('Hours')
plt.ylabel('Count')
plt.show()
```

위의 코드를 Jupyter Notebook에서 실행시키면 다음과 같이 나타난다.

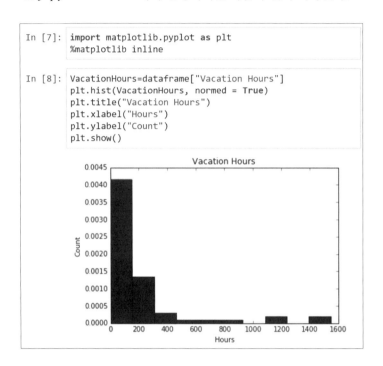

히스토그램의 x축을 어떻게 해석해야 할까? x축은 각 직원이 사용할 수 있는 다양한 VacationHours의 빈도를 계산한다. 히스토그램의 각 막대는 특정 빈^{bin}을 구성하는데, 빈은 그룹화된 포인트의 범위 또는 간격이다. 카운트는 우리가 측정하고 있는 포인트의 빈도를 구성한다. 빈의 주요 특징은 중복되지 않으며 연속적이라는 것이다. 첫 번째 빈인 0-150시간 구간에는 VacationHours가 압도적으로 많다. 또한 여기에는 VacationHours가 1400-1600 범위에 있는 직원도 있다. 또한 Count의 y축은 정규분포 곡선을 오버레이할 때 정규화됐다. 히스토그램을 정규화하는 스크립트는 다음과 같다.

```
plt.hist(VacationHours, normed = True)
```

히스토그램의 정규화를 제거하려면, 다음과 같이 수정된 히스토그램을 사용한다.

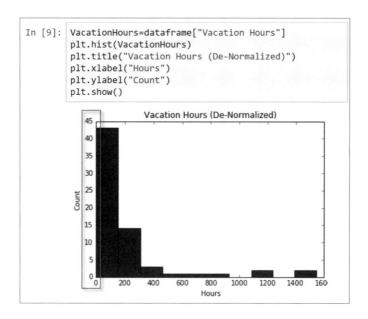

```
In [9]:  VacationHours=dataframe["Vacation Hours"]
         plt.hist(VacationHours)
         plt.title("Vacation Hours (De-Normalized)")
         plt.xlabel("Hours")
         plt.ylabel("Count")
         plt.show()
```

 눈금 값이 특정 빈의 시작 또는 끝과 직접적으로 일치하지는 않지만, 값 바로 위에 있는 눈금에는 일치한다는 것을 알아두자.

이제 Count는 표준화된 카운트가 아닌 실제 양이다. 따라서 첫 번째 빈을 보면 0-150시간 사이에 VacationHours를 가진 약 43개의 직업 타이틀을 볼 수 있다. 다음 절에서는 정규분포도를 도입할 때 왜 y축의 카운트를 표준화하길 원하는지 분명해질 것이다.

파이썬에서 정규분포 플롯 시각화하기

히스토그램에 주로 수반되는 플롯은 정규분포 플롯이다. 이러한 플롯은 평균, 이상값, 분포를 식별하려고 할 때 편리하며, 파이썬으로 매우 쉽게 생성된다. 이러한 플롯을 사용하려면 다음 두 라이브러리를 설치해야 한다.

- NumPy
- SciPy

 SciPy는 커브의 정규화 매개변수 생성에 도움이 되고, 선형대수와 자주 관련되는 라이브러리인 NumPy는 수학적 기능 수행에 도움이 된다.

6장의 앞부분에서 SciPy를 설치했다. 그러나 NumPy는 다음과 같이 PyCharm이나 명령 라인을 통해 설치해야 한다.

pip install numpy

다음 스크립트에서 볼 수 있듯이, 두 라이브러리를 프로젝트로 가져오는 것으로부터 시작한다.

```
import numpy as np
import scipy.stats as stats
```

정규분포 곡선 생성을 위해 다음 두 값이 필요하다.

- 평균
- 표준편차

 평균(mean)은 커브의 중심을 설정하고 표준편차(standard deviation)는 커브의 꼬리를 설정한다. 표준 정규분포(standard normal distribution) 곡선은 평균이 0이고 표준편차가 1인 곡선이다.

다음 단계는 정규화 식을 위한 VacationHours의 평균과 표준편차 변수를 생성하는 것이다. 다음 스크립트를 통해 두 변수를 생성할 수 있다.

```
Vacation_Hours_mean = np.mean(VacationHours)
Vacation_Hours_std = np.std(VacationHours)
```

다음 스크린샷을 통해 평균과 표준편차의 실제 값을 확인할 수 있다.

```
In [10]:  import numpy as np
          import scipy.stats as stats

          Vacation_Hours_mean = np.mean(VacationHours)
          Vacation_Hours_std = np.std(VacationHours)

          print('mean = '+str(Vacation_Hours_mean))
          print('standard deviation = '+str(Vacation_Hours_std)

          mean = 219.074626866
          standard deviation = 330.817409775
```

스크린샷을 통해 확인한 결과, 표준편차가 VacationHours의 평균보다 크므로 이 정규분포 곡선은 표준 곡선이 아니다. 6장, '파이썬으로 히스토그램과 정규분포도 만들기'의 뒷부분에서 이 결과를 분석해보자.

SciPy의 함수 stats.norm.pdf()는 평균 및 표준편차와 함께 플롯 값을 할당하는 데 사용되는 함수다. 다음 스크립트와 같이 이 함수를 normal_distribution_curve라는 이름의 변수에 할당하자.

```
normal_distribution_curve =
stats.norm.pdf(VacationHours, Vacation_Hours_mean, Vacation_Hours_std)
```

이제 `plt.plot()` 함수를 사용해 정규분포 곡선의 플롯을 시각화할 수 있다.

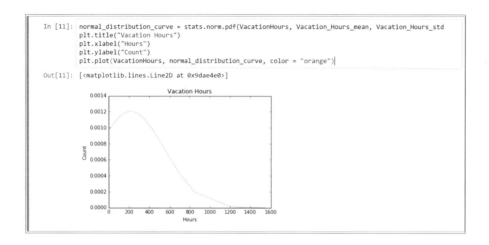

```
In [11]:  normal_distribution_curve = stats.norm.pdf(VacationHours, Vacation_Hours_mean, Vacation_Hours_std
          plt.title("Vacation Hours")
          plt.xlabel("Hours")
          plt.ylabel("Count")
          plt.plot(VacationHours, normal_distribution_curve, color = "orange")

Out[11]:  [<matplotlib.lines.Line2D at 0x9dae4e0>]
```

위 정규분포 곡선에서 보듯이, 히스토그램과 유사하게 대부분의 데이터 포인트들은 200시간 안에 들어있다. 정규분포 곡선 내에서 곡선 아래의 면적은 1이다.

히스토그램을 정규분포도와 결합하기

개별적인 히스토그램과 정규분포 플롯을 한 그래프에서 동일한 눈금으로 시각화할 수 있다면 좋을 것이다. 이는 한 셀에서 두 플롯 모두를 참고하고 두 플롯을 호출한 뒤 함수를 부르는 방법으로 쉽게 가능하다.

```
plt.hist(VacationHours, normed = True) # 히스토그램 그리기
plt.plot(VacationHours, normal_distribution_curve, color = "orange")
# 정규 곡선 그리기
plt.title("Vacation Hours") # 제목 지정
plt.xlabel("Hours") # x 라벨 할당
plt.ylabel("Count") # y 라벨 할당
plt.show()
```

두 개의 플롯이 결합된 출력 결과는 다음 스크린샷과 같다.

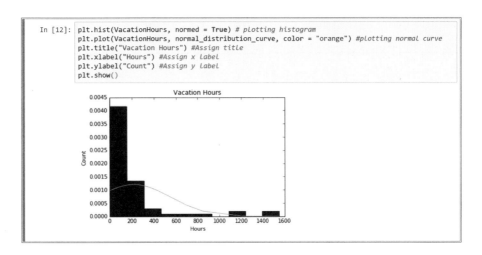

AdventureWorks에 속한 각기 다른 직책의 VacationHours 분포를 확인하기 위해 정규분포 곡선과 히스토그램을 결합해봤다.

파이썬에 주석 달기

matplotlib에서 제공하는 유용한 기능 중 하나는 그래프에 주석을 달아 사용자가 집중했으면 하는 그래프 영역으로 사용자를 안내하는 기능이다. plt.axvline()은 히스토그램과 정규분포 플롯의 평균값에 수직인 선을 추가하는 함수다. 이 함수는 교차하는 세로 선의 x 값, 색상, 스타일, 두께를 지정할 수 있다. 따라서 가로가 2인 빨간 점선을 히스토그램 평균값에 통과시키고자 할 경우, 다음 코드를 기존 코드에 추가하면 된다.

```
plt.axvline(Vacation_Hours_mean, color = "r", linestyle = "dashed",
linewidth = 2)
```

다음 스크린샷은 평균값 위치에 선을 추가한 플롯이다.

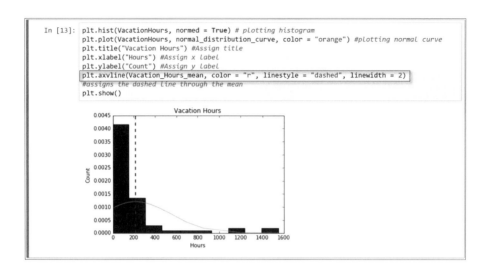

한 단계 나아가서 그래프의 평균값을 직접 화살표로 나타내는 방법은 어떨까? 화살표 옆에 실제 값을 넣어 사용자가 값을 추측하지 않고도 정확한 값을 알 수 있게 도울 수 있다면 어떨까? 이 두 기능은 matplotlib의 `plt.annotate()` 함수를 통해 수행할 수 있다. 다음 코드는 화살표 기호와 주석을 생성하는 코드다.

```
plt.annotate('Mean = '+ str(round(Vacation_Hours_mean,2)),
         xy=(Vacation_Hours_mean, 0.0013), xycoords='data',
         xytext=(Vacation_Hours_mean*2, 0.0035), textcoords='data',
         arrowprops=dict(arrowstyle="->",
                         connectionstyle="arc3"),)
```

이 코드는 평균값을 위한 텍스트 값인 Mean을 입력하고 화살표의 시작부터 끝 위치, 텍스트의 위치를 정의한다. 또한 화살표의 아크^{arc} 스타일도 선택할 수 있다. 다음 스크린샷은 이 코드를 기존 플롯에 추가한 결과다.

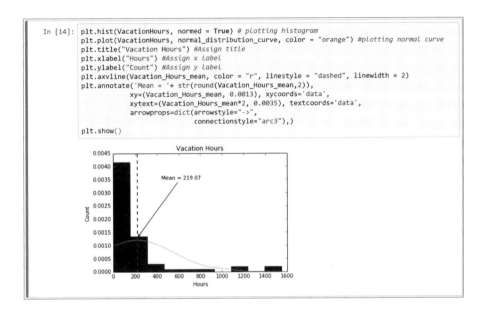

VacationHours 히스토그램과 정규분포도에 성공적으로 주석을 달았다. 이제 모든 직책의 평균 휴가 시간에 사용자가 주목하게 만들 수 있다.

 matplotlib을 사용한 주석 작성법에 대한 자세한 내용은 http://matplotlib. org/1.4.2/examples/pylab_examples/annotation_demo.html을 참고하자.

결과 분석하기

그래서 평균 플롯의 분포, 평균값, 표준편차는 무엇을 의미할까? 앞서 언급했듯이 정규분포 플롯은 차트 왼쪽으로 집중돼 있다. 이런 경우는 양의 방향으로 왜곡된 ^{positive-skewed} 정규분포 플롯이라고 알려져 있다. 양의 방향으로 왜곡된 플롯은 오른쪽 꼬리가 왼쪽 꼬리보다 길다. 우리가 보는 플롯에는 왼쪽 꼬리가 존재하지 않는다. 양의 방향으로 왜곡된 플롯은 많은 데이터 요소를 왼쪽에 포함하고 음의 방향으로 왜곡된negative-skewed 플롯은 많은 데이터 요소를 오른쪽에 포함한다.

또한 6장, '파이썬으로 히스토그램과 정규분포도 만들기'의 앞부분에서 플롯의 표준편차가 평균보다 큰 것을 확인했다.

```
mean = 219.074626866
standard deviation = 330.817409775
```

이것이 의미하는 바는 무엇일까? 평균값은 데이터의 중심이 어딘지 나타내는 값이다. 표준편차는 전반적인 데이터의 확산 정도에 대한 측정 값이다. 표준편차가 평균보다 크다는 것은 데이터 중 일부가 평균값보다 훨씬 큰 값을 갖는다는 뜻이다. 히스토그램을 살펴보면 약 1,200시간과 약 1,400시간 정도의 값을 갖는 쓰레기 데이터를 확인할 수 있다. 원본 데이터프레임을 자세히 살펴보면 해당 값에 대한 직책을 확인할 수 있다. 다음 스크립트를 통해 VacationHours의 마지막 10개 열을 직책과 함께 가져올 수 있다.

```
dataframe.tail(10)
```

다음 스크린샷은 스크립트 수행 결과다.

In [15]: dataframe.tail(10)

Out[15]:

	Job Title	Vacation Hours
57	Quality Assurance Technician	334
58	Janitor	358
59	Sales Representative	434
60	Buyer	504
61	Production Technician - WC60	689
62	Production Technician - WC30	850
63	Production Technician - WC45	1200
64	Production Technician - WC50	1213
65	Production Technician - WC40	1547
66	Production Technician - WC10	1547

head()를 통해 데이터프레임의 상위 다섯 개 행을 가져왔던 것처럼 tail(10) 함수를 통해 데이터프레임의 마지막 10개 행을 가져올 수 있다. 인자 없이 tail()을 호출하면 마지막 다섯 개 행을 가져온다.

결과 값으로부터 알 수 있는 사실은 만약 우리가 전 세계의 휴가를 목표로 한다면, 모든 이들은 생산 기술자[Production Technician]가 돼야 한다는 것이다. 이 생산 기술자들은 VacationHours의 양의 방향 왜곡이 발생하는 원인이다.

파이썬의 대체 플롯팅 라이브러리

matplotlib은 파이썬으로 플롯팅 작업을 할 수 있는 유일한 방법은 아니다. 매우 강력한 몇 가지 시각화 라이브러리들이 있으며, 그중 하나가 seaborn이다. seaborn은 matplotlib을 기반으로 하기 때문에 matplotlib과 유사한 기능을 제공할 뿐 아니라 최소한의 코딩으로 시각적으로 매력적인 플롯을 만들 수 있는 라이브러리다.

 seaborn에 대한 자세한 내용은 http://seaborn.pydata.org를 참고하자.

seaborn을 시작하기 위해 PyCharm 또는 명령어를 통한 수동 설치가 필요하다.

```
pip install seaborn
```

설치가 끝나면 다음 명령을 통해 해당 모듈을 Jupyter Notebook으로 호출할 수 있다.

```
import seaborn as sb
```

다음 스크립트를 통해 VacationHours의 히스토그램을 그릴 수 있다.

```
sb.distplot(VacationHours, kde = False, rug=True)
```

스크립트가 실행되면 seaborn으로 만들어진 다음 히스토그램을 볼 수 있다.

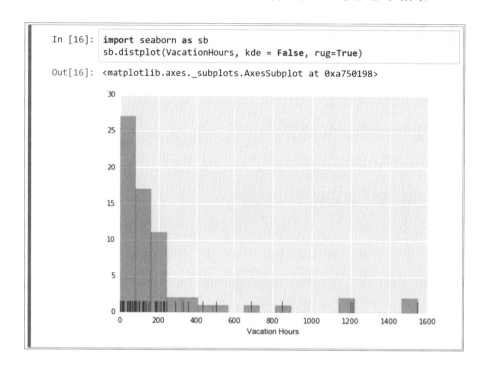

rug 매개변수를 True로 설정한다. 이 기능은 x축 아래에 짧은 러그 같은rug-like 막대를 나타나게 해준다. 매개변수 값을 rug = False와 같이 설정하면 해당 기능은 사라진다. 다음으로 kde 매개변수는 False로 설정된다. kde는 커널 밀도 추정을 나타내며 정규분포도를 설정하는 매개변수다. 추가로 seaborn에서 제공하는 함수를 사용하면 정규분포 곡선을 쉽게 그릴 수 있다.

```
sb.kdeplot(VacationHours, shade = True)
```

kdeplot() 함수를 실행하면 다음과 같은 정규분포도가 표시된다.

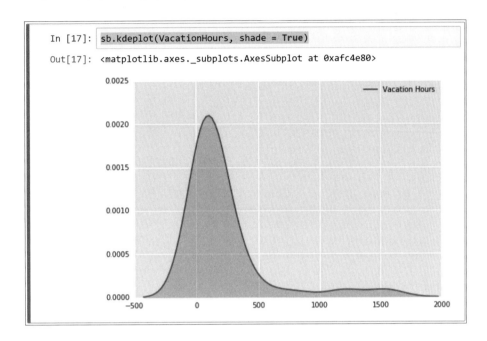

distplot() 함수 안에도 히스토그램을 정규분포도와 결합시키는 매개변수, kde를 추가할 수 있다. 다음 스크립트를 사용하면 rug 매개변수는 비활성화하고 kde 매개변수는 활성화할 수 있다.

```
sb.distplot(VacationHours, kde = True, rug=False)
```

스크립트가 실행되면 변경된 매개변수가 적용된 히스토그램과 정규분포도를 다음과 같이 확인할 수 있다.

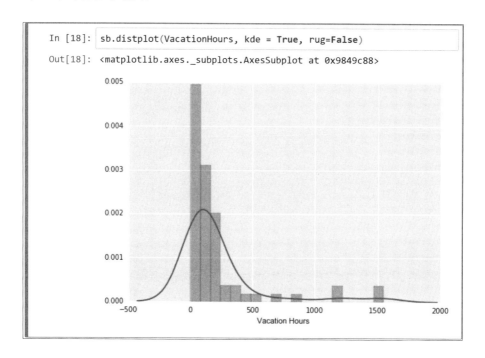

히스토그램과 정규분포 곡선이 결합된 익숙한 그림이다. 유일한 차이점은 matplotlib을 사용했을 때는 여러 줄의 코드가 필요했지만 seaborn을 사용하면 한 줄의 코드만으로 얻을 수 있다는 것이다.

추가적으로, matplotlib으로 작성한 기존 플롯에서 seaborn을 사용할 수 있다. 이는 다음 스크린샷과 같이 라이브러리 호출 외에는 추가 코드가 없어도 원래 플롯의 모양과 느낌을 향상시킨다.

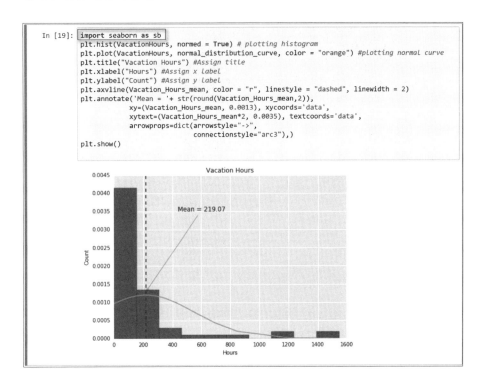

matplotlib은 디테일이 요구되는 플롯에서 고급 커스터마이징이 가능하게 한다. 반면 seaborn 라이브러리는 기본 기능을 통해 플롯을 더 직관적이고 시각적으로 어필할 수 있게 한다.

Jupyter Notebook 게시하기

친구들에게 노트북을 공유하기 전에 조금 개인화하고 약간의 마무리 손질을 하는 것이 좋다. 먼저 페이지의 맨 위로 스크롤하고 첫 번째 셀을 클릭하자. 처음에는 다음 스크린샷과 같이 Histogram Example이라는 문장을 위해 간단하게 print() 문을 사용했다.

프로젝트의 제목을 출력하기 위해 파이썬 스크립트를 작성하는 대신에 다음 스크린샷과 같이 셀의 Markdown 기능을 사용해 형식이 지정된 제목으로 표시할 수 있다.

Markdown이 선택되면 표제의 크기에 대한 옵션이 제공된다.

그래서 우리의 제목은 #Vacation Hours Distribution이고 레벨 1 제목이다. 이제 다음 스크린샷과 같이 적절한 형식을 사용하기 위해 Markdown을 실행하자.

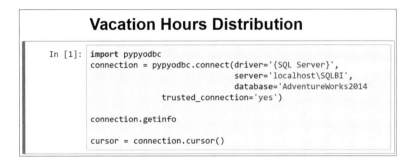

제목 아래 셀에 두 개의 행을 추가해 프로젝트의 개발자와 날짜를 적을 수도 있다. 이를 위해 다음 코드가 사용된다.

```
## Developer: Ahmed Sherif
### Date: 12/31/2016
```

포맷팅formatting 코드의 결과는 다음과 같다.

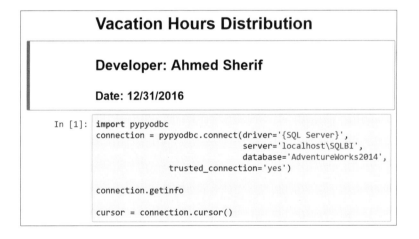

이제 우리의 결과에 관심 있는 사람들에게 노트북을 공유할 준비가 됐다. Jupyter Notebook으로 하는 작업의 이점은 우리가 브라우저를 통해 서버에서 직접 개발한다는 것이다. 브라우저 링크는 동일한 서버에 있는 다른 사용자와 공유하기에 충분하다. Histogram Notebook의 링크는 http://127.0.0.1:8888/notebooks/Histograms.ipynb에서 찾을 수 있다.

또한 서버에 직접 접근할 수 없는 사용자와도 노트북의 로컬 복사본을 공유할 수 있다. Jupyter Notebook의 메뉴에서 **Download as**를 선택하고 다음 스크린샷과 같은 화면에서 결과 공유에 가장 적합한 형식을 선택하면 된다.

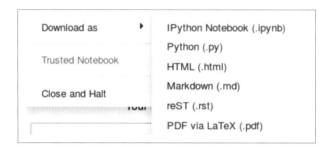

경험상 Jupyter Notebook을 HTML(.html) 파일로 다운로드하고 HTML 파일을 PDF로 내보내는 것이 성공 확률이 가장 높았다. **PDF via Latex (.pdf)**를 통해 PDF에 직접 저장할 수도 있지만, 이 방법을 사용하려면 플러그인과 추가 패키지를 파이썬 프로젝트에 설치해야 하고 설치한다 하더라도 호환성 문제가 발생할 수 있다.

요약

6장, '파이썬으로 히스토그램과 정규분포도 만들기'에서는 파이썬에 대한 많은 정보를 다뤘다. AdventureWorks의 인사 부서로부터 얻은 간단한 데이터 집합으로 시작해서 각 직책별 휴가 시간이 회사 전체에 어떻게 분산돼 있는지 히스토그램과 정규분포도를 사용해 확인할 수 있었다. matplotlib과 seaborn 같은 인기 있는 플롯팅 라이브러리를 사용해 인적 자원 쿼리로 얻은 데이터를 빠르게 시각화했다. 마지막으로 Jupyter Notebook을 사용해 시각화 및 분석 결과를 다른 사람들에게 쉽게 전달했다. 이어지는 7장, 'Tableau로 세일즈 대시보드 만들기'에서는 비즈니스 인텔리전스를 위한 수단으로 프로그래밍 언어에서 벗어날 것이다. 가장 인기 있는 데이터 검색 및 시각화 툴 중 하나인 Tableau를 사용해 세일즈 대시보드를 개발해 보자.

7

Tableau로
세일즈 대시보드 만들기

2003년 설립된 Tableau는 관계형 및 OLAP 데이터 웨어하우스와 스프레드시트의 시각화를 전문으로 하는 캘리포니아에 위치한 소규모 회사다. Tableau는 개인이 스프레드시트와 데이터베이스를 기반으로 신속하고 효과적인 시각화를 구축할 수 있도록 하는 것을 목표로 했다. 믿기지 않겠지만 2003년에는 이것이 일반적이지 않았다. Tableau가 시장에 진입했을 당시, 비즈니스 인텔리전스 커뮤니티는 SAP, 마이크로소프트, IBM과 같은 대규모 엔터프라이즈 공급 업체들로 구성됐다. 2013년, 회사 설립 10년 만에 Tableau는 2억 5,000만 달러 규모의 기업 공개[IPO, initial public offering]를 마쳤다.

가트너[Gartner]에 따르면, 이제 Tableau는 비즈니스 인텔리전스 및 분석 플랫폼 분야에서 SAP, IBM, 마이크로소프트보다 앞선다고 여겨진다.

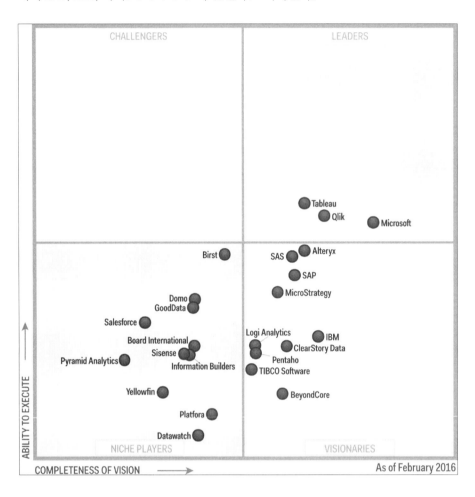

가트너와 가트너의 매직 쿼드런트(Magic Quadrant) 구축 방법에 대한 자세한 내용은 https://www.gartner.com/doc/reprints?id=1-2XXET8P&ct=160204에서 확인할 수 있다.

Tableau가 비즈니스 인텔리전스 분야에서 성공할 수 있었던 이유 중 하나는 누구나 최소한의 노력과 리소스로 시각화 또는 리포트를 쉽게 얻을 수 있다는 점이었다.

다음 시나리오를 가정해보자. 데이터 분석가가 데이터 웨어하우스가 연결된 기존 엔터프라이즈 BI 소프트웨어로부터 리포트를 만들고자 한다. 불행히도 그 리포트는 회사 CFO로부터 개인적으로 요청받은 것이다. 현재 데이터 웨어하우스에 없는 특정 측정 값이 리포트에 포함돼야 한다는 요청이다. 그 측정 값은 다른 서버에 있는 외부 파일에 저장되고 수동으로 업데이트된다. CFO는 과거에 이 측정 값을 사용해 미래 비용을 평가했고 이 방법이 새 리포트에 포함돼야 한다고 주장한다. 현재 BI 플랫폼 내에서 데이터 분석가는 리포트에 커스터마이징한 방법을 추가하는 방법을 알지 못한다. 데이터 분석가는 IT 부서에 이 필드를 현재 데이터 웨어하우스에 추가해달라고 요청해 현재 사용하는 BI 툴에서 해당 방법에 접근할 수 있도록 함으로써 리포트를 작성하는 방법밖에는 없다. IT 부서에게 이러한 요청은 한 시간 내에 처리할 수 있는 간단한 요청이 아니다. 즉, 해당 필드를 전체 커뮤니티에 공개하는 것으로 발생하는 효과를 결정짓기 위해 티켓팅 시스템과 엄격한 영향 분석 연구를 통과해야 한다. IT 부서는 티켓을 수령하고 일주일 뒤에 해당 티켓에 대한 응답을 보내게 되는데, 그 안에는 해당 필드가 검사를 받기까지 적어도 한 달이 걸릴 것이고 새로운 측정 값이 회사에 미치는 영향이 해로운지 이로운지 여부가 포함된다.

하지만 데이터 분석가는 이번 주말까지 CFO에게 이 리포트를 제출해야 하며, 이를 위해 IT 부서를 통한 일정과는 완전히 다른 일정을 밟아야 한다. 이에 분석가는 온라인을 통해 한 블로그를 읽게 된다. 그 블로그는 Tableau가 서로 다른 출처의 데이터를 사용해 얼마나 쉽고 강력하게 리포트 및 대시보드를 만들어주는지 소개하는 것이었다. 분석가는 Tableau를 다운로드하고, Tableau에 그의 데이터 웨어하우스와 외부 소스를 연결하고, CFO가 원했던 결과보다 더 멋진 인터랙티브한 리포트를 만들어 CFO가 쉽게 접근할 수 있는 내부 링크로 게시한다. 리포트의 최종 결과에 깊은 인상을 받은 CFO는 Tableau를 사용해 이 리포트를 정기적으로 업데이트 및 유지 관리해달라고 요청한다. 또한 CFO는 Tableau의 라이선스 여러 장을 주문해 나머지 부서들도 겪던 기존 BI와 데이터 웨어하우스 환경 간 보고의 차이를 메꾼다.

실제로 빈번하게 발생하는 이 시나리오는 데스크톱 시각화와 탐색 툴 사용의 증가를 설명한다. 이미 3장, '엑셀로 분석하고 Power BI로 인터랙티브 맵과 차트 만들기'에서 이러한 툴 중 하나를 논의했고 8장, 'QlikSense로 인벤토리 대시보드 만들기'에서는 다른 툴을 다룰 것이다.

7장에서는 다음 내용을 다룬다.

- SQL Server에서 세일즈 쿼리 작성하기
- Tableau 다운로드하기
- Tableau 설치하기
- SQL Server와 Tableau 연결하기
- Tableau로 세일즈 대시보드 작성하기
- 대시보드를 Tableau Public에 게시하기

Microsoft SQL Server에서 세일즈 쿼리 작성하기

Tableau에서 제공하는 데이터 시각화를 살펴보기 전에 놀라운 데이터를 제공하기 위한 쿼리를 작성해야 한다. 이제 AdventureWorks에 누적된 다양한 마케팅 프로모션으로부터 세일즈를 강조한 대시보드를 모아보자. 이 프로모션 데이터는 다음 스크린샷과 같이 데이터 웨어하우스의 Sales.SalesReason 테이블에 있다.

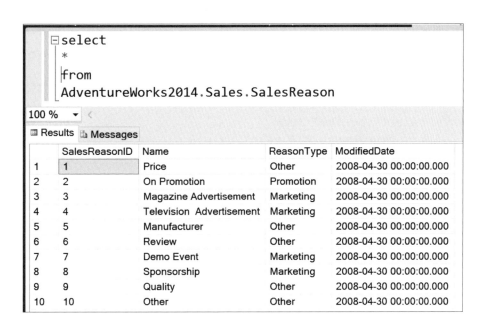

이 결과를 통해 세일즈로 이어질 수 있는 10가지 다양한 프로모션을 확인할 수 있다. 실제 세일즈 데이터는 Sales.SalesOrderHeader 테이블에 있지만 해당 테이블에는 프로모션 데이터에 세일즈를 결합시키기 위한 SalesReasonID가 없다. 다음 스크립트를 보면 SalesOrderHeader 테이블에서 SalesOrderID를 확인할 수 있다.

```
SELECT
distinct [SalesOrderID]
FROM [AdventureWorks2014].[Sales].[SalesOrderHeader]
```

SalesOrderID를 SalesReasonID와 연결할 수 있는 테이블이 필요하다. 다행히
SalesOrderHeaderSalesReason이라 불리는 테이블이 있다. 해당 테이블의 구성은
다음 스크린샷과 같다.

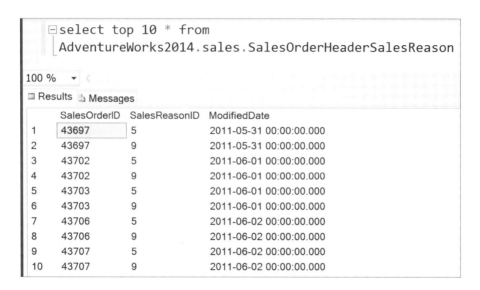

SalesOrderHeaderSalesReason은 다음 스크린샷과 같이 SalesOrderHeader와
SalesReason 사이의 링크 테이블 역할을 한다.

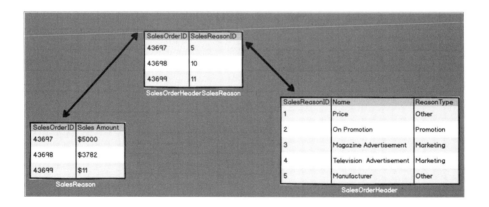

우리가 필요로 하는 값을 끌어오기 위해 서로 다른 테이블 간의 관계에 대해 알았으므로 다음 스크립트와 같은 SQL문을 생성할 수 있다.

```
SELECT
distinct
SalesReason.Name as 'Sale Reason Name'
,SalesReason.ReasonType as 'Sale Reason Type'
,sum(round(SalesOrderHeader.SubTotal,2)) as 'Sales Amount'
,sum(round(SalesOrderHeader.TaxAmt,2)) as 'Tax'
,sum(round(SalesOrderHeader.Freight,2)) as 'Freight Amount'

FROM [AdventureWorks2014].[Sales].[SalesReason] as SalesReason

inner join [AdventureWorks2014].[Sales].[SalesOrderHeaderSalesReason] as
SalesOrderHeaderSalesReason on
SalesOrderHeaderSalesReason.SalesReasonID = SalesReason.SalesReasonID

inner join [AdventureWorks2014].[Sales].[SalesOrderHeader] as
SalesOrderHeader on
SalesOrderHeader.SalesOrderID = SalesOrderHeaderSalesReason.SalesOrderID

Group by SalesReason.Name, SalesReason.ReasonType
Order by 3 desc
```

이전 SQL 스크립트의 결과는 다음 스크린샷에서 볼 수 있다.

	Sale Reason Name	Sale Reason Type	Sales Amount	Tax	Freight Amount
1	Price	Other	10975842.56	878087.74	274380.29
2	On Promotion	Promotion	6361829.95	508951.68	159044.56
3	Manufacturer	Other	5998122.10	479847.59	149957.80
4	Quality	Other	5549896.77	443989.26	138752.46
5	Review	Other	1694882.19	135589.55	42374.17
6	Other	Other	248483.34	19880.75	6211.85
7	Television Advertisement	Marketing	27475.82	2198.68	687.24

이제 우리는 Sales Reason Name과 Sale Reason Type을 판매 금액(Sales Amount), 세금(Tax), 운임 금액(Freight Amount)과 연관시킬 수 있다. 이것이 판매 팀을 위한 대시보드에서 경영진이 시각화하도록 요청된 정밀도의 수준임을 확인했다. 다음 단계에서는 해당 데이터를 Tableau로 임포트한다.

Tableau 다운로드

Tableau로 데이터를 가져오기 전에, 먼저 로컬 컴퓨터에 Tableau를 다운로드해야한다. 이 장의 앞에서 언급했듯이 Tableau를 시작하는 것은 매우 간단한다. 우리가해야 할 첫 번째 일은 Tableau Public으로 알려진 웹사이트(https://public.tableau.com/en-us/s/download)에 방문해서 Tableau 무료 버전을 다운로드하는 것이다.

 애플리케이션을 다운로드하기 전에 이메일 주소를 입력하라는 메시지가 나타날 수 있다. 이 글을 쓰는 시점에서 가장 최신 버전의 Tableau Public은 10.0.2다.

파일이 다운로드되면 설치 프로세스를 시작할 수 있다.

Tableau 설치

설치 파일을 실행하면, 다음 스크린샷에서 보듯이 이용 약관 및 라이선스 계약을 확인하는 일반적인 셋업 메시지가 표시된다.

동의한 후 Install 버튼을 클릭해 설치 프로세스를 시작할 수 있다. 설치가 시작되면 다음 스크린샷과 같이 진행 상황을 보여준다.

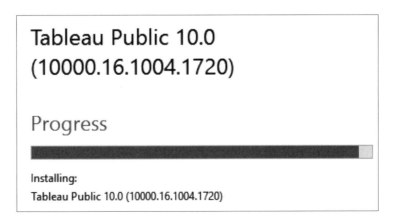

Tableau로 데이터 임포트하기

처음으로 Tableau Public 애플리케이션을 실행하면 다음 스크린샷과 같이 데이터를 가져올 수 있는 다른 방법들을 소개한다.

불행히도 SQL Server 쿼리에 직접 연결할 수 있는 방법은 없다. 그러한 연결은 Tableau의 라이선스 버전에서만 사용할 수 있으며, 2주간의 평가판 기간 동안만 사용할 수 있다. 우리에게 Microsoft SQL Server의 쿼리 결과를 시각화하는 최선의 방법은 텍스트 파일로 데이터를 저장하고 Tableau에 연결하는 것이다.

텍스트 파일로 저장하기

SQL Server로부터 데이터를 저장하는 것은 매우 간단하다. Microsoft SQL Server의 쿼리문에서 결과 집합을 마우스 오른쪽 버튼으로 클릭하고 다음 스크린샷과 같이 Save Results As…를 선택한다.

파일이 지정된 위치에 저장되면, 데이터 결과를 텍스트 파일 방법을 통해 Tableau Public에 연결할 수 있다. 데이터가 Tableau로 로드되면 다음 스크린샷과 같이 즉시 그 결과를 볼 수 있다. 따라서 숫자가 SQL Server와 일치하는지 확인할 수 있다.

각 열의 머리말은 넘어오지 않는다. F1, F2, F3, F4, F5를 더블 클릭해서 기본값을 덮어 쓸 수 있다. 다음 스크린샷처럼 각각을 Sales Reason, Sales Reason Type, Sales Amount, Tax Amount, Freight Amount로 바꾼다.

Abc	Abc	#	#	#
Query Results.csv	Query Results.csv	Query Results.csv	Query Results.csv	Query Results.csv
Sales Reason	**Sales Reason Type**	**Sales Amount**	**Tax Amount**	**Freight Amount**
Television Advertisement	Marketing	27,475.82	2,198.68	687.24
Manufacturer	Other	5,998,122.10	479,847.59	149,957.80
Other	Other	248,483.34	19,880.75	6,211.85
Price	Other	10,975,842.56	878,087.74	274,380.29
Quality	Other	5,549,896.77	443,989.26	138,752.46
Review	Other	1,694,882.19	135,589.55	42,374.17
On Promotion	Promotion	6,361,829.95	508,951.68	159,044.56

Tableau로 세일즈 대시보드 만들기

Tableau로 시각화를 시작하는 방법에는 여러 가지가 있다. 그중 한 가지 편리한 방법은 시트에 여러 개의 별도 시각화를 작성하고 이후 하나의 대시보드 캔버스에 연결하는 것이다.

Crosstab 만들기

우리의 첫 번째 컴포넌트를 시각화하기 위해 Data Source 탭 옆에 있는 Sheet1 탭을 클릭한다.

첫 번째 시각화를 시작해보자. 차원^{dimension}, 측정 값^{measure}, 시각화 옵션에 대한 액세스와 함께 주로 빈 캔버스로 시작한다. 데이터로부터 숫자가 아닌 필드로서 전달되는 객체는 Dimensions 헤더에 레이블이 지정되고 다음 스크린샷과 같이 왼쪽 상단에서부터 액세스할 수 있다.

그 후에 데이터에서 숫자 필드로 전달되는 객체는 측정 값으로 해석돼 다음 스크린샷과 같이 Measures 헤더 아래에 있게 된다.

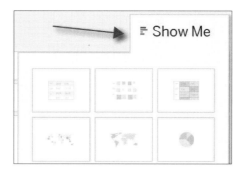

마지막으로 다양한 차수와 측정 값들을 시각화하기 위해 사용 가능한 옵션에는 무엇이 있는지 알아보려면, 다음 스크린샷과 같이 애플리케이션의 오른쪽 상단에 있는 Show Me 메뉴를 클릭한다.

Sales Reason에 대해 가지고 있는 세 가지 측정 값들을 시각화한 간단한 Crosstab 으로 시작해보자. 우선 세 개의 측정 값을 Columns 섹션으로 드래그한 다음 Sales Reason 차원을 Rows 섹션으로 끌어다놓는다. 다음 스크린샷과 같다.

디폴트 시각화는 데이터를 막대형 차트로 그린다. 막대형 차트를 Crosstab으로 전환하는 것은 매우 간단하다. 다음 스크린샷과 같이 **Crosstab** 아이콘을 클릭하면 된다.

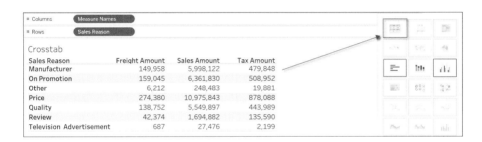

또한 Crosstab을 더블 클릭해서 Sales Reason Summary와 같은 더 적절한 제목을 넣 어 더 향상돼 보이게 만들 수 있다.

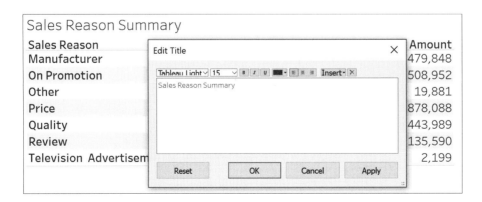

세일즈 데이터를 다루고 있기 때문에 이 수치가 통화 가치와 관련이 있음을 나타낼 수 있다면 도움이 될 것이다. 이러한 시각화를 위해 다음 스크린샷에서 볼 수 있듯이, Measure Values에서 세 가지 측정 값을 각각 선택하고 Format…을 선택한다.

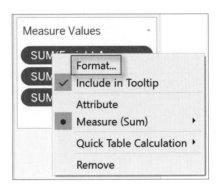

Axis와 Pane 탭이 있을 것이다. 다음 스크린샷과 같이 Pane 탭을 선택하고 Currency (Standard)로 포맷을 변경한다.

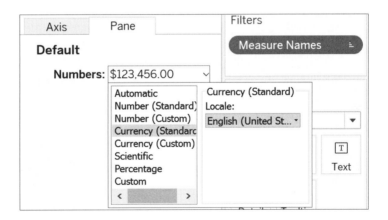

각 측정 값에 서식을 적용하면, 새 Crosstab은 다음과 같이 보일 것이다.

Sales Reason Summary			
Sales Reason	Freight Amount	Tax Amount	Sales Amount
Manufacturer	$149,957.80	$479,847.59	$5,998,122.10
On Promotion	$159,044.56	$508,951.68	$6,361,829.95
Other	$6,211.85	$19,880.75	$248,483.34
Price	$274,380.29	$878,087.74	$10,975,842.56
Quality	$138,752.46	$443,989.26	$5,549,896.77
Review	$42,374.17	$135,589.55	$1,694,882.19
Television Advertisement	$687.24	$2,198.68	$27,475.82

다음 시각화로 넘어가기 전에 Crosstab에 한 가지 더 향상된 기능을 추가해보자. 먼저 다음 스크린샷에서 보듯이, x 버튼을 클릭해 Format 섹션을 종료해야 한다.

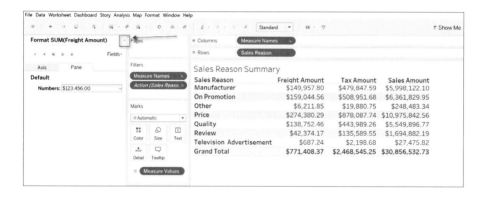

Analytics 탭을 클릭하고 Totals를 선택하면 Crosstab의 하단에 Grand Total 요약이 표시된다.

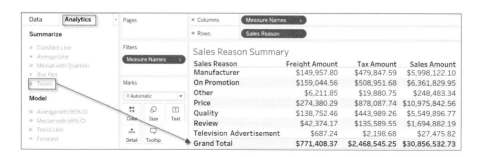

자, 이제 우리는 Crosstab을 사용해 첫 번째 시트에 우리의 첫 번째 시각화를 완성했다.

커스텀 계산 필드 생성하기

미리 정의된 측정 값은 `Freight Amount`와 `Sales Amount`처럼 데이터로부터 직접 제공된다. 또한 Tableau 내에 직접 커스텀 측정 값을 생성할 수도 있다. 예를 들어 `Total Sales Amount`에 대해 다음과 같은 계산식을 만들 수 있다.

```
Total Sales Amount = Sales Amount + Tax Amount + Freight Amount
```

이 계산을 Tableau에서 수행하려면 먼저 메뉴 바의 **Analysis**를 클릭하고 **Create Calculated Field…**를 선택해야 한다.

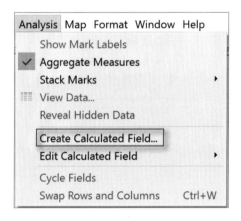

그런 다음, 계산된 필드에 제목을 지정하고 다음과 같이 필요한 계산을 수행할 수 있다.

```
SUM([Freight Amount] + [Tax Amount] + [Sales Amount])
```

이 작업은 계산된 필드 편집기에서 수행할 수 있다.

계산 화면의 왼쪽 하단에 보이는 메시지에 '계산이 유효하다[The calculation is valid]'라고 돼 있는 한, 워크시트에 커스텀 필드를 적용할 수 있다. 다음 스크린샷에서 볼 수 있듯이 이제 새로운 필드가 다른 측정 값과 함께 나타나야 한다.

다음 절에서 새로 생성된 커스텀 필드를 활용하는 시각화를 만들 것이다.

블렛 그래프 그리기

데이터 시각화 커뮤니티 내에서 비교적 새로운 현상인 블렛 그래프[bullet graph]는 스티폰 퓨[Stephen Few]가 주도했다. 스티폰 퓨는 BI 커뮤니티의 핵심 리더이자 영향력 있는 사람 중 한 명으로 인정된다. 스티폰 퓨는 BI 도구가 제공하는 많은 시각적 기능들에 만족하지 않았다. 특히 지나치게 복잡한 기준의 게이지와 미터 같은 시각 컴포넌트들에 만족하지 못했다. 그는 궁극적으로 막대 차트와 유사한 컴포넌트를 활용해 작은 공간에 여러 데이터 포인트들을 결합하는 방법으로서 블렛 그래프를 개발했다.

스티픈 퓨와 그의 시각화 철학에 대한 자세한 내용을 보려면 https://www.perceptualedge.com을 방문하자.

블렛 그래프 또는 블렛 차트^{bullet chart}의 이점은 실제 값 같은 주요 측정 값과 타깃양 같은 보완 측정 값을 같은 컴포넌트 내에 표시할 수 있다는 것이다. 우리가 다룰 예제에서 얼마나 많은 Total Sales Amount가 Sales Amount, Tax Amount, Freight Amount 로 구성돼 있는지를 시각화하고자 한다.

새로운 시각화 컴포넌트를 처음부터 만들기 위해 새로운 워크시트를 만들자. 블렛 그래프를 만들려면 적어도 하나의 차원과 두 개의 측정 값이 필요하다. 우리의 목적을 위해 Sales Amount와 Total Sales Amount를 Columns 섹션으로 드래그하고 Sales Reason을 Rows 섹션으로 드래그한다. 다음 스크린샷을 참고한다.

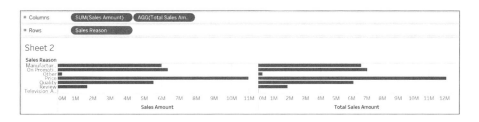

다시 말하지만, 디폴트 시각화는 막대형 차트다. 다음 스크린샷과 같이 Show Me 메뉴의 아이콘을 클릭해 블렛 그래프로 변환할 수 있다.

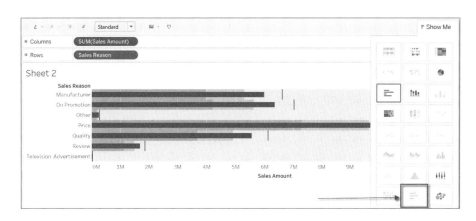

블렛 차트에서 막대는 Sales Amount가 아니라 Sales Reason으로 정렬된다. 다음 스크린샷과 같이 Sales Reason 차원을 Marks 섹션으로 끌어다 놓으면 Sales Amount로 정렬할 수 있게 된다.

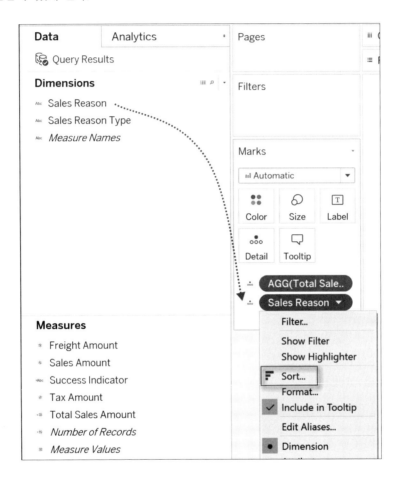

이 작업은 차원의 속성[attribute]에 액세스할 수 있게 해준다. Sales Reason에서 마우스 오른쪽 버튼을 클릭해 Sort 아이콘을 클릭하면 순서를 다시 정렬할 수 있다.

다음 스크린샷에서 볼 수 있듯이 Descending(내림차순 정렬)을 선택하고 Sales Amount 필드로 Sort by를 선택할 수 있다.

또한 다음 스크린샷에서 볼 수 있듯이 Sales Amount vs. Total Sales Amount와 같은 제목을 넣어 블렛 그래프의 서식을 지정할 수 있다.

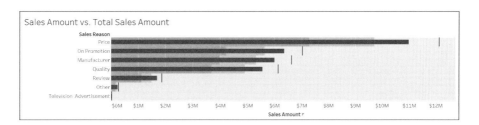

블렛 그래프에서 각 막대의 오른쪽에는 수직 눈금이 있다. 그 눈금은 Total Sales Amount의 값을 나타낸다. 눈금의 왼쪽에 있는 막대 차트의 끝은 Sales Amount의 값을 나타낸다. 또한 마우스를 가져가면, 다음 스크린샷에서 보이는 것처럼 Total Sales Amount의 퍼센트를 나타내는 다른 눈금들도 볼 수 있다.

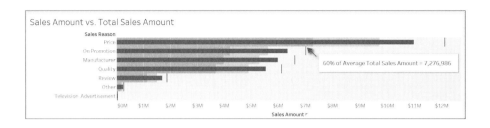

더 작은 값 측정 값(Sales Amount)이 더 큰 값 측정 값(Total Sales Amount)의 평균 금액과 얼마나 유사한지를 표시하기 위해 눈금은 20% 간격[interval]을 제공한다. 이 간격은 블렛 그래프에 의해 자동으로 생성된다. 블렛 그래프에서 알 수 있는 것은 Sales Amount와 Total Sales Amount 사이의 갭이 여섯 가지 Sales Reason 값에서 일관성 있게 보인다는 것이다.

블렛 그래프에서 마지막으로 개선할 수 있는 것은 다른 Sales Reason을 나타내는 막대마다 다른 색상을 적용하는 것이다. 현재 모두 여섯 개의 막대가 같은 색상으로 표시된다. 그러나 다른 색상으로 각 막대를 커스터마이징하도록 요청할 수 있다. Dimensions 헤더 아래로 Sales Reason을 드래그해서 다음 스크린샷과 같이 Marks 헤더 아래의 색상 팔레트에 놓으면 된다.

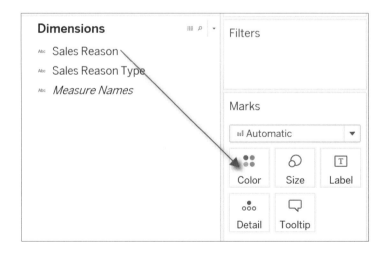

Sales Reason을 기반으로 색상 변경을 적용하면 다음 스크린샷과 같은 블렛 그래프가 생성된다.

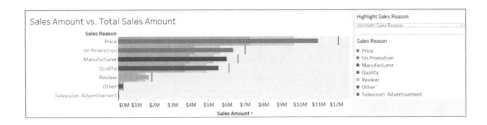

또한 색상 구성표color scheme를 클릭하고 Edit Colors…를 선택한 후 다른 Color Palette를 선택해서 블렛 그래프의 색들을 편집할 수 있다. 현재는 자동으로 설정돼 있다.

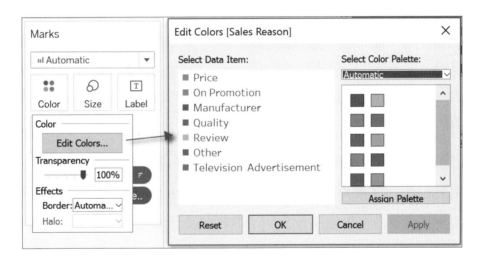

현재로서는 우리의 최종 시각화인 KPI 지표 선택기KPI indicator selector로 이동하기 때문에 현재 색상 구성표Color Palette를 유지할 것이다.

KPI 지표 선택기 만들기

우리의 최종 컴포넌트는 더 상위 레벨 차원인 Sales Reason Type과 컴포넌트들 간의 인터랙션에 초점을 맞춘다. 다시 한 번, 새로운 워크시트를 만들어서 Sales Reason Type을 Columns 섹션으로 드래그하고 Total Sales Amount를 Rows 섹션으로 드래그한다. 그런 다음 Show Me 메뉴로부터 Highlight Tables 컴포넌트를 선택하면 다음 스크린샷과 같은 시각화가 만들어진다.

하이라이팅된 테이블은 Total Sales Amount 값들을 보여주지만, 실제로 우리가 필요한 것은 마케팅 팀에서 개발한 성공적인 전략을 위한 목표 값이 1,000만 달러 이상인지 여부를 나타내는 것이다. 이 값을 성공 지표Success Indicator라고 부르며 계산된 필드에서 다음 식으로 값이 결정된다.

```
IF [Total Sales Amount] > 10000000 THEN "Success" ELSE "Failure" END
```

위 식을 계산 필드에 적용하고 성공 지표Success Indicator로 명명하면, 다시 한 번 '계산이 유효하다The calculation is valid.'라는 메시지가 하단에 나타나야 한다.

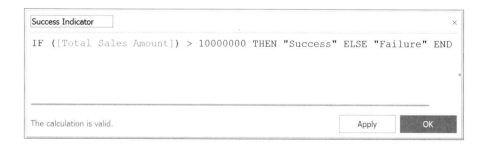

이제 성공 지표를 우리 테이블에 적용하자. 다음 스크린샷과 같이 Success Indicator 계산 필드를 Shape 마커 위에 드래깅한다.

그런 다음 Shape 마커를 클릭하고 Shape Palette로 Arrows를 선택한다. 위쪽 화살표는 Success에 할당되고 아래쪽 화살표는 Failure에 할당된다. 다음 스크린샷에서 이를 보여준다.

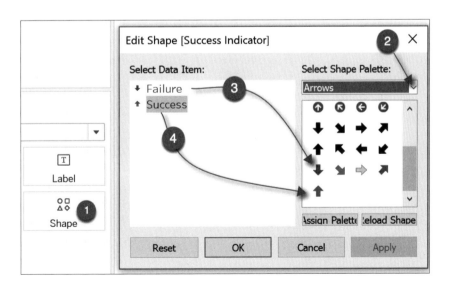

다음 스크린샷과 같이 테이블에 화살표가 적용된 반면, 테이블의 색상 구성표는 아직 적용되지 않았다.

Sales Reason Type		
Marketing	⬇	30,362
Other	⬆	27,036,298
Promotion	⬇	7,029,826

색상 구성표를 적용하기 위해 성공 지표를 Color 마커 위로 드래그한다. 그 후, 다음 스크린샷과 같이 Color Palette를 편집하고 Success와 Failure에 적절한 색상을 할당할 수 있다.

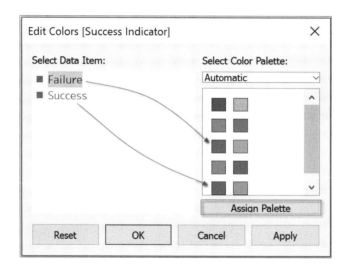

이제 다음 스크린샷과 같이 적절한 모양과 적절한 색상의 팔레트를 사용해 만든 테이블을 미리보기할 수 있다.

지시자의 오른쪽에 지표를 표시할 수 있지만, 대시보드의 목적상 표시하지 않아도 된다. 따라서 다음 스크린샷과 같이 오른쪽 마우스 버튼을 클릭해 Mark Label ▸ Never Show를 선택하면 된다.

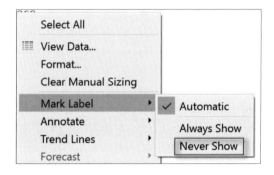

마지막으로, 다음 스크린샷과 같이 Success Indicator 컴포넌트의 이름을 지정하고 프로세스를 완료할 수 있다.

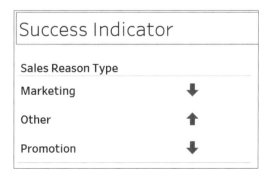

이제 대시보드를 다른 시트에서 만든 모든 것들과 함께 사용할 준비가 됐다.

Tableau에서 세일즈 대시보드 만들기

각 새 워크시트 옆에는 새 대시보드를 만드는 탭이 있다. 새로운 대시보드를 선택해 보자. 워크시트를 대시보드에 연결하기 전에 대시보드를 좀 더 사용자 친화적으로 바꿔보자.

대시보드 꾸미기

대시보드 화면 왼쪽에는 캔버스 크기를 Automatic으로 설정할 수 있는 메뉴가 있다. 이 메뉴를 선택하면 표시되는 모든 화면에 맞게 대시보드가 바로 재설정된다

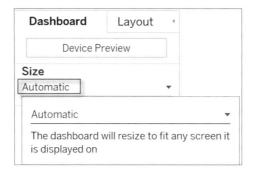

캔버스 크기를 변경한 후 Show dashboard title을 선택하고 AdventureWorks Sales Dashboard를 제목으로 설정한다. 제목 위에서 마우스 오른쪽 버튼을 클릭하고 Format Tile...을 선택하면 다음 스크린샷과 같이 제목 헤더 위치를 가운데로 맞출 수 있다.

회사 로고가 없는 대시보드는 사용할 수 없다. 다행히 누군가 이미 AdventureWorks 와 함께 사용할 수 있는 온라인 사이트를 만들었다. 웹사이트(http://i2.wp. com/blog.jpries.com/wp-content/uploads/2015/12/AdventureWorks-Logo_blog. jpg?resize=300%2C104)를 통해 로고를 다운로드할 수 있다.

대시보드의 왼쪽 아래에는 다음 스크린샷과 같이 특정 캔버스에 드래그 앤 드롭할 수 있는 기능이 있다.

오브젝트를 융통성 있게 배치하기 위해 모든 객체를 Tiled 대신 Floating으로 설정한다. 캔버스의 오른쪽 위에 Image 오브젝트를 드래그하고 다음 스크린샷과 같이 우리가 AdventureWorks를 위한 컴퓨터에 로컬로 다운로드한 로고를 업로드할 수 있다.

대시보드에 워크시트 연결하기

이제 노동의 결실이 드러나기 시작했다. 기존 워크시트를 새로운 대시보드에 연결하는 것은 비교적 간단하다. 다음 스크린샷과 같이 각 워크시트를 캔버스의 다른 부분으로 드래그 앤 드롭하면 된다.

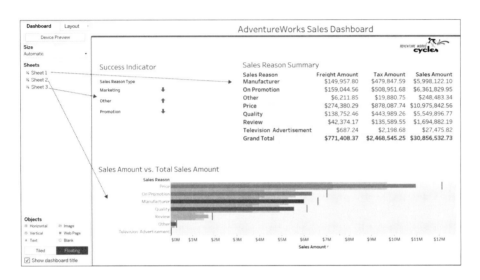

대시보드에 세 가지 컴포넌트를 모두 포함시켰다. 하지만 인터랙션은 없다. 세 컴포넌트가 인터랙션할 수 있도록 바꿔보자. 다음 스크린샷과 같이 컴포넌트의 오른쪽 상단 모서리에 있는 Use as Filter를 선택해 Success Indicator로 필터링을 시각화할 수 있는 컴포넌트로 변환한다.

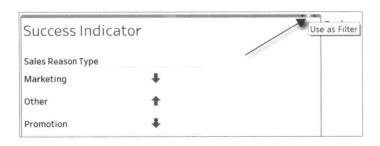

해당 기능이 활성화되면 세 가지 Sales Reason Type 유형 중 하나를 선택할 수 있다. 다음 스크린샷과 같이 지시자를 선택하고 필터링 가능한 모든 컴포넌트에 대해 필터를 적용하자.

이제 Marketing을 Sales Reason Type 지시자로 선택하면 다른 두 컴포넌트는 Television Advertisement만의 값을 표시한다.

Tableau Public으로 대시보드 게시하기

이제 Tableau 대시보드를 다른 이해 당사자와 공유할 수 있는 단계까지 왔다. 다행히 이 과정은 매우 간단하다. 우선 Tableau Public 웹사이트(https://public.tableau.com/auth/signup)에서 계정을 만들자.

계정을 만들었으면 메뉴의 File 드롭다운을 클릭하고 다음 스크린샷과 같이 Save to Tableau Public...을 선택한다.

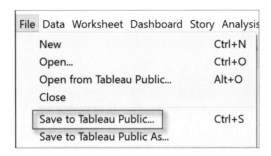

다음 스크린샷과 같이 Tableau Public 아이디로 로그인하라는 메시지가 표시된다.

로그인되면 다음 스크린샷과 같이 Tableau Public 서버에 있는 대시보드를 바로 볼수 있다.

오른쪽 하단의 **Share** 아이콘을 클릭해 대시보드를 공개적으로 공유할 수 있다.

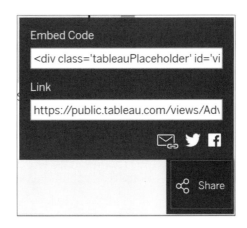

Tableau Public은 공유 목적으로 대시보드에 대한 **Embed Code**와 **Link**를 제공한다.

요약

이제 7장의 결론에 도달했다. 7장에서는 간단한 Microsoft SQL Server 쿼리로 시작해 완전한 기능을 제공하는 대시보드를 만들었다. 단지 10개 행의 데이터만을 가져왔던 원본 쿼리는 세일즈 수익이 다른 마케팅 전략 속에서 어떻게 분산되는지에 대한 이야기를 전하기에 충분했다. Tableau를 통해 서로 다른 시각화를 개별적으로 분리하고 세 가지 컴포넌트가 서로 인터랙션하는 단일 대시보드로 결합해봤다. 마지막으로, Tableau Public 포털을 통해 결과를 게시하고 다른 공간의 사람들과 공유할 수 있는 방법을 배웠다. 8장에서는 데스크톱 검색을 계속 살펴보고 Tableau의 가장 큰 경쟁 도구인 QlikSense를 살펴볼 것이다. 그리고 AdventureWork를 위한 재고 대시보드를 구축할 것이다. 재고 대시보드는 특정 제품의 재고가 적고 다시 주문해야 하는 경우가 생겼을 때 관리자에게 알리는 용도로 사용된다.

8

QlikSense로
인벤토리 대시보드 만들기

Qlik보다 Tableau와 더 밀접하게 연관된 다른 회사를 상상하기는 어렵다. 두 회사 모두 사용자에게 동일한 데이터 검색 서비스를 제공하며 직접 경쟁자로 간주된다. 새로운 출시가 있을 때마다 둘의 차이점은 줄어들고 있다.

1996년 QlikView를 통해 처음 시장에 등장한 Qlik은 바로 그들이 나아갈 길을 모색했다. 이는 회사의 긴급한 질문에 답변할 수 있도록 고객 사의 데이터를 빠르게 활용하며 신속하고 강력한 시각화를 제공하는 분야다.

Qlik의 주력 제품인 QlikView는 개발자가 가이드 분석을 제작할 수 있도록 한다. 최근 개발된 QlikSense는 비즈니스 인텔리전스 셀프서비스 시각화 및 대시보드용으로 개발됐다. 두 툴 모두 비즈니스 인텔리전스 부서에 제공돼야 하지만 8장에서는 대시보드를 사용해 '깨끗한' 또는 '완성된' 제품을 제공할 수 있는 QlikSense를 중점적으로 다루겠다.

8장에서는 AdventureWorks 사의 인벤토리 대시보드 작성을 중점으로 살펴본다. 이는 인벤토리가 부족하거나 새 소모품을 구입해야 하는 웨어하우스를 식별하는 데 도움이 될 것이다. 대시보드를 작성하면서 다음 주제를 다룰 것이다.

- QlikSense Desktop 다운로드 및 설치하기
- SQL Server로 인벤토리 데이터 집합 만들기
- QlikSense Desktop에 SQL Server 연결하기
- QlikSense Desktop으로 인터랙티브한 시각적 컴포넌트 개발하기
- Qlik Cloud에 인벤토리 대시보드 게시하기

QlikSense Desktop 시작하기

QlikSense와 같은 데이터 검색 및 시각화 툴의 주요 이점 중 하나는 애플리케이션을 다운로드, 설치 또는 구성할 때 애플리케이션을 시작하는 오버헤드가 최소화될 수 있다는 것이다. 자, 이제 시작해보자.

QlikSense 다운로드

웹사이트(http://www.qlik.com/us/products/qlik-sense/desktop)를 방문해 최신 버전의 QlikSense를 다운로드할 수 있다. 다음 스크린샷과 같이 웹사이트의 오른쪽 상단에 있는 TRY OR BUY 버튼을 클릭하자.

버튼을 클릭하면 QlikSense Desktop 또는 QlikSense Cloud를 다운로드할 수 있는 페이지로 이동한다. 다음 스크린샷과 같이 QlikSense Desktop 아래의 FREE DOWNLOAD 버튼을 클릭하자.

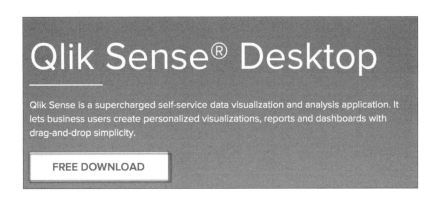

버튼을 클릭하면 QlikSense 다운로드가 시작되기 전에 Qlik이 사용자 정보를 알 수 있도록 연락처를 등록하라는 입력 양식이 나타난다. 양식을 제출하면 다운로드 프로세스가 시작된다.

QlikSense 설치

설치 파일을 실행하면 다음 스크린샷과 같이 로컬 시스템에 파일을 실행할 수 있는 충분한 공간이 있는지 알려주는 메시지 팝업이 표시된다.

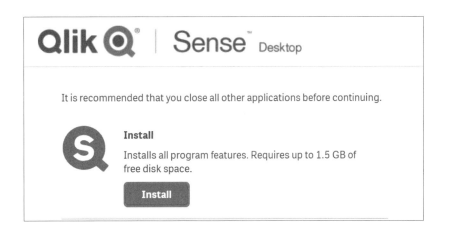

QlikSense Desktop은 윈도우 비스타 64비트 이상에서 사용할 수 있다. 윈도우 서버 (Windows Server) 또는 32비트 윈도우 운영체제에서는 사용할 수 없다.

Install 아이콘을 클릭하고 이용 약관에 동의하면 설치가 시작된다. 설치가 완료되면 다음 스크린샷과 같이 완료 메시지가 나타난다.

QlikSense Desktop을 성공적으로 다운로드하고 설치했다. 이제 인벤토리 대시보드를 작성하는 데 사용할 데이터를 시각화할 수 있다.

SQL Server로 인벤토리 데이터 집합 개발하기

인벤토리 대시보드의 데이터 집합을 시각화하기 전에 데이터 집합을 만들자. 데이터 집합을 통해 얻고자 하는 것은 여러 창고의 재고를 확인해 재주문이 필요한지 여부를 결정하는 것이다.

SQL Server에 내장돼 있는 다음 쿼리는 Adjustable Race 상품에 대한 예다. 여기서 Adjustable Race는 재주문을 위해 필요한 최소 값보다 낮은 인벤토리 제한을 가진 제품이다.

```
SELECT
loc.Name as WarehouseName
,inv.ProductID
,prod.Name as ProductName
,sum(inv.Quantity) as Inventory
,sum(prod.ReorderPoint) as ReorderPoint
,case when sum(inv.Quantity) > sum(prod.ReorderPoint) then 'N' else 'Y' end
as ReorderFlag
FROM [AdventureWorks2014].[Production].[Location] as loc
inner join [AdventureWorks2014].[Production].[ProductInventory] as inv on
loc.LocationID = inv.LocationID
inner join [AdventureWorks2014].[Production].[Product] as prod on
prod.ProductID =     inv.ProductID

where Prod.Name = 'Adjustable Race'

group by
loc.Name
,inv.ProductID
,prod.Name
```

쿼리 결과는 다음 스크린샷과 같다.

	WarehouseName	ProductID	ProductName	Inventory	ReorderPoint	ReorderFlag
1	Miscellaneous Storage	1	Adjustable Race	324	750	Y
2	Subassembly	1	Adjustable Race	353	750	Y
3	Tool Crib	1	Adjustable Race	408	750	Y

쿼리의 마지막 열은 case문을 사용해 작성한 ReorderFlag 필드다. 이 필드는 특정 웨어하우스의 지정된 제품을 재주문해야 하는지 여부를 나타내는 데 사용한다. 이 쿼리는 QlikSense를 연결하는 데 사용될 것이다. 그 전에 다음 행을 제거해서

Adjustable Race 필터뿐 아니라 모든 제품을 가져올 수 있도록 하자.

```
where Prod.Name = 'Adjustable Race'
```

QlikSense Desktop에 SQL Server 쿼리 연결하기

이제 이전 절에서 만든 인벤토리 쿼리와 QlikSense를 연결할 준비가 됐다. QlikSense를 처음 실행하면 다음 스크린샷과 같이 CREATE A NEW APP 메시지가 표시된다.

다음 스크린샷에서 볼 수 있듯이 애플리케이션 이름을 AdventureWorks Inventory Dashboard라고 정할 수 있다.

그런 다음 애플리케이션을 만들고 실행시킬 수 있다. QlikSense를 처음 실행하면 다음 스크린샷과 같이 데이터를 추가하는 두 가지 옵션을 개발자에게 제공한다.

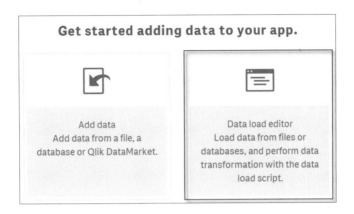

SQL Server로 작성한 기존 쿼리를 활용하기 위해 Data load editor 메소드를 활용한다. 자동 그래픽 방식의 **Add data** 메소드를 사용하는 것보다는 수작업 프로세스가 좀 더 많다. 하지만 Data load editor를 사용하면 QlikSense에 데이터를 로드하는 방법에 대한 통찰력을 얻을 수 있을 것이다.

Data load editor 메소드를 사용하면 오른쪽 위의 Create new connection 아이콘을 선택할 수 있다. 그 후 다음 스크린샷과 같이 ODBC를 선택할 수 있다.

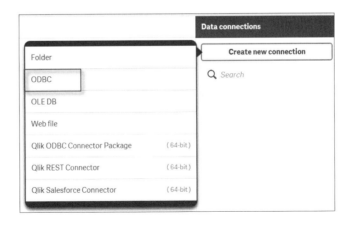

SQL Server 데이터베이스에 대한 기존 ODBC 연결을 찾아야 한다. 다음 스크린샷에서 보듯이 해당 데이터베이스는 5장, 'R로 예측하기'에서 SQLBI라 이름 지은 데이터베이스다.

ODBC 연결 SQLBI는 네트워크 로그인 ID를 사용해서 윈도우 NT 인증을 통해 만들어졌다. 따라서 SQL Server와 QlikSense 간의 ODBC 연결을 위한 사용자 이름/비밀번호 입력이 필요 없다. SQL Server 인증을 사용해 원본 ODBC 연결이 대신 설정된다면 사용자 이름/암호 입력이 필요하다.

연결이 생성되면 QlikSense에서 사용할 수 있는 기본 스크립트 설정을 확인할 수 있다.

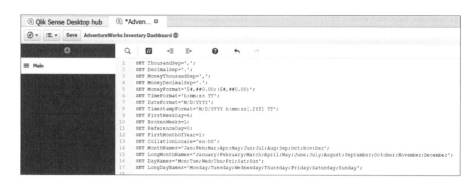

우리는 기본 설정 값을 변경하지 않을 것이며, 커스터마이징이 필요할 경우 해당 위치에서 조정하면 된다. 이 설정 값의 19번째 행에 SQL Sever의 SQL 스크립트를 삽입해 QlikSense에 로드할 수 있다. 유일한 요구 사항은 SQL문 앞에 다음 코드를 추가해 ODBC 연결이 스크립트를 가져올 때 사용되는지 확인하는 것이다.

LIB CONNECT TO 'SQLBI';

전체 코드는 다음과 같이 에디터에 나타난다.

```
19    LIB CONNECT TO 'SQLBI';
20
21    SELECT
22    loc.Name as WarehouseName
23    ,inv.ProductID
24    ,prod.Name as ProductName
25    ,sum(inv.Quantity) as Inventory
26    ,sum(prod.ReorderPoint) as ReorderPoint
27    ,case when sum(inv.Quantity) > sum(prod.ReorderPoint) then 'N' else 'Y' end as ReorderFlag
28    FROM [AdventureWorks2014].[Production].[Location] as loc
29    inner join [AdventureWorks2014].[Production].[ProductInventory] as inv on
30    loc.LocationID = inv.LocationID
31    inner join [AdventureWorks2014].[Production].[Product] as prod on
32    prod.ProductID =  inv.ProductID
33
34    group by
35    loc.Name
36    ,inv.ProductID
37    ,prod.Name;
```

이제 오른쪽 상단 모서리에 있는 **Load Data** 아이콘을 클릭해 스크립트로 생성된 데이터를 로드할 수 있다. 성공적으로 데이터를 로드하면 다음 스크린샷과 같이 Data load progress와 Data is complete라는 메시지를 확인할 수 있다.

QlikSense Desktop으로 인터랙티브한 비주얼 컴포넌트 개발하기

이제 데이터 로딩이 완료됐으며 애플리케이션에서 시각화를 시작할 수 있다. 시각화를 하려면 먼저 다음 스크린샷과 같이 왼쪽 상단에 있는 **App overview** 아이콘으로 이동하자.

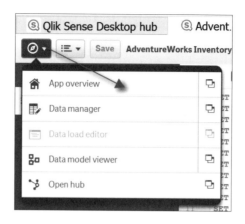

처음 QlikSense로 애플리케이션을 개발할 때는 **Data manager**와 **App overview** 사이에서 길을 잃을 수 있다. 이 아이콘을 친구처럼 사용해 시각화와 데이터 관리를 앞뒤로 전환할 수 있게 하자.

시트 만들기

App overview에 들어가서 새 시트를 만들면 애플리케이션 개발을 시작할 수 있다. 이 시트에 이름을 붙이고 다음 설명을 추가한다.

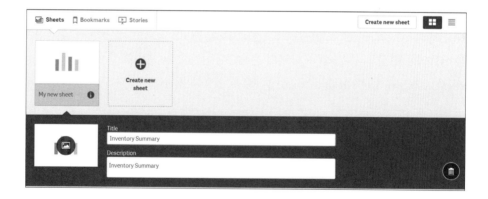

Title과 Description을 추가하고 나면, 다음 스크린샷과 같이 새로 생성된 Inventory Summary 아이콘을 클릭해 개발을 시작해야 한다.

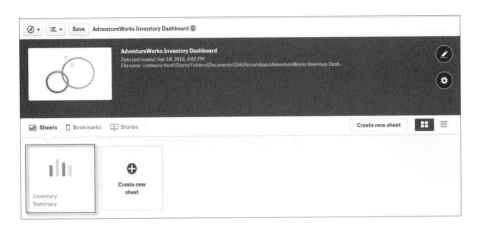

다음 스크린샷과 같이 Inventory Summary 시트는 시트 수정을 시작하기 위해 클릭해야 할 위치를 알려주는 메시지를 제외하고는 아직 완전히 비어있다.

The sheet is empty

Click ✏ at the top right, to start editing your sheet and create visualizations.

대시보드를 변경하려면 Edit 모드여야 한다. 다음 버튼을 클릭해서 Edit 모드 간에 온/오프 전환을 할 수 있다.

Edit를 클릭하면 메뉴의 왼쪽에 다음 기능에 액세스할 수 있는 네 가지 아이콘이 보인다.

- 차트
- 커스텀 객체
- 마스터 항목
- 필드

시각화 개발 프로세스 동안 필요에 따라 메뉴의 각 항목을 다룰 것이다.

필터 창 컴포넌트 만들기

요약 시트에서는 주로 각 웨어하우스의 고급 정보에 중점을 둘 것이다. 데이터 집합에는 인벤토리를 포함하는 페인트와 프레임 용접 등의 14개 웨어하우스가 있다. 우리는 다음 스크립트를 실행시켜 SQL Server 내에서 웨어하우스의 고유 리스트를 식별할 것이다.

```
select
distinct
x.WarehouseName
from
(
SELECT
loc.Name as WarehouseName
,inv.ProductID
,prod.Name as ProductName
,sum(inv.Quantity) as Inventory
,sum(prod.ReorderPoint) as ReorderPoint
,case when sum(inv.Quantity) > sum(prod.ReorderPoint) then 'N' else 'Y' end
as ReorderFlag
FROM [AdventureWorks2014].[Production].[Location] as loc
inner join [AdventureWorks2014].[Production].[ProductInventory] as inv on
loc.LocationID = inv.LocationID
inner join [AdventureWorks2014].[Production].[Product] as prod on
prod.ProductID =        inv.ProductID
```

```
group by
loc.Name
,inv.ProductID
,prod.Name
) x
```

SQL Server 내에서 쿼리 출력을 볼 수 있다.

좋은 소식은 필터에서 사용할 별개의 `WarehouseName` 값을 검색하기 위해 QlikSense에서 이와 동일한 쿼리를 다시 만들 필요가 없다는 것이다. 다음 스크린샷과 같이 **Charts** 아이콘을 클릭하고 **Filter pane**을 캔버스의 왼쪽으로 드래그하기만 하면 된다.

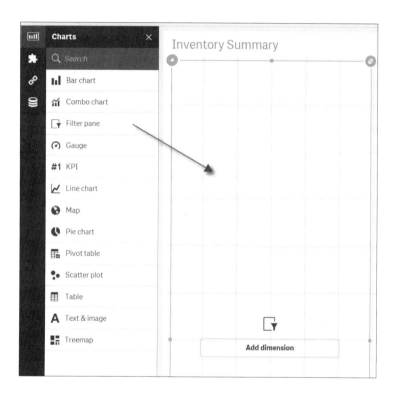

그런 다음 **Add dimension** 아이콘을 클릭하고 `WarehouseName`을 선택 항목으로 클릭해 선택 항목으로 표시되도록 할 수 있다. 그러면 이전 쿼리에서 얻은 동일한 14개의 고유한 `WarehouseName` 선택 사항이 있음을 알 수 있다.

`WarehouseName` 필터 아래에서는 `ReorderFlag` 인디케이터에 대한 필터 창을 만드는 프로세스가 반복된다. 이렇게 하면 사용자에게 인벤토리에 대한 두 가지 필터 옵션이 제공된다.

이제 선택기에는 다음 스크린샷과 같이 캔버스 왼쪽에 두 개의 필터 창이 있다.

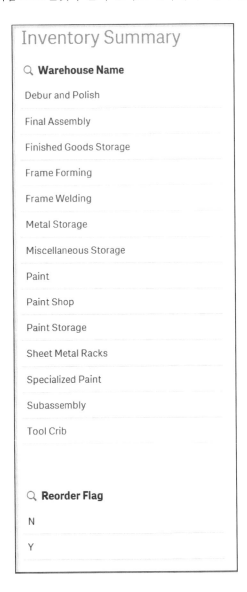

커스텀 계산 및 KPI 만들기

이제 재고량과 재주문 포인트 수량 사이의 비율을 비교할 수 있는 방법을 만들고자 한다. Master items 아이콘을 클릭하고 다음 스크린샷과 같이 Measures에서 Create new를 선택하자.

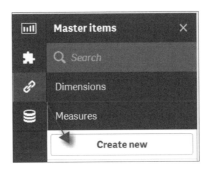

Create new measure 함수 안에서 다음 계산을 통해 Expression 내부의 측정 값을 편집할 수 있다.

Sum(Inventory)/Sum(ReorderPoint)

그리고 다음 스크린샷과 같이 Inventory Ratio 계산에 이름을 지정할 수 있다.

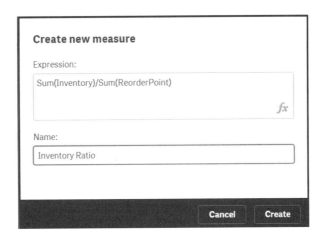

새 측정 값을 만들면, 쿼리의 기타 측정 값과 마찬가지로 사용할 수 있다. 이제 차트 구성 요소로 돌아가 다음 스크린샷과 같이 **#1 KPI** 컴포넌트를 캔버스의 오른쪽 필터로 드래그할 수 있다.

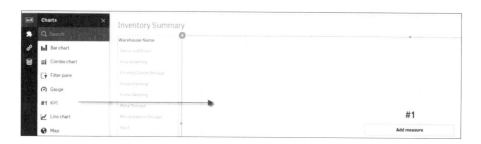

#1 라벨 아래에 있는 **Add measure** 아이콘을 선택하면, 다음 스크린샷과 같이 방금 생성한 Inventory Ratio 측정 값을 선택할 수 있는 옵션이 나타난다.

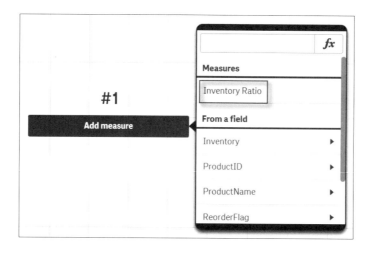

이 측정 값을 #1 KPI 컴포넌트에 추가하면 기본적으로 모든 웨어하우스의 값이 반영된다. 필터 창을 선택하고 필터 입력이 #1 KPI 컴포넌트의 출력에 어떤 영향을 미치는지 확인하기 위해, Done을 클릭해 Edit 모드를 빠져나와 필터를 테스트할 수 있다. 예를 들어 다음을 필터링해보자.

```
Warehouse Name = Paint
```

이 경우 다음 스크린샷에서 볼 수 있듯이 Inventory Ratio 값이 0.29로 나타난다.

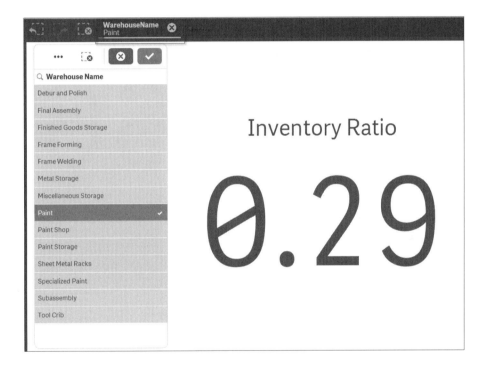

필터 창에서 선택한 내용은 대시보드가 필터링되고 있음을 나타내는 추가 지시자 indicator 로서 메뉴 바에 추가로 표시된다. 필터 창은 다중 선택기로 작동하며 다음 스크린샷과 같이 생성된 선택기의 개수를 볼 수 있다.

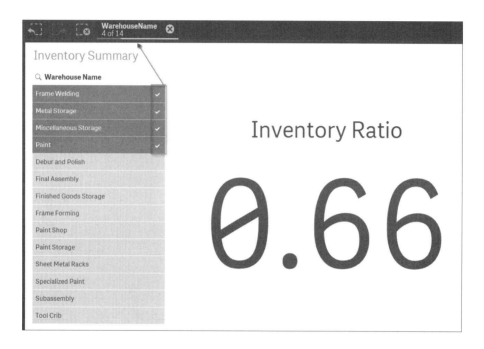

여러 측정 값으로 막대 차트 만들기

캔버스 중간에 커다란 KPI가 있는 것은 멋지다. 그러나 사용자가 KPI 아래의 차트 구성 요소를 보고 동일한 KPI 번호에 더 많은 내용을 제공하는 것이 훨씬 더 멋지다. **Edit** 모드로 다시 전환하면, 다음 스크린샷과 같이 Inventory Ratio 컴포넌트 아래에 **Bar Chart** 컴포넌트를 끌어다 놓을 수 있다.

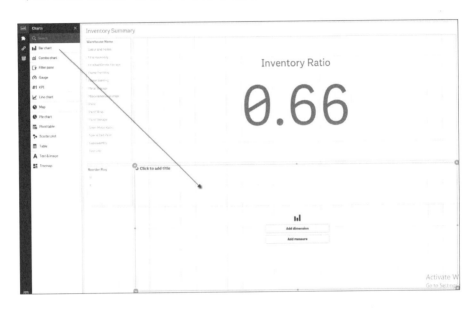

이 막대 차트의 목표는 재고 수량을 재주문 포인트 수량과 비교하는 것이다. 먼저 다음 스크린샷과 같이 **Data** 탭을 클릭해 막대 차트에 차원[dimension]과 측정 값[measure]을 할당해보자.

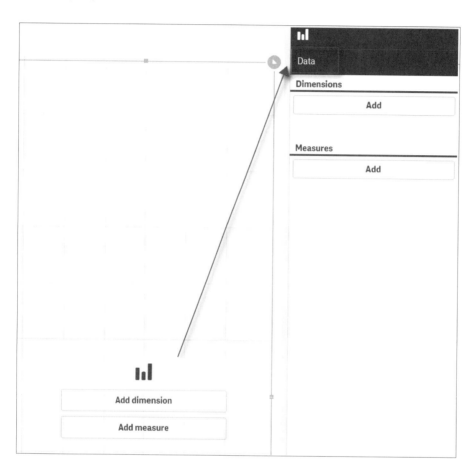

Dimensions와 Measures 아래에 **Add** 버튼이 추가됐다. Dimensions에서는 **Field**로부터 `ProductName`을 추가한다. Measures에서는 **Add** 버튼을 두 번 누른다. 합계가 있는 `Inventory`를 추가하는 방법은 다음과 같다.

```
Sum(Inventory)
```

두 번째로 합계가 있는 `ReorderPoint`를 추가한다.

`Sum(ReorderPoint)`

출력은 다음 스크린샷에서 볼 수 있다.

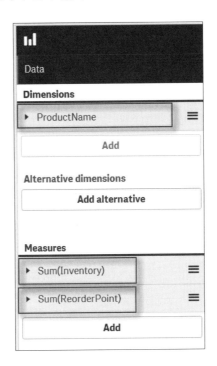

`Sum(Inventory)` 및 `Sum(ReorderPoint)`의 두 가지 측정 값이 있다. 라벨을 다음과 같이 변경해 두 측정 값을 모두 확장하고 이름을 바꿀 수 있다.

- `Inventory`
- `Reorder Point`

또한 콤보 차트의 왼쪽 상단에 있는 **Click to add title** 섹션을 클릭해 차트에 Inventory vs Reorder Point와 같은 이름을 지정할 수 있다. 또한 오른쪽에 있는 **Appearance > Colors and Legend** 탭을 클릭하고, 다음 스크린샷과 같이 **Legend position** 아래에서 범례 제목을 **Right**에서 **Top**으로 변경할 수 있다.

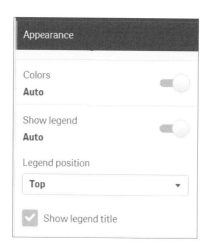

이제 **Edit** 모드를 종료하고 다음 스크린샷과 같이 현재 대시보드를 현재 디자인 및 페인트 샵Paint Shop 필터로 볼 수 있다.

콤비네이션 차트는 다음의 다섯 제품을 보여준다.

- Paint-Blue
- Paint-Silver
- Paint-Red

- Paint-Yellow
- Paint-Black

전체 Inventory Ratio는 0.83으로, 재주문이 필요한 페인트가 더 많다는 의미다. Reorder Flag = N에 2차 필터를 적용하면, 다음 스크린샷과 같이 Paint-Blue와 Paint-Silver라는 두 가지 제품만 볼 수 있다.

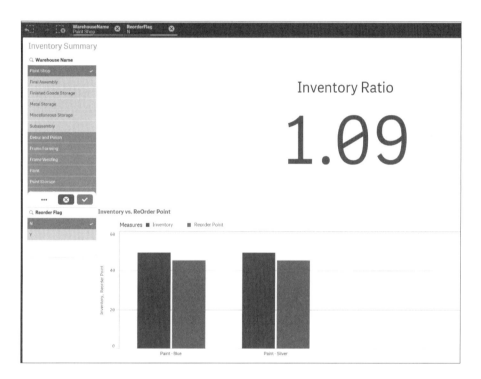

또한 이 두 가지 경우에 전반적인 Inventory Ratio가 1.0보다 높은 1.09점이라는 것을 알 수 있다. 이는 재주문을 실행하는 데 필요한 최소한의 수량보다 많은 재고가 있음을 나타낸다. 따라서 Paint-Blue 및 Paint-Silver를 서둘러 주문하지 않아도 된다.

우리는 Reorder Flag = Y를 설정할 때, Inventory Ratio가 1.0 미만으로 표시되고 다른 세 가지 페인트가 나타날 것으로 예상한다. 다음 스크린샷에서 결과를 볼 수 있다.

실제로 Inventory보다 Reorder Point 수치가 더 높은 세 가지 페인트 색상과 0.65 값을 갖는 Inventory Ratio가 보인다.

Inventory Ratio 옆에는 약간의 공백이 있다. 우리는 이 공백을 활용해 분산형 플롯을 추가할 수 있다.

두 가지 방법으로 분산형 플롯 만들기

분산형 플롯은 다른 축의 두 측정 값을 비교하는 유용한 시각화다. 분산형 플롯을 사용해 Inventory 및 Reorder Point 값을 비교할 수 있다. 다음 스크린샷과 같이 Charts 메뉴에서 Scatter Plot 컴포넌트를 드래그해 KPI 컴포넌트의 오른쪽에 놓을 수 있다.

이제 Product Name을 첫 번째 차원인 Inventory에는 합계를 가진 첫 번째 측정 값으로, Reoder Point에는 마찬가지로 합계를 갖는 두 번째 측정 값으로 할당할 수 있다. 다음 스크린샷에서 분산형 플롯의 디폴트 뷰를 보자.

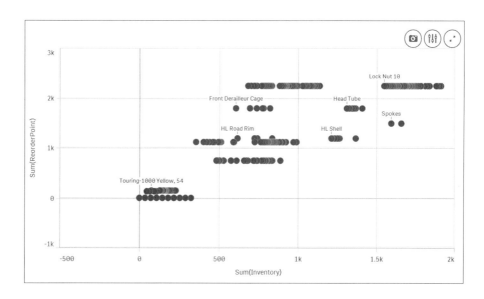

Warehouse Name을 Frame Welding으로 설정하면, 다음 스크린샷에서 볼 수 있듯이 대다수의 제품에서 Reorder Point가 375로 표시된다.

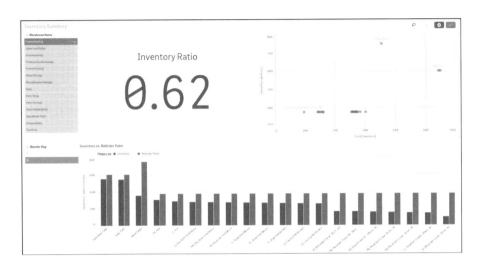

또한 전체 Inventory Ratio는 1.0보다 훨씬 낮으며(0.62) 모든 제품에서 Inventory가 전체적으로 Reorder Point보다 낮다.

이제 우리는 두 개의 선택기와 세 개의 컴포넌트가 있는 완벽한 대시보드를 갖게 됐다. 이 대시보드의 선택기와 컴포넌트는 모두 인벤토리에 대해 알아야 할 모든 것을 알려주는 단일 Microsoft SQL Server 쿼리를 기반으로 한다. 다음으로는 대시보드를 다른 사용자와 공유하는 방법을 중점적으로 다룰 것이다.

인벤토리 대시보드 게시하기

QlikSense 애플리케이션을 다른 사용자에게 게시하는 여러 방법이 있다. 그러나 필요한 기능 및 상호작용에 따라 특정 방법이 다른 방법보다 더 적합할 수 있다.

PDF로 내보내기

가장 빠르고 쉬운 방법은 문서를 PDF로 내보내 거의 모든 장치에서 빠르게 볼 수 있도록 하는 것이다. 그러나 애플리케이션을 PDF로 내보내는 것의 단점은 더 이상 다른 컴포넌트 간의 상호작용에 액세스할 수 없거나, 간단한 선택을 할 수 있는 능력이 없다는 것이다.

예를 들어 사용자가 주문이 필요한 페인트 샵 용품을 보는 데 관심이 있다면 사전에 선택해야 한다. 선택이 완료되면, 다음 스크린샷과 같이 Menu 아이콘을 클릭하고 Export sheet to PDF를 선택한다.

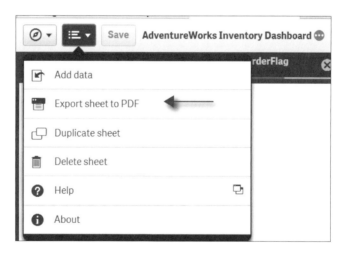

그다음에는 다음 스크린샷과 같이 Paper size, Resolution (dots per inch), Orientation 을 선택할 수 있다.

PDF 설정을 선택하면, 다음 스크린샷과 같이 Export 버튼을 클릭하고 PDF 파일을 다운로드 가능한 링크를 받을 수 있다.

다음 스크린샷처럼 다운로드된 파일을 브라우저나 PDF 리더에서 볼 때, 그래픽 컴포넌트는 잘 보이지만 선택기 컴포넌트는 잘 보이지 않는다.

따라서 사용자를 위해 QlikSense 앱을 제공하는 것이 바람직하다고 판단되면 데이터를 사용자에게 전달하기 전에 모든 선택을 마무리해야 한다.

Qlik Cloud로 내보내기

대시보드에 모든 기능을 요구하는 사용자를 위해 Qlik Sense 애플리케이션을 사용한다면 애플리케이션을 Qlik Cloud에 게시하는 것이 가장 좋은 방법이다. Qlik Cloud를 통해 우리 애플리케이션에 접근하는 이들의 필요에 맞게 편집 권한을 부여함으로써 대시보드를 함께 수정할 수도 있다. Qlik은 최대 다섯 명의 사용자와 앱을 무료로 공유할 수 있게 한다.

 Qlik Cloud에 대한 자세한 내용은 http://www.qlik.com/us/products/qlik-sense/qlik-cloud를 참고하자.

데스크톱 애플리케이션으로 Qlik을 시작하려면 다음 스크린샷과 같이 **QlikSense Desktop Hub**로 가서 오른쪽 상단의 **Qlik Cloud** 아이콘을 클릭하자.

Qlick Cloud 사이트(https://qlikcloud.com/)에 접속해 로그인하거나 일부 정보를 입력해 계정을 만들 수 있다. 로그인하면 다음 스크린샷과 같이 데스크톱과 유사한 브라우저 레이아웃을 볼 수 있다.

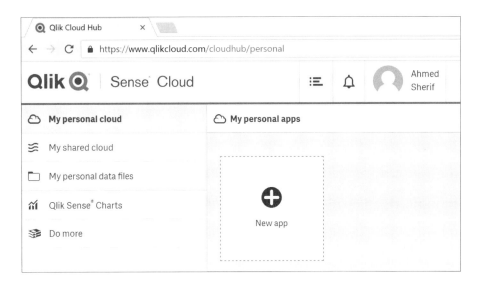

My personal apps 아래의 New app 아이콘을 선택하고 다음 스크린샷과 같이 Upload an app을 선택할 수 있다.

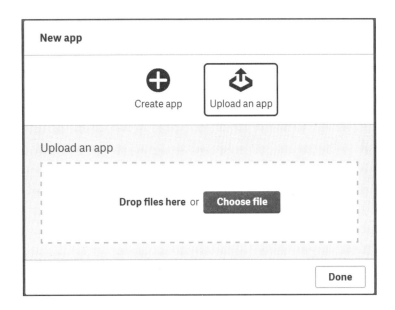

이어서 Choose file을 선택하고 다음 화면과 같이 QlikSense와 함께 사용할 애플리케이션 파일(확장자가 .qvf인 파일)을 선택한다.

이 시점에서는 Qlik Cloud에서 선택할 수 있는 대시보드 애플리케이션들의 이름을
볼 수 있다. Inventory Summary 시트를 클릭해 결과를 확인하면, 다음 스크린샷과 같
이 데스크톱의 기능들을 모두 사용 가능한 친숙한 대시보드 애플리케이션을 볼 수
있다.

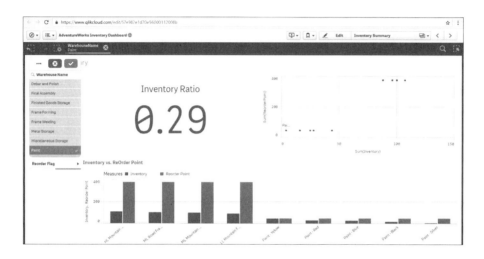

Qlik Cloud 내부에서 이 애플리케이션은 Edit 기능을 사용할 수 있다. 이는 사용자
가 대시보드를 편집하고 필요한 경우 추가 수정 작업을 할 수 있다는 의미다. 이 경
우 편집자와 사용자 모두가 개발자다. 애플리케이션을 대시보드 수정 기능 없이 사
용자와 공유하려면, Qlik Cloud의 My personal cloud로 이동해 애플리케이션을 오
른쪽 버튼으로 클릭하고 다음 스크린샷과 같은 메뉴에서 Publish를 선택하면 된다.

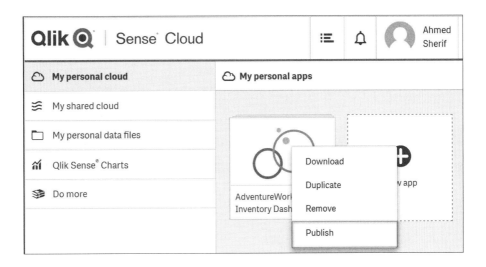

이 시점에서 애플리케이션은 다음 스크린샷과 같이 My personal cloud 폴더에서 My shared cloud 폴더로 이동한다.

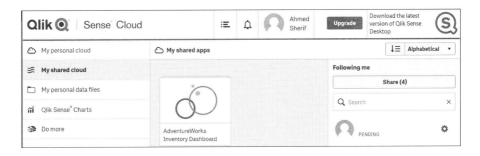

My shared cloud의 애플리케이션 오른쪽에 있는 Share 버튼을 눌러 최대 다섯 개의 고유 계정 사용자에 한해 전자 메일로 애플리케이션을 공유할 수 있다. Qlik Cloud 계정을 가진 사용자가 공유받은 대시보드를 열면 다음 스크린샷과 같이 Edit 기능이 없는 동일한 대시보드를 볼 수 있다.

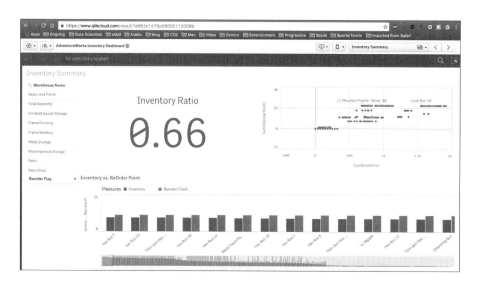

요약

8장을 모두 살펴봤다. SQL Server로 작성된 간단한 쿼리로 시작해 QlikSense Desktop에 연결했고, 서로 인터랙션을 할 수 있도록 QlikSense에 여러 컴포넌트를 구축했다. 최종 결과는 Inventory Dashboard의 완성품으로, AdventureWorks의 웨어하우스에서 제품 가용성을 확인하려는 사용자에게 의미 있는 결과물이었다. 마지막으로 Qlik Cloud를 사용해 최종 사용자와 완성된 애플리케이션을 공유하는 다양한 방법을 살펴봤다. 9장, 'Microsoft SQL Server로 데이터 분석하기'에서는 SQL Server 내의 일부 내장 툴을 사용해 데이터의 유효성을 검사하는 방법과 이 책에서 다룬 모든 기술 집합을 전반적으로 비교해본다.

9

Microsoft SQL Server로 데이터 분석하기

이 책의 마지막 장이다. 조심스레 말하면 우리는 꽤 많은 정보를 다뤘다. 이제 당신은 비즈니스 인텔리전스가 상호 연관된 주제, 방법론, 기술의 광범위한 스펙트럼을 다룬다는 사실을 알 것이다.

> "원하는 목표를 향해 행동을 유도하는 방식으로 제시된 사실의 상호 관계를 이해하려는 능력"
>
> – 한스 피터 룬 / IBM 연구원

'비즈니스 인텔리전스BI, Business Intelligence'라는 용어는 1958년 IBM의 한스 피터 룬Hans Peter Luhn이 처음 사용했다. 이 용어는 여전히 IT 측의 백엔드 사용자만을 위한 것이다. 1980년대부터 데이터 웨어하우스를 좀 더 쉽게 읽을 수 있게 되고 1990년대에 개인 컴퓨터가 보급되면서 BI가 상업화됐다. 이후 10년마다 비즈니스와 IT 간의 격차를 줄이기 위해 새로운 벤더들이 새로운 BI 툴을 소개했다. 현재 BI는 소셜 미디어 데이터를 BI에 통합하려는 움직임을 보인다. 궁극적으로 BI 벤처의 성공은 모든 데이터를 하나로 모으는 데이터베이스에 달려 있다.

Microsoft SQL Server는 가장 많이 사용되는 엔터프라이즈 데이터베이스 관리자 중 하나로, Microsoft SQL Server를 선택하는 여러 이유가 있겠지만 가장 큰 이유는 마이크로소프트 운영체제의 액세스 가능성과 호환성 때문이다. 대시보드와 리포트는 대부분의 사용자가 일상적으로 직접 인터랙션하기 때문에 변동이 잦다. 반면, 잘 모델링된 데이터베이스와 데이터 웨어하우스는 같은 사용자에게 일관된 결과를 제공해야 하므로 꽤 오랜 시간 동안 변동 없이 유지된다. 궁극적인 목표는 데이터를 사용하는 사용자의 신뢰를 얻는 것이다. BI 개발자는 언제든지 이전으로 돌아갈 수도 있고 리포트를 더 예쁘고 화려하게 만들 수 있다. 만약 데이터 웨어하우스에서 잘못된 결합 작업을 수행한 탓에 데이터가 정확하지 않더라도, 실제 리포트에서 이를 수정하는 데 필요한 작업 양은 많지 않다.

BI 개발자는 리포트나 대시보드에 나오는 특정 값에 대한 질문 전화를 종종 받는다. 다음 예는 해당 상황에 대한 일부 시나리오다.

- 특정 값을 이전 달의 값과 비교했을 때 두 배가 됐다고 말한다.
- 보여야 할 필드가 비어있는 것으로 보인다고 말한다.
- 계산된 필드 값이 개별 부분을 정확하게 합산하지 않는 것 같다고 말한다.

9장은 Microsoft SQL Server에서 결과를 유효하게 하고 SQL을 이해하는 사용자에게 전달해 그들의 요구를 충족시킬 수 있는 쿼리 기술들에 초점을 맞춘다. 데이터의 무결성에 대한 질문이 제기됐을 때는 SQL Server 데이터 웨어하우스에 직접 원본과 데이터를 쿼리하는 것이 중요하다. 이는 IT 너드[nerd]와 비즈니스 분석가 사이의 간격을 좁히는 데 도움이 될 것이다. 또한 9장은 앞서 소개했던 툴을 비교하는 부분도 포함한다.

다음은 9장에서 다룰 주제들이다.

- 일대일로 툴 비교하기
- SQL Server에서 뷰 개발하기
- SQL Server에서 윈도우 함수 수행하기
- SQL Server에서 저장 프로시저 수행하기

일대일로 툴 비교하기

앞서 우리는 BI에 사용할 수 있는 여섯 가지 툴을 살펴봤다. 해당 툴은 크게 두 범주에 속한다.

- 데이터 검색을 위한 데스크톱 애플리케이션
- 기존 프로그래밍 언어

가장 적합한 툴 또는 방법론을 결정하는 것은 주로 우리의 요구와 BI 성숙도에 달려 있다. 사용자는 숟가락으로 데이터를 떠먹여줘야 할 정도로 시장에 바로 내놓아도 될 수준의 높은 완성도를 원하는가? 사용자가 기술에 친숙해 로우 데이터가 저장된 곳을 알려줘야 하고 사용자가 스스로 작업할 수 있을 정도인가? 이것들은 모두 좋은 질문이며, 이에 대한 답변은 조직에 따라, 그리고 동일한 조직 내의 사용자마다 다를 것이다.

데이터 검색을 위한 데스크톱 애플리케이션 비교

우리는 데이터 검색을 위한 데스크톱 애플리케이션 중 인기 있는 세 가지를 살펴봤다.

- Power BI
- Tableau Public
- QlikSense

위 툴을 사용해 BI 애플리케이션 개발을 연습하면서 비슷한 점과 차이점을 발견했을 것이다. 이러한 차이점 중 일부를 확인해보자.

데이터 연결성

QlikSense와 Power BI는 SQL Server와 직접 연결하고 테이블과 SQL 스크립트 결과를 임포트할 수 있다. 이것은 BI 애플리케이션을 통해 데이터 웨어하우스에서 최신 테이블을 자동으로 업데이트할 수 있는 강력한 기능이다. 현재 Tableau Public 버전에서는 이 기능을 제공하지 않고 라이선스 버전에서만 이 기능을 제공한다. Tableau Public 버전에서 결과를 가져오기 위해 SQL Server에서 CSV 파일을 저장하고 그것을 Tableau에 임포트한다.

BI 성숙도

2016년 Tableau는 여러 가지 면에서 데이터 검색의 마켓 리더였지만, 주로 컴포넌트의 성숙도에 힘입어 시장을 이끌었다. Tableau의 경우 블록을 둘러보고 차트, 그래프, 스토리보드, 대시보드의 시각화 제공 기능을 테스트하고 미세 조정할 시간이 있다.

Qlik은 대부분의 전문가들에게 시각화 컴포넌트 측면에서 Tableau의 가장 큰 경쟁자로 간주된다. QlikSense는 Qlik이 제공한 최초의 데이터 검색 데스크톱 애플리케이션은 아니다. Qlik의 주력 제품은 QlikView며 이 제품은 주로 데이터를 깊이 파고들어 높은 수준의 커스터마이징을 돕는 애플리케이션으로 알려져 있다. 만약 당신이 기술자라면 QlikView는 당신에게 무한한 기회를 제공할 수 있다. 그러나 기술 능력적으로 제한된 비즈니스 분야의 사람이고 인터랙션을 추가하고 특정 질문에 신속하면서도 예쁘게 응답할 수 있는 애플리케이션을 구축하고자 한다면 QlikSense가 더 적합하다.

Power BI는 그중 가장 짧은 역사를 가졌지만 2014년 9월 시장에 나온 뒤로 많은 개선이 이뤄졌다. 3장, '엑셀로 분석하고 Power BI로 인터랙티브 맵과 차트 만들기'에서 언급했듯이 엑셀에서 비즈니스 질문에 대답하기 위해 엑셀의 피벗 테이블이나 피벗 차트를 쓰지 않는 비즈니스 사용자는 찾기 어렵다. 그러한 사용자들에게 Power BI는 인터페이스적으로 친숙한 면이 많을 것이다. Power BI는 Qlik이나 Tableau 같은 툴과 비교해 이점이 있는데, 그것은 마이크로소프트의 힘이다. 이미 프론트엔드로 엑셀을, 백엔드로 SQL Server를 쓰는 조직에게 Power BI는 자연스레 융화될 수 있을 것이다.

기존 프로그래밍 언어 비교

BI 애플리케이션을 위해 다음 세 가지 프로그래밍 언어를 다뤘다.

- D3.js(자바스크립트)
- R
- 파이썬

데이터 연결성

D3는 고급 시각화를 제공하지만 D3를 사용해 데이터로부터 시각화를 얻는 일은 매우 가파른 학습 곡선을 갖고 있다. SQL Server에서 D3로 데이터를 가져오려면 여러 개의 움직임이 필요하다. 먼저 CSV 파일을 폴더 위치로 내보내고 폴더 위치를 인식하는 웹 서버를 설정한 후 d3.csv() 함수를 사용해 원하는 폴더 위치에서 CSV 파일을 호출해야 한다. 파이썬과 R은 ODBC 연결을 사용해 SQL Server에 직접 연결하는 라이브러리를 갖고 있으므로 CSV 파일을 처리할 필요가 없다. 우리가 살펴본 예제들에서 파이썬은 PyPyODBC 라이브러리를 사용하고 R은 RODBC 라이브러리를 사용했다.

생산 속도

D3를 사용하면 사용자 소비를 시각화할 수 있다는 점이 R, 파이썬과 비교했을 때의 강점이다. D3를 사용한 개발은 HTML 레이아웃 내에서 이뤄지며 자바스크립트는 웹 언어다. D3로 시각화 개발을 마무리하는 대로 브라우저 또는 모바일에서 볼 수 있는 링크를 사용자에게 보내줄 수 있다. R과 파이썬은 시각화 게시를 위해 IDE(RStudio와 Jupyter Notebook)의 도움이 필요하다.

SQL Server에서 뷰 개발하기

이 장의 나머지 부분에서는 마이크로소프트의 데이터를 이해하고 조작하는 데 도움이 되는 Microsoft SQL Server 기능과 프로시저에 초점을 맞춘다. 데이터베이스 수준에서 원하는 결과로 더 많이 조작할 수 있고 BI 개발자, 데이터 분석가, 비즈니스 사용자가 리포팅 수준에서 조작이 필요한 범위가 더 적어질 것이다. 이는 고객을 좀 더 행복하게 만들 수 있다.

개발자는 이름 필터나 날짜 필터를 조금씩 변경해 반복해서 쿼리하는 경우가 많다. 이러한 유형의 쿼리는 SQL Server 내에서 뷰로 변환할 수 있는 좋은 유형이다. 쿼리를 위해 테이블을 사용하는 것과 비교할 때 뷰를 만드는 것은 다음과 같은 이점이 있다.

- 뷰는 사용자 액세스를 위해 복잡한 결합이 있는 여러 테이블의 결과를 하나의 위치로 통합할 수 있다.
- 뷰는 리포팅 수준에서 보안을 적용하는 대신 사용자에게 맞는 결과를 제한해 테이블 보안을 적용할 수 있다.
- 뷰는 백엔드 테이블이 열을 추가하거나 제거하는 방식으로 구조를 변경해도 사용자에게 일관된 구조로 제공할 수 있다.

앞서 7장, 'Tableau로 세일즈 대시보드 만들기'에서는 유형별 세일즈를 확인하는 다음 SQL 스크립트를 작성했다.

```
SELECT
distinct
SalesReason.Name as 'Sale Reason Name'
,SalesReason.ReasonType as 'Sale Reason Type'
,sum(round(SalesOrderHeader.SubTotal,2)) as 'Sales Amount'
,sum(round(SalesOrderHeader.TaxAmt,2)) as 'Tax'
,sum(round(SalesOrderHeader.Freight,2)) as 'Freight Amount'

FROM [AdventureWorks2014].[Sales].[SalesReason] as SalesReason

inner join [AdventureWorks2014].[Sales].[SalesOrderHeaderSalesReason] as
```

```
SalesOrderHeaderSalesReason on
SalesOrderHeaderSalesReason.SalesReasonID = SalesReason.SalesReasonID

inner join [AdventureWorks2014].[Sales].[SalesOrderHeader] as
SalesOrderHeader on
SalesOrderHeader.SalesOrderID = SalesOrderHeaderSalesReason.SalesOrderID

Group by SalesReason.Name, SalesReason.ReasonType
Order by 3 desc
```

이 쿼리의 결과 집합은 다음 스크린샷과 같다.

	Sale Reason Name	Sale Reason Type	Sales Amount	Tax	Freight Amount
1	Price	Other	10975842.56	878087.74	274380.29
2	On Promotion	Promotion	6361829.95	508951.68	159044.56
3	Manufacturer	Other	5998122.10	479847.59	149957.80
4	Quality	Other	5549896.77	443989.26	138752.46
5	Review	Other	1694882.19	135589.55	42374.17
6	Other	Other	248483.34	19880.75	6211.85
7	Television Advertisement	Marketing	27475.82	2198.68	687.24

비즈니스 사용자와 BI 개발자가 다음과 같은 대화를 한다고 생각해보자.

비즈니스 사용자: 안녕하세요! 모든 리포트에서 SaleReasonName에 대한 Other 부분을 지속적으로 걸러내고 있고 다른 사용자들도 그렇게 사용하고 있어요. 이 행을 완전히 걸러낼 수 있는 방법이 있을까요? 그렇게 된다면 제 업무가 더 편해질 것 같아요.

BI 개발자: 그럼 그 부분이 보이지 않게 해드릴게요. Other 부분은 당신의 리포트나 다른 리포트에 나오지 않아도 될까요?

비즈니스 사용자: 네. 부탁드려요!

BI 개발자: 네. 이 티켓을 BI Competency Council에 제시하고 그들이 동의하면 데이터베이스 레벨에서 그 부분을 제거할게요.

비즈니스 사용자: 좋아요! 고마워요!

이 기능에 대한 필터는 리포팅 수준으로 만들 수 있지만, 회사가 필요한 수준의 요청인 경우 데이터베이스 수준에서 필터를 적용하는 것이 좋다. 다음 스크립트와 같이 SQL을 수정할 수 있다.

```
SELECT
distinct
SalesReason.Name as 'Sale Reason Name'
,SalesReason.ReasonType as 'Sale Reason Type'
,sum(round(SalesOrderHeader.SubTotal,2)) as 'Sales Amount'
,sum(round(SalesOrderHeader.TaxAmt,2)) as 'Tax'
,sum(round(SalesOrderHeader.Freight,2)) as 'Freight Amount'

FROM [AdventureWorks2014].[Sales].[SalesReason] as SalesReason

inner join [AdventureWorks2014].[Sales].[SalesOrderHeaderSalesReason] as
SalesOrderHeaderSalesReason on
SalesOrderHeaderSalesReason.SalesReasonID = SalesReason.SalesReasonID

inner join [AdventureWorks2014].[Sales].[SalesOrderHeader] as
SalesOrderHeader on
SalesOrderHeader.SalesOrderID = SalesOrderHeaderSalesReason.SalesOrderID

where SalesReason.Name <> 'Other'

Group by SalesReason.Name, SalesReason.ReasonType
Order by 3 desc
```

변경된 스크립트를 실행하면 다음 스크린샷과 같이 Sales Reason Name이 Other인 열이 사라진 결과를 확인할 수 있다.

	Sale Reason Name	Sale Reason Type	Sales Amount	Tax	Freight Amount
1	Price	Other	10975842.56	878087.74	274380.29
2	On Promotion	Promotion	6361829.95	508951.68	159044.56
3	Manufacturer	Other	5998122.10	479847.59	149957.80
4	Quality	Other	5549896.77	443989.26	138752.46
5	Review	Other	1694882.19	135589.55	42374.17
6	Television Advertisement	Marketing	27475.82	2198.68	687.24

이 스크립트는 많은 개발자들이 사용하는 반복 쿼리이므로, 다음 스크립트를 통해
사용자가 액세스할 수 있는 영구적인 뷰로 변환할 수 있다.

```
USE [AdventureWorks2014] --Identifies the Database
GO


CREATE VIEW [Sales].[vSalesAmountbySalesReason] AS
SELECT
distinct
SalesReason.Name as 'Sale Reason Name'
,SalesReason.ReasonType as 'Sale Reason Type'
,sum(round(SalesOrderHeader.SubTotal,2)) as 'Sales Amount'
,sum(round(SalesOrderHeader.TaxAmt,2)) as 'Tax'
,sum(round(SalesOrderHeader.Freight,2)) as 'Freight Amount'

FROM [AdventureWorks2014].[Sales].[SalesReason] as SalesReason

inner join [AdventureWorks2014].[Sales].[SalesOrderHeaderSalesReason] as
SalesOrderHeaderSalesReason on
SalesOrderHeaderSalesReason.SalesReasonID = SalesReason.SalesReasonID

inner join [AdventureWorks2014].[Sales].[SalesOrderHeader] as
SalesOrderHeader on
SalesOrderHeader.SalesOrderID = SalesOrderHeaderSalesReason.SalesOrderID

where
SalesReason.Name <> 'Other'

Group by SalesReason.Name, SalesReason.ReasonType
--Order by 3 desc
```

처음 뷰를 생성할 때는 Create View 구문을 사용했다. 이후 해당 뷰를 변경하고자
한다면 Replace View 구문을 사용한다.

뷰를 생성할 때 Order By 절과 같은 특정 함수는 사용하지 않는 것이 좋으며 실행 시 에러 메시지가 나타날 수도 있다.

 TOP, OFFSET, FOR XML이 정의돼 있지 않다면 ORDER BY 절을 뷰, 인라인 함수, 파생 테이블, 하위 쿼리, 공통 테이블 식에서 사용할 수 없다.

이 함수들은 스크립트에서 주석 처리해야 한다. 뷰 외부에서 사용할 수 있기 때문에 뷰 생성 프로세스에 포함시킬 필요는 없다.

Create View 구문을 실행하면 새로 생성된 뷰의 이름이 Object Explorer에서 볼 수 있는 사용 가능한 뷰 목록에 다음 화면과 같이 표시된다.

결과를 쿼리하고자 한다면 다음 스크립트를 직접 실행하면 된다.

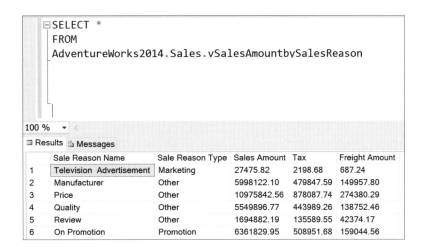

스크립트는 이제 이전과 같이 올바른 행 수를 얻으면서 더 간단하게 실행될 수 있다. 이러한 결과는 비즈니스 분석가와 협력하며 작업하는 BI 개발자로 하여금 안전한 영역에서 벗어난 여러 개의 결합들이 있는 복잡한 쿼리문보다 단일 뷰에 대한 액세스 권한을 부여하는 방법이 합리적이라고 판단할 수 있게 한다. 뷰와 테이블은 다른 구조를 갖지만 사용자가 염려할 만한 차이는 없다.

SQL Server에서 윈도우 함수 수행

대부분의 기능과 계산은 리포팅 수준에서 대시보드와 리포트를 통해 이뤄지지만, 때때로 데이터베이스 수준에서 이러한 기능 중 일부를 수행하는 것이 좋다. 일부 계산 기능은 다소 복잡하기 때문에 리포팅 수준에서 계산하는 것이 데스크톱에 부하를 줄 수 있다. 서버 수준에서 데이터베이스로 계산하는 것이 상대적으로 효율적이며, 또한 계산 기능이 데이터베이스 레벨에서 수행되면 모든 사용자에게 동일한 값을 제공할 수 있고 일관성을 유지할 수 있다. 정의된 수의 행과 열에서 수행되는 이러한 함수들을 윈도우 함수라고 부른다. 우리가 다루는 주요 윈도우 함수들은 다음과 같다.

- Rank

- Sum

- Avg

SQL Server의 Rank 함수 사용

대학 축구 팀에게 물어보라. 랭킹은 재미있는 것이다. 가장 일반적인 기능은 최상의 측정 값을 기준으로 순위를 매기는 것이다. 우리는 SELECT문에서 RANK() over (Order by)를 사용해 이 함수를 적용할 수 있다.

다음 스크린샷에서 볼 수 있듯이 [AdventureWorks2014].[dbo].[CountryRegion Bikes] 표는 국가별 자전거 라이더의 백분율을 보여준다.

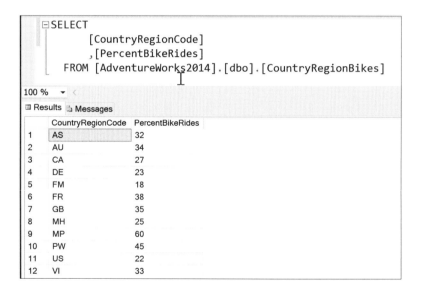

다음 스크립트에서 볼 수 있듯이 PercentBikeRides 값을 기반으로 국가들의 순위를 정하는 함수를 둘 수 있다.

```
SELECT
 CountryRegion.Name as 'Country Name'
  ,CountryRegionBikes.[PercentBikeRides] as 'Percent Bike Riders'
```

```
,RANK() OVER (ORDER BY [PercentBikeRides] DESC) AS 'Ranking'
FROM [AdventureWorks2014].[dbo].[CountryRegionBikes] as
CountryRegionBikes
inner join [AdventureWorks2014].[Person].[CountryRegion] as
CountryRegion on
CountryRegion.CountryRegionCode = CountryRegionBikes.CountryRegionCode
order by 3 asc
```

Ranking이라는 새 열을 만드는 것 외에 CountryRegion 테이블을 결합해 다음 스크 린샷과 같이 Country Name을 가져올 수 있다.

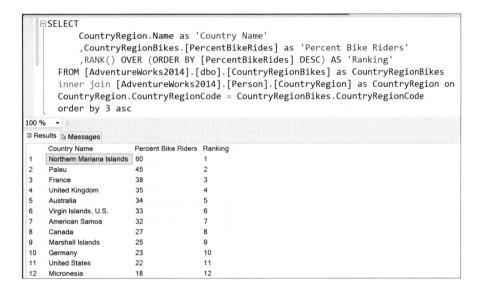

Percent Bike Riders의 비율이 가장 높은 곳은 Northern Mariana Islands로 이곳 의 Ranking은 1이다. 가장 낮은 Percent Bike Riders가 있는 곳은 Micronesia로 Ranking은 12다.

현재 스크립트는 Ranking에 대해 오름차순으로 정렬되게 했다. 만약 정렬 순서를 없애고 Country Name을 두면 다음 스크린샷과 같이 동일한 Ranking 값을 유지한다.

```
☐SELECT
      CountryRegion.Name as 'Country Name'
      ,CountryRegionBikes.[PercentBikeRides] as 'Percent Bike Riders'
      ,RANK() OVER (ORDER BY [PercentBikeRides] DESC) AS 'Ranking'
   FROM [AdventureWorks2014].[dbo].[CountryRegionBikes] as CountryRegionBikes
   inner join [AdventureWorks2014].[Person].[CountryRegion] as CountryRegion on
   CountryRegion.CountryRegionCode = CountryRegionBikes.CountryRegionCode
   order by 1 asc
```

100 % ▾ ‹

▦ Results ▤ Messages

	Country Name	Percent Bike Riders	Ranking
1	American Samoa	32	7
2	Australia	34	5
3	Canada	27	8
4	France	38	3
5	Germany	23	10
6	Marshall Islands	25	9
7	Micronesia	18	12
8	Northern Mariana Islands	60	1
9	Palau	45	2
10	United Kingdom	35	4
11	United States	22	11
12	Virgin Islands, U.S.	33	6

Micronesia가 가장 낮은 Ranking을 가졌음에도 불구하고 일곱 번째 행에 있는 것을 볼 수 있다. 만약 두 국가가 같은 값을 갖는다면 Ranking 값은 어떻게 될까? 두 국가가 동일한 순위 값을 가질까? 그중 하나는 다른 값들에게 타이브레이커tiebreaker 역할을 하게 될까? 현재 데이터 집합에는 다른 국가와 동일한 Percent Bike Riders를 갖는 국가는 없다. 현재 데이터들은 모두 유니크한 값을 갖는다. 연습을 위해 두 개의 국가가 동일한 Percent Bike Riders를 갖도록 데이터를 날조할 것이다. 다음의 삽입 스크립트를 통해 Albania의 AL과 CountryRegionCode를 추가하자.

```
USE [AdventureWorks2014]
GO

INSERT INTO [dbo].[CountryRegionBikes]
        ([Index],[CountryRegionCode],[PercentBikeRides])
    VALUES
        (12, 'AL', 32)
```

다음 스크린샷과 같이 결과를 미리보기해보면 CountryRegionBikes를 위한 새 테이블은 12개의 행 대신 13개의 행을 갖는다.

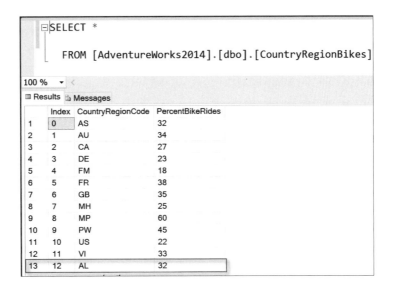

Country Name을 가져오기 위해 전체 스크립트를 실행해보면 다음 스크린샷과 같이 일곱 번째라는 동일한 Ranking을 가진 두 국가가 표시된다.

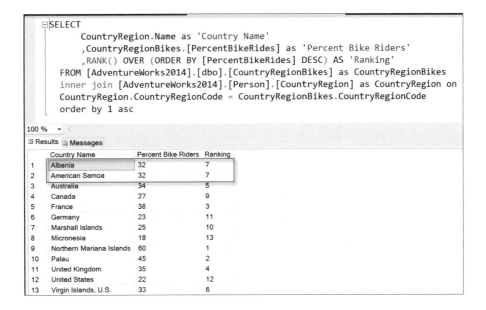

Rank() 함수는 동점이 있는 경우에 연속 번호를 할당하지 않으므로 8의 값을 할당 받은 Country Name은 없다. 동점이 있어도 다음 순위를 연속된 순위인 8로 할당하고자 한다면 다음 스크립트와 같이 Dense_Rank() 함수를 사용해야 한다.

```
DENSE_RANK() OVER (ORDER BY [PercentBikeRides] DESC) AS 'Dense Ranking'
```

새로운 결과는 다음 스크린샷과 같다.

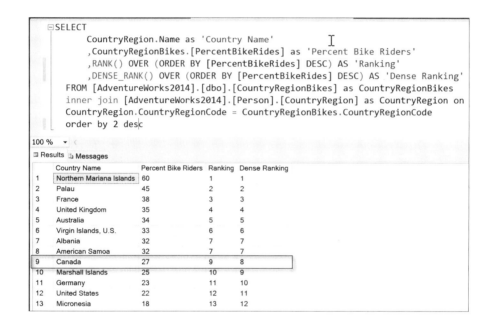

이제 Canada는 Ranking이 9위고 Dense Ranking은 8위다. 동점이 나온 후에 랭킹이 연속적으로 나타나길 원한다면 Dense_Ranking()을 사용하고 그렇지 않을 때는 Ranking()을 사용하면 된다.

316

마지막으로 타이[tie]가 있는지 여부에 관계없이 각 행의 유니크한 수를 원한다면, 다음 스크린샷과 같이 Row_Number() 함수를 사용해야 한다.

```sql
SELECT
      CountryRegion.Name as 'Country Name'
      ,CountryRegionBikes.[PercentBikeRides] as 'Percent Bike Riders'
      ,RANK() OVER (ORDER BY [PercentBikeRides] DESC) AS 'Ranking'
      ,DENSE_RANK() OVER (ORDER BY [PercentBikeRides] DESC) AS 'Dense Ranking'
      ,ROW_NUMBER() OVER (ORDER BY [PercentBikeRides] DESC) AS 'Row Number'
FROM [AdventureWorks2014].[dbo].[CountryRegionBikes] as CountryRegionBikes
inner join [AdventureWorks2014].[Person].[CountryRegion] as CountryRegion on
CountryRegion.CountryRegionCode = CountryRegionBikes.CountryRegionCode
order by 2 desc
```

100 % ▾

Results | Messages

	Country Name	Percent Bike Riders	Ranking	Dense Ranking	Row Number
1	Northern Mariana Islands	60	1	1	1
2	Palau	45	2	2	2
3	France	38	3	3	3
4	United Kingdom	35	4	4	4
5	Australia	34	5	5	5
6	Virgin Islands, U.S.	33	6	6	6
7	Albania	32	7	7	7
8	American Samoa	32	7	7	8
9	Canada	27	9	8	9
10	Marshall Islands	25	10	9	10
11	Germany	23	11	10	11
12	United States	22	12	11	12
13	Micronesia	18	13	12	13

Albania, American Samoa, Canada가 함수에 따라 다른 값을 가지고 있다는 것을 알았다. Row_Number()는 행 수의 유니크한 할당을 허용하고 행 순서는 현재 결과의 구성 순서에만 근거한다.

SQL Server의 Sum 함수

차원 및 측정 값으로 리포팅할 때 데이터 요약은 기본이다. 데이터가 특정 세분화 수준으로 요약되면, 측정 값은 같은 레벨까지 합산된다. 데이터 파티션 내에서 발생할 수 있는 합계의 특정 타입들이 있다. 그중 매우 널리 사용되는 합계는 롤링 합계 rolling summation다. 롤링 합계 기능을 적용하기 위해 다음의 SQL 스크립트를 사용한다. 원본 스크립트는 다음과 같다.

```
SELECT
[FirstName]
,[MiddleName]
,[LastName]
,[EmailPromotion] as 'Email Promotion Count'

FROM [AdventureWorks2014].[HumanResources].[vEmployee]
```

이 스크립트를 실행하면, 다음 스크린샷과 같은 결과가 나온다.

Email Promotion Count의 오른쪽에 새 열을 추가해보자. 해당 새 열은 Email Promotion Count의 누적 값이다. 각 행을 내려갈 때마다 Email Promotion Count의 값을 더한다. SQL문에 다음 함수를 적용해서 이 작업을 수행하자.

sum([EmailPromotion]) OVER (order BY [LastName], [MiddleName], [FirstName] asc) as 'Running Sum'

위 SQL문의 결과다.

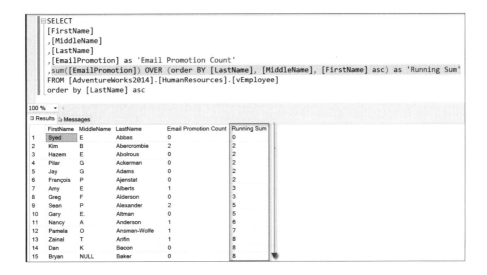

새 열인 Running Sum은 Email Promotion Count를 누적한다. 마지막 행인 15번째 행의 Running Sum 값은 8이다. 누적 합계 계산은 매우 유용하다. 특히 파티션된 데이터의 순서에 따라, 전체의 백분율을 다루거나 전체 각 시점에서의 합계가 무엇인지 알길 원할 때 매우 유용하다.

SQL Server의 Average 함수

누적 합계와 거의 동일한 누적 평균 계산이 있다. 이 기능은 Rank(), Sum()과 비슷한 형식을 사용해 다음과 같이 적용한다.

```
avg() over (partition by, order by )
```

파티션에 대한 평균 계산average calculation은 주week, 월month, 년year과 같은 특정 기간 동안의 측정 값을 처리할 때 유용하다. avg() 기능을 적용하는 완벽한 방법은 다음 스크린샷에서처럼 데이터 집합을 사용하는 것이다.

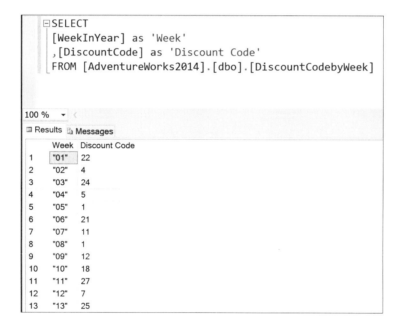

주 단위로 롤링 평균 Discount Code를 보려면 SQL의 select에 다음 스크립트를 적용해보자.

```
avg([DiscountCode]) over(order by [WeekInYear]) as 'Running Average'
```

스크립트를 실행하면, Discount Code의 매주 롤링 평균을 알 수 있다.

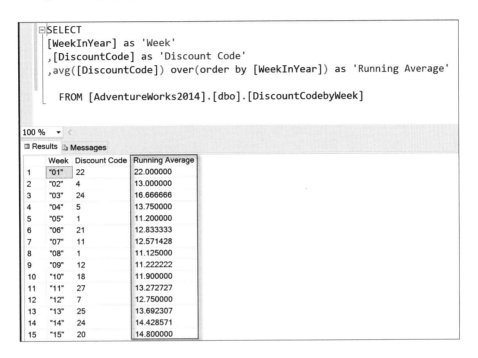

계산된 수에 대한 분별 검사^{sanity check}를 수동으로 하는 것은 항상 좋은 생각이다. Running Average의 첫 번째 값은 22다. 두 번째 값은 13이다. 처음 두 개의 Discount Code 값을 가져와서 합친 후 2로 나눈다. 값이 얼마가 나오는가?

```
Running Average for Week 02 = (22 + 4) /2 = 13
```

롤링 평균은 하나 또는 두 개 이상의 값에 쉽게 영향을 받지 않지만 전체 값의 움직임을 고려하기 때문에 경향을 감지하는 데 적합하다.

사례 로직으로 Crosstab 작성하기

앞에서 설정했듯이, Crosstab은 테이블 형식의 데이터를 나누기 위한 매우 보편적인 방법이다. 특히 단일 평가 값으로 이차원 간의 관계를 평가할 때 매우 보편적인 방법이다. 많은 사람들이 PivotTable을 사용해 Crosstab을 만드는 유일한 목적을 위해 주로 엑셀을 사용한다. 대부분의 경우, 데이터 웨어하우스는 테이블 포맷 형식으로 정보를 저장하지만 Case 식을 사용해 SQL Server로 Crosstab 기능을 생성하는 방법이 있다. Case 함수는 리포팅 레벨에서 if-then 로직과 같이 데이터베이스 레벨에서 동일한 목적으로 제공된다.

 Microsoft SQL Server의 Case 식에 대한 자세한 내용을 보려면 https://msdn.microsoft.com/en-us/library/ms181765.aspx를 방문하자.

데이터 분석가와 BI 개발자 간의 다음과 같은 대화를 상상해보자.

데이터 분석가: 안녕하세요. 저는 당신으로부터 제가 엑셀을 사용하는 대신 Tableau를 사용해 대시보드를 작성해야 한다고 들었지만, 현재 저는 PivotTable에서 보이는 것처럼 데이터를 가져오기 위해 Tableau로 데이터를 조작하는 방법을 알지 못합니다.

BI 개발자: 좋습니다. 그렇다면 제가 당신에게 이미 Crosstab으로 형식화된 데이터를 가진 뷰를 보내보면 어떨까요? 엑셀 대신에 Tableau를 사용해 보시겠습니까?

데이터 분석가: 물론이지요.

BI 개발자: (성가시다는 것을 보여주기 위해 눈을 올리는 행동을 하며) 좋습니다. 티켓을 제출해주세요.

다음 스크립트에서 볼 수 있듯이, 관심 있는 데이터 집합은 vIndividualCustomer 라는 뷰에서 테이블 형식으로 모든 국가의 단위[unit] 수들을 가져온다.

```
SELECT
[CountryRegionName]     as 'Country'
,[StateProvinceName] as 'State'
,count([BusinessEntityID]) as 'Unit Counts'

FROM [AdventureWorks2014].[Sales].[vIndividualCustomer]
Group by
[CountryRegionName]
,[StateProvinceName]
```

이 SQL 스크립트의 처음 10개 행의 결과는 다음 스크린샷과 같다.

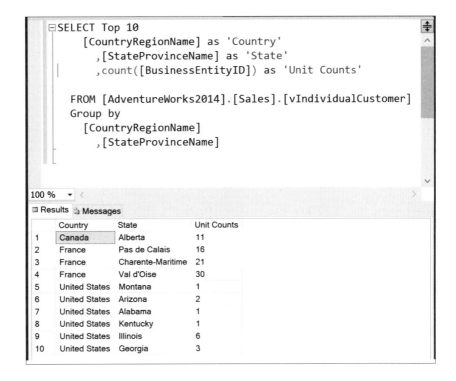

사용자가 SQL 스크립트의 결과를 다음 형식으로 제공하도록 요청한다.

Row Labels	▾ Canada	France	United Kingdom
Alberta	11		
British Columbia	1559		
Charente-Maritime		21	
England			1913
Essonne		150	
Garonne (Haute)		30	
Hauts de Seine		195	
Loir et Cher		17	
Loiret		60	
Moselle		56	
Nord		284	
Ontario	1		
Pas de Calais		16	
Seine (Paris)		386	
Seine et Marne		60	
Seine Saint Denis		285	
Somme		22	
Val de Marne		30	
Val d'Oise		30	
Yveline		168	

사용자는 캐나다, 프랑스, 영국을 위한 열 필드에 대한 엑셀 PivotTable을 복제하려고 한다. 행들은 이 세 국가와 관련된 도시들이다. 사용자는 국제 고객과만 일하기 때문에 나머지 국가들은 필요 없다. 이 형식으로 확인한 후 SQL Server에서 이 형식으로 다시 만드는 데 CountryRegionName을 사용하는 세 가지 case 식으로 충분할 것이다.

세 가지 case문을 적용하면 다음 스크립트가 남게 된다.

```
SELECT
[StateProvinceName] as 'State'
,case when [CountryRegionName] = 'Canada' then count([BusinessEntityID])
else 0 end as 'Canada'
,case when [CountryRegionName] = 'France' then count([BusinessEntityID])
else 0 end as 'France'
,case when [CountryRegionName] = 'United Kingdom' then
```

```
count([BusinessEntityID]) else 0 end as 'United Kingdom'

FROM [AdventureWorks2014].[Sales].[vIndividualCustomer]
Group by
[CountryRegionName]
,[StateProvinceName]
Order by 1 asc;
```

이 스크립트 결과는 다음과 같다.

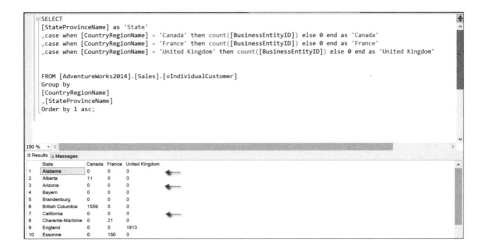

이제 캐나다, 프랑스, 영국의 올바른 열 값들을 볼 수 있을 것이다. 그러나 우리가 Crosstab에 포함되길 원하지 않은 알라바마, 아리조나, 캘리포니아에 대한 행 값 또한 볼 수 있다.

where절에 다음 필터를 적용하면 불필요한 행을 제외할 수 있다.

```
where [CountryRegionName] IN ('Canada', 'France', 'United Kingdom')
```

업데이트된 스크립트를 미리보기해보면, PivotTable에서 얻은 결과와 동일한 결과가 보여야 한다.

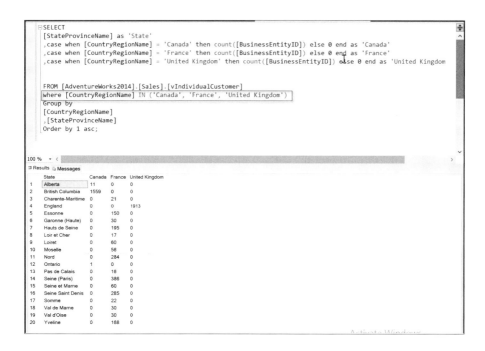

Case 식은 SQL Server에서 Crosstab을 만드는 유일한 방법은 아니다.

SQL Server에서 pivot을 사용해 Crosstab 만들기

pivot 함수는 행을 열로 바꾸는 또 다른 강력한 SQL Server 메소드며 엑셀의 PivotTable과 유사하게 수행된다. 이는 특정 차원의 고유 값들의 리스트를 회전시키고, 여러 열 값 헤더들로 변환한다.

 Microsoft SQL Server의 피벗(pivot)에 대한 자세한 내용을 보려면 https://msdn. microsoft.com/en-us/library/ms177410.aspx를 방문하자.

pivot 함수를 사용해 Crosstab을 결합하는 다음 단계를 수행할 수 있다.

우선, vIndividualCustomer 뷰에서 결합하지 않고 필요한 모든 필드가 있는 원본 쿼리를 작성할 수 있다.

```
SELECT
[CountryRegionName]
,[StateProvinceName]
,[BusinessEntityID]
FROM [AdventureWorks2014].[Sales].[vIndividualCustomer]
where CountryRegionName IN ('Canada', 'France', 'United Kingdom')
```

다음으로는 다음 스크립트에서 보여지는 것처럼 이 쿼리를 서브쿼리로 사용하고 모든 필드를 가져오는 메인 쿼리를 수행한다.

```
SELECT *
FROM
(SELECT
[CountryRegionName]
,[StateProvinceName]
,[BusinessEntityID]
FROM [AdventureWorks2014].[Sales].[vIndividualCustomer]
where CountryRegionName IN ('Canada', 'France', 'United Kingdom')
) as tabular
```

서브쿼리의 이름을 tabular로 지정할 것이다. 스크립트를 실행하면, 처음 10개 행에 대해 다음과 같은 출력이 표시된다.

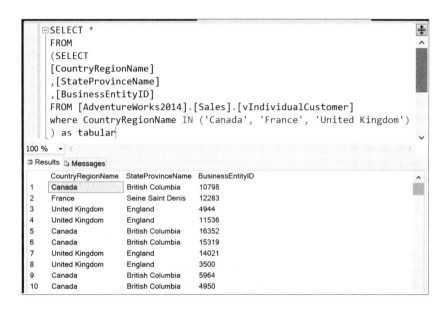

이제 Count([BusinessEntityID])에 의해 열에서 [CountryRegionName]을 피벗하려는 스크립트의 나머지 부분을 개발해야 한다.

```
PIVOT (
Count([BusinessEntityID])
FOR [CountryRegionName]
IN
([Canada],[France],[United Kingdom])) as NewPivot
```

마지막 스크립트에 도달하기 위해 tabular 부분 아래에 NewPivot 부분을 추가할 수 있다.

```
SELECT *
FROM
(SELECT
[CountryRegionName]
,[StateProvinceName]
```

```
,[BusinessEntityID]
FROM [AdventureWorks2014].[Sales].[vIndividualCustomer]
where CountryRegionName IN ('Canada', 'France', 'United Kingdom')
) as tabular

PIVOT (
Count([BusinessEntityID])
FOR [CountryRegionName]
IN
([Canada],[France],[United Kingdom])) as NewPivot
```

최종 스크립트가 실행되면, SQL Server에서 다음과 같은 출력을 볼 수 있다.

하나의 차원을 열로, 다른 차원을 행으로 지정한다는 우리의 목표를 성공적으로 달성했다. 이것은 엑셀의 PivotTable에서도 볼 수 있다.

이 메소드를 사용할 때의 단점은 pivot 함수로 명시된 국가를 수동으로 입력해야 한다는 것이다. 몇 가지 선택만으로도 충분할 수는 있다. 그러나 요구 사항이 모든 단일 국가를 열로 포함하는 것이라면 무엇을 해야 할까? 이것은 상당한 수작업일 것이다. 다행히도, 이러한 것들을 자동화해서 우리의 삶을 좀 더 쉽게 만들어줄 수 있는 절차가 있다.

SQL Server에서 저장 절차 수행하기

저장 절차는 버튼 클릭만으로 특정 작업을 수행할 수 있는 일련의 스크립트들이다. 저장 절차는 수많은 이유로 사용하기에 좋다. 특히 수동 작업의 경우 그렇다. 그것은 수동 작업을 자동화하고 좀 더 효율적으로 수행하도록 도와준다.

 Microsoft SQL Server의 저장 절차를 더 자세히 알고 싶다면 https://msdn. microsoft.com/en-us/library/ms345415.aspx를 방문하자.

앞의 예제에서는 열로 사용됐던 세 개 나라의 값을 수동으로 입력해야 했고 다음과 같은 방식으로 형식을 지정해야 했다.

```
[Canada], [France], [United Kingdom]
```

자, 데이터베이스가 업데이트됐고 United Kingdom이 UK로 변경됐다면 어떨까? 우리 스크립트를 업데이트해야 한다. 또한 모든 국가를 열로 포함하려는 경우 다음 리스트를 사용해야 한다.

```
[Australia],[Canada],[France],[Germany],[United Kingdom],[United States]
```

새 국가가 리스트에 추가되면, 그 국가를 포함시키기 위해 리스트를 수동으로 업데이트해야 한다. 국가의 고유한 목록을 동적으로 생성하는 저장 절차를 개발하는 것이 이상적이다.

SQL Server에는 quotename() 이라는 훌륭한 함수가 있다. 이 함수는 적절한 식별자 identifier 를 포함하는 리스트를 만들기 위해 구문 기호들을 가져온다. 이 경우는 대괄호다. 별개의 SQL문에 quotename()을 적용하면 국가의 고유 목록을 생성할 수 있다.

```
SELECT DISTINCT quotename(CountryRegionName)+','
FROM [AdventureWorks2014].[Sales].[vIndividualCustomer]
```

이 SQL문의 결과는 다음과 같다.

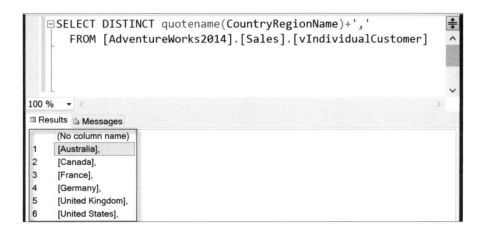

이제 pivot 함수에 필요한 대괄호로 묶인 국가들의 리스트를 가지고 있다. 다음 몇 단계는 이전 장에서 D3, R, 파이썬으로 했던 작업을 조금 연상시킨다. 이제 우리는 변수에 값을 할당하기 시작할 것이다.

우리가 할당할 첫 번째 변수는 @CountryNames다. @CountryNames는 국가의 고유 리스트를 적절한 형식으로 저장하는 데 사용될 것이다.

```
Declare @CountryNames NVARCHAR(4000)= ''

SELECT @CountryNames += quotename(CountryRegionName)+','
  FROM [AdventureWorks2014].[Sales].[vIndividualCustomer]
group by CountryRegionName
```

그런 다음 SQL Server의 print 함수를 사용해 변수를 출력해보자.

```
print @CountryNames
```

print 함수로 변수를 출력하면 다음과 같다.

@CountryNames 변수는 우리가 필요로 하는 동일한 별개 국가 리스트를 돌려준다. 유일한 이슈는 리스트의 끝에 추가 쉼표(,)가 있다는 것이다. 이 쉼표는 제거해야 한다. 다음 스크립트로 그렇게 할 수 있다.

```
set @CountryNames = substring(@CountryNames,1, len(@CountryNames)-1)
```

스크립트는 다음 스크린샷과 같이 substr() 함수를 사용해 마지막 문자인 쉼표를 뺀 값으로 변수를 설정한다.

```
Declare @CountryNames NVARCHAR(4000)= ''

SELECT @CountryNames += quotename(CountryRegionName)+','
    FROM [AdventureWorks2014].[Sales].[vIndividualCustomer]
group by CountryRegionName

set @CountryNames = substring(@CountryNames,1, len(@CountryNames)-1)

print @CountryNames
```
100 %
Messages
```
[Australia],[Canada],[Germany],[France],[United Kingdom],[United States]
```

다음으로 두 번째 변수인 @SQL_Statement를 만든다. @SQL_Statement는 전체 SQL 문을 저장하는 데 사용된다.

```
Declare @SQL_Statement NVARCHAR(4000) = ''
```

이전 절에서 사용된 전체 스크립트에 @SQL_Statement를 할당해 pivot 함수를 만든다.

```
set @SQL_Statement =
'SELECT *
FROM
(SELECT
[CountryRegionName]
,[StateProvinceName]
,[BusinessEntityID]
FROM [AdventureWorks2014].[Sales].[vIndividualCustomer]
) as tabular

PIVOT (
Count([BusinessEntityID])
FOR [CountryRegionName]
IN
('
+@CountryNames+
')) as NewPivot '
```

이 변수는 문자열로 스크립트를 저장하며 print 함수를 사용해 그 문자열을 출력해 볼 수 있다.

```
print @SQL_Statement
```

스크립트의 결과는 다음 스크린샷에서 볼 수 있다.

```
Declare @SQL_Statement NVARCHAR(4000) = ''
set @SQL_Statement =
'SELECT *
FROM
(SELECT
[CountryRegionName],[StateProvinceName],[BusinessEntityID]
FROM [AdventureWorks2014].[Sales].[vIndividualCustomer]
) as tabular

PIVOT (
Count([BusinessEntityID])
FOR [CountryRegionName]
IN
('
+@CountryNames+
')) as NewPivot '

print @SQL_Statement
```

```
100 %
Messages
    SELECT *
    FROM
    (SELECT
    [CountryRegionName]
    ,[StateProvinceName]
    ,[BusinessEntityID]
    FROM [AdventureWorks2014].[Sales].[vIndividualCustomer]
    ) as tabular

    PIVOT (
    Count([BusinessEntityID])
    FOR [CountryRegionName]
    IN
    ([Australia],[Canada],[Germany],[France],[United Kingdom],[United States])) as NewPivot
```

print 함수는 스크립트 전체를 보여주며 @CountryNames 변수는 다른 변수인 @SQL_
Statement 안에 있는 국가들을 보여준다. 이제 print 함수를 제거하고 다음의 스크
립트를 추가해 저장 프로시저를 수행할 수 있다.

```
execute sp_executesql @SQL_Statement
```

저장 프로시저의 전체 스크립트는 다음과 같다.

```
Declare @CountryNames NVARCHAR(4000)= ''
Declare @SQL_Statement NVARCHAR(4000) = ''
SELECT @CountryNames += quotename(CountryRegionName)+','
  FROM [AdventureWorks2014].[Sales].[vIndividualCustomer]
group by CountryRegionName

set @CountryNames = substring(@CountryNames,1, len(@CountryNames)-1)

set @SQL_Statement =
'SELECT *
FROM
(SELECT
[CountryRegionName]
,[StateProvinceName]
,[BusinessEntityID]
FROM [AdventureWorks2014].[Sales].[vIndividualCustomer]
) as tabular

PIVOT (
Count([BusinessEntityID])
FOR [CountryRegionName]
IN
('
+@CountryNames+
')) as NewPivot '

execute sp_executesql @SQL_Statement
```

이제 모든 국가에 대한 전체 Crosstab을 볼 수 있다.

```
execute sp_executesql @SQL_Statement
```

100 %

Results   Messages

	StateProvinceName	Australia	Canada	Germany	France	United Kingdom	United States
1	Moselle	0	0	0	56	0	0
2	Garonne (Haute)	0	0	0	30	0	0
3	Illinois	0	0	0	0	0	6
4	Seine et Marne	0	0	0	60	0	0
5	Brandenburg	0	0	30	0	0	0
6	Hessen	0	0	377	0	0	0
7	Massachusetts	0	0	0	0	0	1
8	Ohio	0	0	0	0	0	4
9	Seine (Paris)	0	0	0	386	0	0
10	Oregon	0	0	0	0	0	1073
11	Wyoming	0	0	0	0	0	2
12	Arizona	0	0	0	0	0	2
13	Saarland	0	0	442	0	0	0
14	Loir et Cher	0	0	0	17	0	0
15	Seine Saint Denis	0	0	0	285	0	0
16	Virginia	0	0	0	0	0	1
17	England	0	0	0	0	1913	0
18	Essonne	0	0	0	150	0	0
19	New York	0	0	0	0	0	3
20	Maryland	0	0	0	0	0	1
21	New South Wales	1559	0	0	0	0	0
22	Ontario	0	1	0	0	0	0
23	Queensland	793	0	0	0	0	0
24	Pas de Calais	0	0	0	16	0	0
25	California	0	0	0	0	0	4445
26	Val de Marne	0	0	0	30	0	0
27	Missouri	0	0	0	0	0	1
28	Val d'Oise	0	0	0	30	0	0
29	Nord	0	0	0	284	0	0
30	Nordrhein-Westfa...	0	0	406	0	0	0
31	Minnesota	0	0	0	0	0	1
32	Florida	0	0	0	0	0	3
33	Charente-Maritime	0	0	0	21	0	0
34	Washington	0	0	0	0	0	2285
35	Alberta	0	11	0	0	0	0

테이블의 [CountryRegionName] 필드에 업데이트가 있을 때마다 이 스크립트를 수행하면 국가 리스트가 동적으로 업데이트된다.

변수들을 선언하기에 앞서 맨 위쪽에 다음 스크립트를 추가하면 이 스크립트를 Crosstab이라는 저장 프로시저로 변환할 수 있다.

```
CREATE PROCEDURE dbo.Crosstab as
```

이제 Management Studio의 **Object Explorer**에서 저장 프로시저를 볼 수 있다. 저장 프로시저는 **Programmability** 아래에 있는 **Stored Procedures**를 확장해보면 확인할 수 있다.

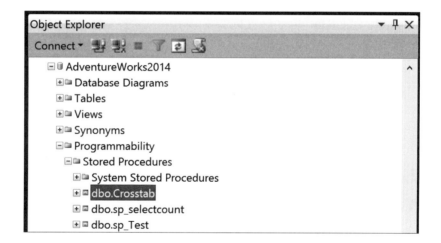

새 Crosstab을 봐야 할 때마다 마우스 오른쪽 버튼을 클릭하고 저장 프로시저를 수행할 수 있다.

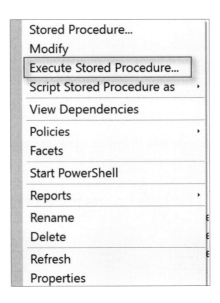

요약

9장의 끝만이 아니라 이 책의 끝까지 왔다. 9장은 고급 데이터의 준비, 조작, 계산에 중점을 두고 있다. 그리고 이 책의 이전 장들에서 다룬 다양한 BI 툴로 이러한 데이터 집합을 사용하는 최종 사용자들을 지원한다는 것을 다뤘다. 이전 장들에서는 리포팅 레벨에서 내용을 주로 다룬 반면, 9장에서는 데이터베이스 레벨에 집중했다. 데이터베이스 서버 쪽에 더 초점을 맞추면 사용자와 개발자가 데스크톱 레벨에서 필요로 하는 리소스를 최소화할 수 있다. 궁극적으로 BI 개발자의 목표는 사용자에게 채택되고 사용자 신뢰를 얻는 것이다.

찾아보기

A

Adventure Works의 로고
  URL 259
AdventureWorks의 데이터베이스
  다운로드 45, 46, 47, 48, 49
  설치 45, 46, 47, 48, 49
  URL 45

B

막대 차트(bar chart)
  여러 측정 값으로, 만들기 285
BeautifulSoup4(bs4)
  소개 72
  URL 72
비즈니스 인텔리전스(BI), 조직도
  데이터 분석가 34
  데이터 과학자 31
  관리자 33
  시각화 개발자 34
비즈니스 인텔리전스(BI)
  소개 25
  아키텍처 30, 32

C

Cascading Style Sheets(CSS)
  소개 118
  URL 118
카테고리, 툴
  데이터 검색을 위한 데스크톱 애플리케이션 303
  기존 프로그래밍 언어 305
차트
  고급 차트, ggplot()으로 만들기 170, 171, 172
  plot()으로, 그리기 168, 169, 170
  인터랙티브 차트, plot_ly()로 만들기 172, 173,
  174, 175
코딩 언어
  참조 링크 196
쉼표로 구분된 값(CSV) 78, 115

Comprehensive R Archive Network(CRAN) 53
Crosstabs
  사례 로직으로, 작성하기 322, 323, 324, 325,
  326
  SQL Server에서 pivot을 사용해, 만들기 324,
  327, 328, 329, 330

D

D3 templates
  D3 라이브러리, D3js.org에서 다운로드하기 123,
  124
  JS Bin 120, 121, 122
  개발용, 로드하기 120
D3, 데이터의 블렌딩
  색상, 추가하기 138
  데이터, 레이블링하기 139, 141
  하드코딩된 데이터, 시각화하기 133, 134
  자바스크립트 함수 135
  y축, 반전시키기 136, 137
D3, CSV와 융합하기
  소개 141
  막대 차트, CSV 데이터로 만들기 147, 149,
  150, 152, 153, 154
  CSV 파일, 준비하기 142
  파이썬 서버, 설정하기 142, 143, 144
  웹 서버, 테스트하기 145, 146, 147
D3.js
  소개 37
  URL 123
데이터 생성 데이터 집합
  URL 51
데이터 시각화(dataviz) 27
데이터 기반 문서(D3)
  소개 115
  아키텍처 117
  CSS 118
  HTML, 탐색하기 118
  자바스크립트 119

URL 115
소스 코드 편집기 119
SVG 119
데이터와 SQL 35
데이터프레임
　파이썬으로, 만들기 209, 210
　CountryRegionBikes, 임포트하기 82
　DiscountCodebyWeek, 임포트하기 78, 79, 80, 81
　R로, 프로파일링하기 166, 167, 168
　Microsoft SQL Server에, 업로드하기 78
검색 데스크톱 애플리케이션(discovery desktop applications)
　BI 성숙도 304
　비교하기 303
　데이터 연결성 303
문서 객체 모델(DOM) 119

E

엑셀
　소개 36
　SQL Server에, 연결하기 88, 89, 90
　SQL문에, 연결하기 93, 94, 95, 96
　PivotChart 96, 97, 98, 99, 100
　PivotTable 91, 92, 93
　URL 86
지수 스무딩(exponential smoothing) 177

G

그래프
　고급 차트, ggplot()으로 그리기 173, 171, 172
　차트, plot()으로 그리기 168, 169, 170
　R로, 그리기 168
　인터랙티브 차트, plot_ly()로 만들기 172, 173, 174, 175

H

히스토그램
　정규 분포도와, 결합하기 216, 217
　파이썬, 주석 달기 217, 218, 219
　결과, 분석하기 219, 220, 221
　파이썬에서, 시각화하기 210, 211, 212, 213
Holt–Winters
　소개 177

시계열, 예측 177, 178, 179
인적 자원(human resources)
　SQL Server 쿼리, 준비하기 197
HTML
　소개 118
　URL 118

I

기업 공개(IPO) 231
통합 개발 환경(IDE) 38, 56, 120
인벤토리 대시보드
　PDF로, 내보내기 293
　Qlik Cloud로, 내보내기 295
　게시하기 293
인벤토리 데이터 집합
　MS SQL Server로, 개발하기 268
IPython Notebook
　소개 196
　URL 202

J

자바스크립트
　소개 119
　함수 관련 URL 135
　URL 119
JS Bin
　소개 120, 121
　URL 120
Jupyter Notebook
　tor 196
　게시하기 226, 227, 228
　URL 196

K

킴볼 메소드 28, 29

L

Locally Weighted Scatterplot Smoother(LOWESS) 174

M

MAMP
　URL 143
matplotlib
　URL 211, 219

Microsoft Power BI
  소개 101
  열, 데이터 프레임으로 병합하기 189
  다운로드하기 101, …, 106
  설치하기 101, …, 106
  R, 내보내기 189
  R, 통합하기 191, …, 194
  리포트, 게시하기 110, 111, 112, 113
  리포트, 공유하기 110, 111, 112, 113
  URL 101, 111
  시각화, 만들기 106, 108, 109, 110
Microsoft SQL Server
  소개 40
  데이터프레임, 업로드하기 78
  다운로드하기 40, 41, 42, 45, 46, 47
  설치하기 40, 41, 42, 43, 44, 45
  파이썬, 연결하기 198
  세일즈 쿼리, 작성하기 234, 235, 236, 237, 238
  구문 관련 URL 35
  설치 관련 URL 44

N

정규분포 플롯(normal distribution plot)
  소개 214
  히스토그램, 결합하기 216, 217
  파이썬에서, 시각화하기 214, 215, 216
Notepad++
  URL 120

O

ODBC 연결
  구성하기 158, …, 165

P

Perceptual Edge
  URL 249
PivotChart
  엑셀에서, 사용하기 96, 97, 98, 99, 100
PivotTable
  엑셀에서, 사용하기 91, 92, 93
plot_ly() 함수
  인터랙티브 차트, 생성하기 172
  URL 172

Power BI 36
PyCharm
  다운로드하기 68, 69, 70, 71, 72, 73
  설치하기 68, 69, 70, 71, 72, 73
  프로젝트, 생성하기 198, 199, 200, 121, 202
  URL 68
PyPyODBC 라이브러리
  연결, 구축하기 205, 206, 207
  URL 207
파이썬 패키지
  URL 203
파이썬
  소개 38
  주석 217, 218, 219
  Microsoft SQL Server에, 연결하기 198
  PyPyODBC 라이브러리로 설정하기, 연결하기 205, 206, 207
  데이터프레임, 만들기 209, 210
  다운로드하기 66, 67, 68
  히스토그램, 시각화하기 210, 211, 212, 213
  설치하기 66, 67, 68
  라이브러리, 수동 설치 202, 203, 204, 205
  정규분포 플롯, 시각화하기 214, 215, 216
  플롯팅 라이브러리, 사용하기 221, 222, 223, 224, 225
  프로젝트, PyCharm에서 생성하기 198, 199, 200, 201, 202
  SQL 쿼리, 만들기 208, 209
  URL 66
  웹 스크래핑하기 74, 75, 76, 77

Q

Qlik 39
Qlik Cloud
  내보내기 295
  URL 295
QlikSense Desktop
  소개 266
  막대 차트, 여러 측정 값으로 만들기 285
  커스텀 계산, 만들기 281
  다운로드 266
  필터 창 컴포넌트, 만들기 277
  설치 267
  인터랙티브한 비주얼 컴포넌트, 개발하기 274

KPI, 만들기 281
SQL Server 쿼리, 연결하기 270
분산형 플롯, 만들기 290
시트, 만들기 275
URL 266

R

R Markdown
소개 157
코드, 실행하기 184
코드, 게시하기 181, 182, 183
구성 요소 183, 184
팁, 내보내기 185
기능 183, 184
출력 187, 188
URL 187
서식을 지정하고, 사용하기 181, 182, 183
R
소개 38
SQL 쿼리, 연결하기 165, 166
데이터프레임, 프로파일링하기 166, 167,168
다운로드 53, 54, 55, 56
Microsoft Power BI로, 내보내기 189
그래프, 그리기 168
설치 53, 54, 55, 56
Microsoft Power BI와, 통합하기 191, 192, 193, 194
시계열, 예측하기 176
다운로드 URL 53
웹 스크래핑하기 58, 59, 60, 61
웹사이트, 스크래핑 53
RODBC 패키지 165
RStudio
다운로드 57, 58
설치 57, 58
URL 57

S

세일즈 대시보드
Tableau로, 만들기 242, 258
블렛 그래프, 그리기 248, …, 253
Crosstab, 만들기 242, …, 247
커스텀 계산 필드, 생성하기 247, 248
KPI 지표 선택기, 만들기 254, …, 258

Tableau Public으로, 게시하기 261, 262, 263
워크시트 연결하기 260, 261
Scalable Vector Graphics(SVG)
소개 115, 119
URL 119
분산형 플롯(scatter plot)
두 가지 방법으로 만들기 290, 291, 292
SciPy
소개 202
URL 202, 203
Seaborn
URL 221
소스 코드 편집기 119
SQL Server 쿼리
파이썬 안에서, 만들기 208, 209
QlikSense Desktop에, 연결하기 270
인벤토리 데이터 집합, 개발하기 268
인적 자원에 대한, 준비하기 197,198
R, 연결하기 165
SQL Server
average 함수 320, 321
데이터, 확인하기 86 , 87
엑셀, 연결하기 88, 89, 90
ranking 함수 312, …, 317
저장 절차, 수행하기 330, …, 338
sum 함수 318, 319
뷰, 개발하기 306, 307, 308, 309, 310, 311
윈도우 함수, 수행하기 311
저장 절차, 수행하기(stored procedures, performing)
SQL 서버에서, 수행하기 330 …, 338
URL 330
구조화된 쿼리 언어(SQL) 35
Sublime Text 2
URL 120

T

Tableau Public
세일즈 대시보드, 게시하기 261, 262, 263
URL 261
Tableau
소개 39
데이터, 텍스트 파일로 저장하기 240, 241, 242
데이터, 임포트하기 240
다운로드 238

설치 238, 239
세일즈 대시보드, 만들기 242
URL 238
TextWrangler
URL 120
시계열(time series)
예측 177
R에서, 예측하기 176, 177
Holt-Winters로, 예측하기 177, …, 180
스무딩 177
툴, 비즈니스 인텔리전스
소개 36
비교하기 303
D3.js 37
엑셀 36
Microsoft SQL Server 40
Power BI 36
파이썬 38
Qlik 39
R 38
Tableau 39
기존 HTML 구성 요소(traditional HTML components)
단락을, D3 방식으로 추가하기 125, …, 128
단락을, 기존 방식으로 추가하기 124, 125
설정하기 124

SVG 모양, D3 방식으로 추가하기 129, …, 132
SVG 모양, 기존 방식으로 추가하기 128, 129
기존 프로그래밍 언어(traditional programming languages)
비교하기 305
데이터 연결성 305
생산 속도 305
삼중 지수 스무딩 177

V
뷰
SQL Server에서, 개발하기 306, …, 311
시각화
Microsoft Power BI로, 만들기 106, …, 114

W
웹 스크래핑
파이썬으로 74, …, 78
R로 58, …, 65
윈도우 함수
SQL Server에서, 수행하기 311

Y
Yahoo!Finance
URL 52

에이콘출판의 기틀을 마련하신 故 정완재 선생님 (1935-2004)

손에 잡히는 실전 비즈니스 인텔리전스

Power BI, 엑셀, D3.js, R, 파이썬, Qlik,
Tableau, Microsoft SQL Server 툴을 활용한 비즈니스 데이터 활용법

인 쇄 | 2017년 4월 21일
발 행 | 2017년 4월 28일

지은이 | 아메드 셰리프
옮긴이 | 오지혜, 이현진, 허혜정

펴낸이 | 권 성 준
편집장 | 황 영 주
편 집 | 나 수 지
　　　　조 유 나
디자인 | 박 주 란

에이콘출판주식회사
서울특별시 양천구 국회대로 287 (목동 802-7) 2층 (07967)
전화 02-2653-7600, 팩스 02-2653-0433
www.acornpub.co.kr / editor@acornpub.co.kr

한국어판 © 에이콘출판주식회사, 2017, Printed in Korea.
ISBN 978-89-6077-942-6
ISBN 978-89-6077-210-6 (세트)
http://www.acornpub.co.kr/book/practical-business-intelligence

이 도서의 국립중앙도서관 출판시도서목록(CIP)은 서지정보유통지원시스템 홈페이지(http://seoji.nl.go.kr)와
국가자료공동목록시스템(http://www.nl.go.kr/kolisnet)에서 이용하실 수 있습니다.(CIP제어번호: CIP2017009921)

책값은 뒤표지에 있습니다.